日本古代女官の研究

伊集院葉子著

吉川弘文館

目次

第二部　律令制下の女官

序章　古代女官研究の視点

一　女性の「排除」と「包摂」——古代の行政システムのなかの女官——

日本の律令女官制度は、大宝元（七〇一）年に制定された大宝令の一篇目である後宮官員令によって整備された。そこで設置された、いわゆる「後宮十二司」は、天皇に常侍し「奏請宣伝」を職掌とする内侍司以下の官司より構成された。十二司は、かつては、律令制の先進国である唐制をモデルとしつつ、簡素化・合理化して日本の実情に合うようにつくられたと考えられていた。(1)しかし、日本の女官制度は、唐の女官制度とは著しく異なる理念のうえに成り立ち、実態のうえでも行政システムのなかに位置づけられていたのである。

1　国家・社会と女官

「後宮」空間の存否と女官制の理念

ところで、日本の女官制度を考察するさいに「後宮十二司」といい、ときに「後宮女官」というが、後宮とはなにか。意味は二通りある。天皇のキサキ（人間）を指す場合と、キサキが集住する一画（空間）を指す場合である。日本では、大宝令で十二司が設置された時点で、キサキが集住する空間としての後宮は、まだ成立していなかった。律令制が導入された後も、たとえば聖武天皇の皇后である光明皇后は平城宮の外に皇后宮を有し、そのほかの聖武のキサキたちも、宮外のそれぞれの宮（キサキの宮）に住んでいたのである。(2) 皇后宮が平城宮内に建設されるのは八世紀後半で、皇后を頂点とした空間と人間の両方を意味するものとしての後宮が確立するのは、日本では嵯峨天皇の時代に至ってからであった。(3)

一方、唐では、長安城太極宮の西に掖庭宮があり、そこが后妃たちの集住空間であった。後宮が、后妃という意味でも、彼女たちの集住空間という意味でも確立していたのである。『周礼』は、后以下のあるべき員数を三夫人・九嬪・二七世婦・八一女御としたとされるが、これは男性の三公・九卿・二七大夫・八一元士に対応するものだという。(4) 隋は『周礼』に基づいて三夫人以下の妃妾を置き、女官についても、男性官司の尚書省に準じて、尚宮局以下の六局をもって二四司を管する機構を設置したとされる。(5) 隋制を基本的に踏襲して女官（宮官）の制度をつくりあげたのが、唐である。ただし、いうまでもないことだが、『周礼』に基づいて后妃・女官の制度を構築したといっても、それは男女の均等を意図したものではない。『礼記』が、后と三夫人以下は「内治」を、天子と三公以下は「外治」を聴く(6)としたように、「礼」の思想のうえに立った、男女の「別」による配置なのである。実態はともかく、この観念が唐の時代にいかに重視されたのかは、史書に明白である。たとえば、唐の武則天は、高宗の皇后時代に長安城大明宮の光順門で百官・命婦の朝を受ける儀礼を開始したが、乾元元（七五八）年に粛宗の張皇后がこの儀礼を遂行しようとしたさいに、男女の「雑処」は「礼」を失わせる行為だという官僚の批判が起き、粛宗の詔によって停止される顚末があったのである。(7)

一方、日本では、朝廷の重要儀式に男女が会衆すること自体が制度化されていた。たとえば、年二回の大祓のさいに「百官男女。聚㆓集祓所㆒」と規定され（養老神祇令18大祓条）、実施にあたっては、「令㆘文武百官率㆓妻女・姉妹㆒会㆗於六月・十二月晦大祓之処㆖」(8) と命じられたごとくである。

女官の出自と基盤

女官の出仕ルートと基盤という点でも、日唐の違いは際立っている。

唐代の各階層の女性について分析した高世瑜氏によると、唐の妃妾や女官の供給ルートは四種に大別できるという。第一は、名門の女性で、礼をもって迎えられた人々である。第二は、後宮や東宮の女官に欠員が生まれたさいなどに、選抜されて宮廷に入った人々。第三は、美貌や技芸などによって皇帝に献上された人々。第四は、罪に連座し、籍没によって官奴婢にされ後宮に入れられた人々である。唐の宮廷女性たちは、招聘、選抜、献上、連座によって調達されていたのである。(9)

対して日本では、女官の出仕ルートは二種だった。中央貴族を母体とする「氏女」と、地方の郡の大領・少領、つまり有力地方豪族である郡司の姉妹または女である「采女」である（後宮職員令18氏女采女条）。聖武天皇は宣命で、男だけが祖先の栄誉を担っているわけではない、男女並んで王権に仕えるのが当然なのだとし、氏の「仕奉」を女性も担うという認識を表明した。(10)八世紀における女性の出仕の理念を端的に言い表した言葉といえるが、先にみた重要行事への男女の参集も、男女ともに王権に仕えマツリゴトを担うという理念の表れと考えられるのである。

このようにみてくると、日唐の令制女官制度は、まったく異なる社会基盤と理念のうえに成り立っていたことが明らかである。日本と違って、中国では宦官が後宮に仕えており、その存在は専制君主制と「表裏」のものとみなされてきた。(11)後宮における宦官は、「礼」規範に基づく男女の空間的区分の理念と、皇帝以外の成人男性とは物理的に隔絶された後宮空間が確立してこそ必要だったわけで、そもそも令制の初めにおいて後宮空間も存在していなかった日本では意味をもたない制度だったのである。

ヤマト朝廷の女性たち—令制女官前史

日本の律令女官制度が唐制と大きく異なったのは、令制前の女性の「仕奉」のあり方に起因する。

『日本書紀』『古事記』には、ヤマト朝廷に仕える女性たちが描かれている。そのなかの采女は、かつては、地方豪族から献上された人質であり[12]、大王に性的に従属した、日本女性の没落史の初頭を飾る存在だとみられてきた[13]。しかし、その本質は「近侍のトモ」である[14]。采女のすべてが大王のキサキであったのではなく、一部の「キサキ」化した采女のみが記紀の大王系譜的部分に記載されたのであり[15]、采女を「天皇の独占物」とする判断は、令制前には成立しないことも指摘されている[16]。朝廷と、その直轄地である各地のミヤケ（屯倉）とを結ぶカナメとして大王・王族のもとへ出仕した「トモ」が采女であり、そのもっとも重要な職掌は大王の食膳奉仕であって、同時に近侍、遣使、宣伝などの役割を担っていたのである[17]。

記紀には、采女のほかにも朝廷で役割を果たす豪族女性の記載が多数みえる。これらの事例は、多くは伝承であるが、だからといって看過することはできない。『日本書紀』には諸氏族の伝承も織り込まれており、潤色はあるにしろ、書紀の記述は、古代の氏族が令制に先立つ時代に女性も王権に「仕奉」していたという伝承をもち、語り継いできたことを示すからである。とりわけ重視すべきは、襲津彦と妹のような兄妹[18]、田目連と女のような父と娘という男女の出仕とともに、日向の髪長媛のような、退任する父の代わりに女を出仕させた伝承がみられることである[19]。これまで、地方の女性の召し出しは、性も含めた大王への従属を意味するという考えが根強かったが、髪長媛伝承は、ある豪族が大王のもとへ人を出すにあたって、男女の別が特定されたわけではなく、男から女への入れ替わりも可能であったために女性も出仕したのだということを示している[20]。

〔補記〕髪長媛の出仕は『日本書紀』では「貢上」と記載されたが、この場合の「貢上」が人身御供のような献上を意味するものではないことは、高句麗王からの高僧の推挙でも使用されていることからも明確である。[22] 養老令で、とくに「貢」が、地方からの人材を推薦する意味で用いられることとあわせて、女性の「貢」の意味は正しく認識されるべきである。[23]

記紀をつぶさに検討すると、律令官僚制に先立つ時代に、王宮で役割を果たす女性が存在したことが浮かび上がってくる。五世紀代は、地方と王権の関係は機構を媒介としない直接的な人格的結合に依拠していたとされる。[24] その時代に、女性もまた出仕し、人格的結びつきを担っていたのである。ただ、出仕してきた女性が大王と婚姻し子をなした場合には、キサキとして大王の系譜に記載されたため、後世からみると、采女の場合も、他の女性の場合も、キサキとしての召し出しにみえるのである。令制前の女性の出仕が見過ごされてきたのは、このためである。

2　律令官僚制成立と女性の「排除」

男女別出身法の出現

古代において、大王の宮に仕える人々を意味する言葉として「ミヤヒト」(宮人)があるが、これは、男女いずれをも指した。『日本書紀』『古事記』『万葉集』などに用例がみえる。『日本書紀』では、大王からみた臣下集団全体は「臣連伴造国造」[25]などと記載され、そこにも男女を書き分けるという観念はみえない。ところが、七世紀なかばになると、まず、出仕にあたって性別が問題になる状況が生まれる。いわゆる「大化改新詔」に盛り込まれた、郡(＝評)の少領以上の姉妹・子女であることを資格要件とする采女の性別規定の出現である。[26]

天武二(六七三)年には、壬申の乱を勝利して即位した天武天皇によって、「公卿大夫及諸臣連幷伴造」を対象とした出身制度が定められた。詔のなかで男性は「大舎人」への任用、女性は、夫の有無や年齢を不問とした「欲㆓進仕㆒

者」の出仕を「聴」すことが決められた。(27)つづいて、天武八年の詔で、氏から女性を出仕させる「氏女」制の原型が規定された。(28)『日本書紀』では、天武朝から持統朝にかけて、男性官人と女性官人の書き分けがみえてくる。「親王以下、小錦以上大夫、及皇女・姫王・内命婦等、給二食封一、各有レ差」(29)などと、「親王」と「皇女」、「小錦以上大夫」と「姫王・内命婦」を対応させ、性別を明確にするのである。天武・持統朝の記述では、「宮人」は、女性出仕者を指す言葉として使われる。さらに平安期にまとめられた『令義解』が「宮人」の意を「婦人仕官者之惣号也」と書いたように、令制では、「宮人」は女性仕官者全体を指す用語となる。(30)法制上の男官と宮人（女官）の分離である。七世紀に日本の支配層は、隋唐帝国による中国の統一と朝鮮半島情勢の激動を目のあたりにし、中央集権的な国家建設を指向していった。男女別出身法の出現は、新しい国家建設の動きと軌を一にしたものなのである。

大宝令の男女別出身規定と二官八省からの排除

大宝元年制定の大宝令によって、女性を二官八省および地方行政組織などから排除した律令官僚機構が成立した。五位以上の官人層の出身規定は、男女で抜本的に異なるものとなった。五位以上の父・祖父をもつ男性は、原則として全員が任官し、国政・行政に参与する制度が整えられた（軍防令46五位子孫条）。(31)

女性の場合は、中央貴族と地方豪族からの出仕ルートとして規定されたのは氏女と采女であった。このうち男性の五位以上官人層に対応する女性は、氏から推薦される氏女である。氏女を出す氏は、姓でいえば、天武が定めた八姓のうち上位四姓に限られたという。(32)上位四姓とは、忌寸以上の姓だが、それは天智三（六六四）年制冠位では「小錦より以上」に達することができる層で、大宝令位階でいえば「五位以上」に該当する層である。(33)氏女を出す氏は具体的には令の本文ではなく別式で定められていたというが、(34)原則として定員は氏から一人だったのである。(35)

地方豪族から中央へは、郡領の一族から出仕する兵衛と采女が規定され、一国の郡を三分し、三分の二の郡から兵衛を、三分の一の郡から采女を出すしくみが定められた（軍防令38兵衛条）。地方から中央への出仕は男女ともにルートがあったが、郡司への任用は男性のみであり、在地での女性の官仕は制度的に閉ざされていた。実際には「里刀自」と呼ばれた女性（福島県荒田目条里遺跡出土二号木簡）のように、村のリーダーとして郡司の動員要請に応える「〝隠れた〟「公」的女性」が存在したが、[36] それは令制のなかには位置づけられなかったのである。

出身法の差異は、男官女官の定員数に如実に反映していた。律令官人の給与制研究で知られる高橋崇によると、男官の定員数は、一位から少初位までの官位相当官だけでも推計で一〇四三にのぼった。このほか、大宰府および各国の史生（定員二二四人）や内舎人（九〇人）、大舎人（左右各八〇〇人）、兵衛（左右各四〇〇人）などが加わる。[37] 一方で、女官である後宮十二司の職事の定員は五七にすぎない。氏女が最初に任じられる女孺一五二人、采女六六人を加えても、十二司の総定員は二七五である。

官位相当制からの排除

女性は、官位相当制からも排除された。男官ならば、考課を受け、その結果によって位階が昇叙されたのち、新位階に対応する官職に任じられる。しかし女性は、男官と同じく考課を受け、その結果によって位階は昇叙されるが、官職には連動しないしくみにされたのである。このため、令における「准位」は低い職であるにもかかわらず、個別の女官の位階だけ突出したり、無位であった女孺がいきなり五位に直叙されたりするという事例も、『続日本紀』以下の正史に記されている。これまで、女官たちの五位直叙などを女性であるがゆえの特殊性とみなしたり、夫や父の恩恵とする見方が一般的であった。[38] しかし、もともと律令官僚機構は女性排除を原則とし、官位相当制のヒエラルキーからも女性を除外したところから出発したのである。この排除が、授位にあたっての一見無原則ともみえる直叙などが生まれる条件を生んだのである。女性であるがゆえの特殊性というよりは、ヒエラルキーからの除外がもたらした矛盾の産物だといえるだろう。

3　行政システムへの女性の「包摂」と女官制の展開

天皇の意志伝達ルートへの関わり

律令制下、二官八省・地方官制から女性は排除された。しかし一方で、最近二〇年余の研究によって、天皇の意志伝達ルートに女官が関与していたこと、天皇の政務と生活を支える場では、男女の共労のしくみが温存されていたことが明らかにされてきた。

後宮十二司筆頭は内侍司である。いうまでもなく、配属されたのはすべて女性である。ところが、唐代で内侍といえば、掖庭宮の南隣に置かれた内侍省の長で、任じられたのは宦官であった。内侍の職掌は「掌在内侍奉、出入宮掖、宣伝制令」などである。[39]宦官と女官の関係を示す事例が『旧唐書』にみえる。それによると順宗は、即位時にはすでに中風のため言語を発することができなかった。病室には牛美人と宦官の李忠言だけが侍し、牛氏が順宗の「旨」を忠言に宣し、忠言から詔勅を起草する翰林学士であった王叔文に伝えたという。[40]皇帝の旨を受けた女性から直接男官にではなく、宦官を経由して男官に下達するというのが、唐のしくみであった。

一方、日本では、称徳天皇が重篤となり百余日にわたって執政ができなかったときには、群臣は謁見できず、典蔵吉備朝臣由利が病室に出入りして奏すべきことを伝えたという。[41]「奏」は蔵司の本来の職掌ではないが、唐と異なり、女官である由利が天皇と群臣を取りついだのである。

以上は皇帝・天皇の重病時の例だが、日唐間の差異は、日常の皇帝・天皇の意志伝達ルートを法制上のしくみでみると、いっそう明確になる。日本の内侍司は、常侍と「奏請宣伝」がもっとも重要な職掌である（後宮職員令4内侍司条）。律令制下では、天皇の意志である詔勅は文書化され、行政組織に周知される。その発給過程を検討した春名宏昭氏によると、詔勅作成にあたって、男官を監理し文章を起草させたのが内侍（尚侍）であり、それこそが「宣伝」の内容であったという(42)。天皇の宣を受けた尚侍（不在時は典侍）は、中務省の男官である内記に口頭で宣を伝えて文案を起草させる。内記の上司たる中務卿は、勅旨が起草され省に送られてきて初めて、その内容を知るのである。その伝達ルートは、

天皇→内侍が内記（＝男官）を監理→中務省→太政官→諸司諸国

というものであった。

一方、唐では、後宮に司言という女官が置かれており、「凡有勅処分、承勅人宣付司言連署、案記、別鈔一本、付門司伝出(43)」という職掌を付されていた。皇帝が後宮にあるとき、その命を受けた人（承勅人）から、詞頭（メモ）を司言が受け取り(44)、記録したのち、門司に渡して外の官司に伝えるのである。司言の役割は、勅の内容を門司に伝達することで、この門司こそ、宦官であり、内侍省宮闈局の内給使という官であったという(45)。つまり、皇帝が後宮内にいた場合の勅の伝達経路は、

皇帝→（承勅人→）司言→門司（＝宦官）→外官（＝男官）

となる。この場合、唐では制度としては司言・宦官とも伝達の任を負うにすぎず、女官が男官に直接接触することもない。ところが日本の場合は、内侍司の尚侍・典侍が男官である内記を監理して原案を起草させる。たんなる伝達ではなく、詔勅の発給過程の一翼を女官が担っていたのである。

男女の共労と分掌

律令制下では、十二司の職掌に類似する男性官司が設置されていた。このなかには、きわめて緊密な関係をもち、

日常的な共労を行っていた男女官司がみられる。(46)

唐では宦官と女官は共労関係ではなく、宦官が女官を監督したとされる。しかし日本では、令制前のあり方を引き継ぎ男女共労が温存されただけではなく、女官が男官を指示・監理するしくみが存在したのである。古瀬奈津子氏によると、国家行政機構と天皇の家産管理のための機構が明確に分化したのは、明治に入ってからの内閣制度の成立によるという。(47)天皇家の家政と国家行政機構が分かちがたく結びつき、女官の存在なしには天皇家の維持が不可能であった点からすれば、女官と男官の共労は、たんに天皇の家政処理機関内のこととして軽視することはできないのである。行政運営上の女官の意義を示すものとして重視すべきであろう。

以上にみてきたような、天皇の意志伝達ルートへの女官の関与のしくみと、男女官司の日常的共労体制は、律令官僚制のなかに女性が「包摂」されていたことの証左というべきものである。日本の古代国家は、女性「排除」の官僚機構の理念を唐から継受しながらも、現実の運用では、行政システムのなかに女性を「包摂」せざるを得なかった。ここに、日本古代の律令官僚制の特色と矛盾が現れているのである。

女官制度の転換

八世紀末から九世紀にかけて、律令女官制度は大きな転換を遂げた。皇后宮が内裏内に吸収されたことによって、それまでは別個に存在していた天皇と皇后の生活を維持する基盤・機構が一体化し、後宮十二司と皇后宮職の職掌が変化するとともに、皇后を頂点とした新たな「後宮」の成立と、政治と朝儀からの女性の決定的な疎外がもたらされたのである。(48)上卿の定着や蔵人所の設置を含む官制の変化によって、先にみた詔勅発給ルートが、

天皇↓蔵人↓上卿

と変化し、内侍司が、天皇の意志伝達ルートのなかでの重要な職掌を男官に取って代わられてしまうのも、この時期

である。[49] 正月の皇后受賀儀礼をはじめとする皇后を後宮のトップとする儀式の確立[50]や、律令施行当初は男女同日だった叙位儀から女性が押し出され、嵯峨朝に女性だけの「女叙位」が成立する[51]のも、この流れのなかでのできごとである。

平安前期の女官制の改変で特筆すべき第一は、出仕時の資格要件の抜本的な改定である。大同元（八〇六）年、夫の有無は不問だった氏女の要件が、三〇歳以上の配偶者のない者とされ、後宮の実務処理を担う下級女官の供給源へと変えられたのである。[52] 采女制も、郡を単位とする貢進制から国別定員制へと変わり、郡から出仕するという本来の意義も喪失させられた。[53] 平安以降、采女は、大嘗祭で男官とともに神饌行立を担うなど、食膳奉仕という本来の役割が王権の神祇祭祀に定着したことによって存在意義を保ち続けたが、その地位は低下することとなった。

第二は、令外の職の設置である。すでに神亀年間（七二四〜七二九）に書記官である女史が置かれ、律令文書行政への対応が進められた。文書の使用という点ではさらに、平安時代に女房の職務が重要になるにしたがって女房自身が記した文書が発達し、女房奉書が確立して中世以降に引き継がれていったという。[54] さらに、平安期の後宮十二司の形骸化と軌を一にして、後宮に新しい職が生まれた。宇多天皇の『寛平御遺誡』には、内侍所、御匣殿、糸所、宣旨などの名称がみえる。行政の一翼を担っていた女官の官司が、より限定された天皇家の家政機関の一部として再編されたのである。

九世紀から十世紀にかけての九〇年間におよぶ皇后の不在と、初の幼帝の即位（清和天皇）、それにともなう母后の皇権代行権能の表面化[55]は、女官制度にも影響を与えた。幼帝と母后の内裏内同居が初めて行われ、[56] それをテコにした皇太后の後宮支配が確立するのである。清和の時代には、母后藤原明子の「家人」であった上毛野朝臣滋子が後宮に進出し、最終的には典侍正三位にまで昇った。母后の私的使用人が内侍司次官という公的存在に転化したのである。

氏を基盤とし、男女ともに仕奉するべきだという理念を根幹に据えた女性の出仕形態は、失われていくことになった。女性の出仕は、氏を基盤とするあり方から、権門勢家との私的つながりに依拠した形態へと変容していくのである。[57]

律令国家成立時においてわが国と唐とのあいだには、発展段階と社会構造の著しい落差が存在していた。[58]家父長制が成立し、「礼」規範に基づく男女の別が進んでいた中国の律令制を、発展段階の異なる日本の古代社会に導入したことによる矛盾は、女官制度をめぐっても表面化せざるを得なかった。

官僚機構からの女性の「排除」の原則を受け入れながらも、女性も氏と王権との人格的結びつきを担った令制前の遺制を踏襲し、男官と女官がともに天皇の政務と日常生活を支えるシステムがつくりあげられたのである。行政システムへの女性の「包摂」である。このような、「排除」と「包摂」という相対立する理念が一つの制度のなかに存在することこそが、日本の律令官僚制と女官制度をめぐる最大の特徴だといえるだろう。

平安期に入ると、男官の蔵人所などの新設によって、「奏請宣伝」という内侍司の中心的な職掌が失われ、十二司の形骸化と天皇の家政機関としての再編が進んでいった。さらに、幼帝即位による母后の後宮支配は、キサキの私的「家人」の後宮進出を生み出し、「キサキの女房」[59]が公的存在に転化する道を開いた。

平安期には、十二司のトップである尚侍が天皇・皇太子のキサキの地位の一つとなり、律令女官制度も転機を迎える。[60]平安中期以降になると、女房の存在が重要な地位を占めるようになり、一条天皇の皇后藤原定子に仕えた清少納言や、中宮藤原彰子に仕えた紫式部のような女房たちが、キサキの生活や行動を支える女房集団を形成するようになる。しかし、典侍に任じられた乳母が天皇・后妃の女房の最上位に位置づけられたように、[61]女官の地位が重要性を失うことはなかった。律令女官制度は、近代の明治維新後に最終的に解体されるまで命脈を保ったのである。

二　日本古代女官研究の史的位置づけと本書の構成

1　古代女官研究の到達点

律令女官は、国家機構の一部として分析対象とされることは稀であった。後宮職員令が、天皇の私生活に奉仕する女性に関する規定だと考えられてきたからであり、さらに、八世紀には、大臣や議政官の妻や姉妹・娘たちが後宮女官のトップにいたこともあって、女官が男性政治家の政治的思惑を実現するために送り込まれた存在だったと考えられていたからである。このため、研究者が女官について触れる場合には、政争史のバックグラウンドとしての言及に留まることが多かったのである。

戦前の女官研究と有職故実研究

女官は、女房とあわせて、近世までは有職故実研究の一対象であった(62)。先例・恒例の知識が貴族社会で重視されるにおよんで、天皇をとりまく女官・女房たちの儀式での所作や装束などにたいする知識もまた、蓄積され伝承される対象となったからである。

後水尾天皇が「末の亀鑑也(63)」と重視した『禁秘抄』『建武年中行事』は、女官・女房についても、出自による候名の階梯から儀式および日常の所作まで詳細に記載した。後水尾自身も『当時年中行事』で女官らの所作を事細かに記述したことは、女官・女房の装束や所作自体が、天皇を頂点とする公家社会にとっての関心事に含まれていたことを示している。

一方で官司研究という点では、内侍司や、せいぜい采女を所管する男性官司の采女司への言及に留まり（一条良基

『百寮訓要抄』など）、近世の国学者のあいだで、『万葉集』『古事記』『日本書紀』の研究にともなって采女の語源論などが考察されてきた程度であった。この分野で、はじめて女官全体を通覧した書籍として刊行されたのが、浅井虎夫『女官通解』(64)（一九〇六年）であった。ただし、同書は、史書・儀式書から有職故実書まで博捜して著述されたが、律令女官制度が大きな変容を遂げた中世以降の史料によって女官を解釈する傾向をもつ。現在も参照されることが多いが、日本古代史や女性史の今日の到達点からみて、律令女官制度の理解のためには不十分さを有していることを指摘しておきたい。

戦後から一九七〇年代まで

戦後の日本古代史研究のなかで、政治の場において女性が果たした役割については、女帝・皇后をのぞいては、ほとんど顧みられることはなかった。こうした状況下で、はじめて本格的に古代女官を研究対象としたのは、律令官人制の研究にあたった野村忠夫であった。野村は、一九五二年発表の「律令制官人社会構成の一考察――外位の機能と性格――(65)」以来、官僚の出身・考選・授位という角度から律令官人制の解明につとめ、一九六〇年代末には女性の出身・考叙・授位についてもまとまった見解を示した(66)。野村の女官研究は、のちに『後宮と女官』(67)にまとめられ、一般向け普及書としてながく読者を得て、学生・院生の女官研究の基礎的文献としての位置を占めることになった。野村の研究は、男官とは異なる女性の特殊性を強調したとはいえ、律令国家成立前後の変化もたどりながら「広い意味での古代官僚機構の一翼をになった(68)」という視点で女官を検討したもので、祭祀やキサキ論ではない角度から女官を分析した研究として重要な意義をもつものであった(69)。

野村が、官人制の面から女官を研究対象としたのに対し、郡司研究の面から采女を検討したのが磯貝正義である(70)。采女は、令制前後の女性出仕者のなかでほとんど唯一、歴史学の分野でも研究対象とされてきた女性群ではあるが、

「巫女」とみなす祭祀上の役割に関心が集まっていた。そのなかで、地方制度と国家成立論のなかに位置づけて検討した磯貝の業績は、その後の采女研究の出発点といえるものであった。[71]

なお、直接の女官研究ではないが、大化前代の社会組織の解明に取り組んだ平野邦雄が、采女の本質を「近侍のトモ」であるとした指摘は、大化前代の官司のなかに采女を位置づけたものとして重視するべきだと考える。[72]

女官研究の転換

一九八〇年代以降、従来の後宮観を覆す研究成果が生まれた。それは、考古学からの知見ともあいまった後宮の成立時期に関する新しい見解の提示である。三崎裕子氏は、『日本書紀』や八世紀の正倉院文書などの文献史料の分析から、大化前代には大王の宮とは別個に「キサイノミヤ」が存在し、その存在形態は八世紀まで継承されたことを明らかにした。天皇のキサキたちが一所に集住する後宮は、八世紀以前には存在しなかったのである。さらに橋本義則氏は、平城宮などの宮都の発掘成果と文献史学を統合し、皇后の居所である皇后宮が奈良末期に内裏内に吸収され、後宮が形成されていくことを明らかにした。これらの指摘は、従来のような天皇・大王の配偶関係を対象とする後宮研究の枠内に律令女官研究がおさめられてきたことに対する根本的な問題提起につながるものであった。[73][74]

同時期、女官研究分野に二つの重要な指摘がもたらされた。その第一は、女官を律令国家機構のなかに位置づけるという視点である。春名宏昭氏は、養老令で定められた内侍の宣伝機能とは、天皇の意志を国家意志に転化させる過程での内記の監理であることを、詔勅発給過程の分析によって明らかにした。春名氏の研究によって、女官は官僚の一員として位置づけられたといえるだろう。また、吉川真司氏は、正倉院文書に残る奈良時代の宣の分析から、天皇・太上天皇・皇后の意志が女官・尼を通じて造東大寺司官人に伝達される場合の形式は口宣であったこと、内侍宣発給主体が男官に取って代わられたのち、新しい社会関係の所産として女房奉書が発生したことを明らかにした。野[75][76]

村忠夫は、出身・任用、考選・考叙という官人の制度面を中心とした検討から「官僚機構の一翼をになった」存在としての女官の性質をみいだし、春名・吉川両氏は、天皇の意志伝達ルートのなかに女官を位置づけ直したのである。(77)

第二は、古代宮廷における「男女共労」の〝発見〟である。文珠正子氏は、女官の日常的な労働について、平安時代前期の明法家が「与二男官一共預知」(『令集解』諸説)という解釈を示していることに注目し、後宮十二司が、時に応じて男官といっしょに一つの仕事に従事していたことを指摘した。(78) このあり方こそが、日本の古代女官制度の最大の特徴なのである。文珠氏の古代女官労働の復原研究によって、日本古代の女官の働く場が男子禁制の空間ではなかったことが明らかにされた。(79)

もともと、律令官僚機構のなかには、後宮十二司と共通する和訓を有し、類似の職掌を附された男性官司が置かれていた。勝浦令子氏は、後宮十二司が隋唐制の影響を受けて女性だけの官司に「組み替えて」編成されているものの、職掌は男性との「共同関与」によって行うものがあったとし、そのギャップの要因を「本来共同労働であった体制を、隋唐制の影響で男女別編成に組替えたため、実態と編成に差があった」ことに求めた。(80)

以上のような一九八〇年代以降の研究成果を踏まえて、男女の共同労働が令制前にさかのぼるという点は、定説となりつつあるといってよいだろう。これまで、大蔵省、治部省、中務省や太政官をはじめとして、律令制官司の成立過程についての研究が蓄積されてきた。(81) そこに、令制前にさかのぼる男女共同関与と、令制前官司から律令制官司に編成されるなかでの男女官司の別置という見通しが加えられたのである。(82)

2　古代女官研究の意義

最後に、日本古代史研究とりわけ国家形成史・政治史研究のなかで女性を分析対象とする視点が欠如した理由についてふれておきたい。

戦前のマルクス歴史学は「非合理な国体史観」の克服に取り組み、国家の起源を明らかにすることを課題とした。(83)西野悠紀子氏は、戦後の古代史研究の出発点となった渡部義通・石母田正らの戦時下の研究の中心が古代社会の発展段階の解明におかれたことを指摘し、「すでに隷属的地位にある女性の問題は対立する各階級内部の矛盾として二義的な位置づけにとどまる場合が多かった」とした。(84)たとえば渡部義通は、氏族社会において私富蓄積と財産の直系世襲制の発達につれ、氏族から家長制的大家族への分立が始まり、(85)大化前代はすでに「父家長制支配形態」にあったとした。(86)このような家族論・国家形成史論は、戦後の研究者に広く受け入れられ、「すでに階級社会に入っている律令体制下の家族は当然父系制であるという暗黙の了解……が、研究者の大半を支配」した。(87)このため、戦後、日本国憲法によって学問の自由が保障されたもとで、日本古代史においても国家成立過程の分析が旺盛に取り組まれたが、女性が果たした役割についてはほとんど顧みられることはなかったのである。

家父長制成立論は、西野氏が指摘したように古代史研究における女性の地位分析を欠落させただけではなく、国家形成史研究においても、一つの欠陥を生じさせるものとなった。家父長制成立後の国家段階で、国家の制度的特徴の一つである官人制・官僚機構において、女性が主体的に役割を果たすはずがないという認識が生まれ、女帝・皇后などをのぞいて政治史研究の分野で女性の問題を軽視する結果をもたらしたのである。たとえば門脇禎二は、著作『采女』のなかで、采女の貢進要件が「豪族の妹」であったのは、家父長による家族秩序の維持が直系子孫よりも家父長の兄弟姉妹への差別・規制という形で現れてきたからだとした。(88)これは、采女を家父長権に服す存在とみなす見解であり、このような認識からは、令制前から律令国家成立期にかけての女性の政治的役割を解明しようとする姿勢は生まれ難かったと思われる。

律令国家成立期において家父長制が成立していたとする見解に対しては、女性史の側から批判が展開された。そのなかでも関口裕子は、律令条文や戸籍などにみられる嫡庶子制や嫡妻・妾制が、家父長制的家族規範樹立という律令国家の政治的要請のために上から持ち込まれたものであることを明らかにし、所有・経営の実態解明を土台とした多面的な検討によって、律令国家成立期に家父長制は未成立であったことを指摘した(89)。

古代社会の政治と女性については、考古学の知見では古墳時代前期の前方後円墳への女性の埋葬から、女性首長の存在が明らかにされている(90)。それは、ヤマトを中心とする広域政治連合に女性首長が直接的・間接的に加わっていたことを示すものである。さらに、義江明子氏や溝口睦子氏らによって、『日本書紀』『風土記』などの記述から大化前代の女性首長が抽出され(91)、氏と王権の関係についても、女性が氏を母体として出仕したことが指摘されて久しい(92)。このような女性史の到達点が、古代国家形成史研究にいかされるべきなのである。

七世紀、朝鮮半島諸国が強大な隋唐帝国の脅威に直面し、東アジア情勢が激動するなかで、倭王権が中央集権的な国家建設を急ぎ、律令国家が成立したことは周知の事実である。こうしてつくりあげられた官僚機構は、中国流の女性排除を基本原則とした。野村忠夫が「律令官人制の全構造をつらぬいている男性中心主義の原理」と呼んだのは、この原則の言い換えにほかならない(93)。にもかかわらず、律令国家が女性を行政システムに「包摂」してスタートせざるを得なかったことは、第一節「女性の「排除」と「包摂」」でのべたとおりである。関口裕子は、外交的軍事的危機のもとで「未開社会の段階で国家を形成せざるをえなかった日本の独自性」に注意を喚起した(94)。これは、日本古代社会の特質を分析したなかで提起された視点だが、官僚制研究においてもこの観点は踏まえられるべきだろう。

律令官僚制が確立した結果、女性は官僚機構のヒエラルキーの外に置かれ、平安時代に入ると蔵人所設置をはじめとする行政システムの改変によって、職掌も男官に取って代わられていった。こうした経過については、研究成果が蓄積されてきたと思う。さらに、令制前の女性の「仕奉」の理念と実態および原初的な官司制での役割を究明し、その存在形態のどの部分が律令国家に温存され、どの部分が切り捨てられたのかを解明することは、諸官司・組織が、どのような変化を遂げ、いかなる編成原理をもって律令国家の二官八省および後宮十二司の形成に至ったのかを明らかにする一助となるだろう。それは、わが国の律令国家形成過程、とりわけ官僚制成立に至る経過の解明に資するのである。私は、そこに古代女官研究の意義をみいだしている。

3　本書の構成

本書は、令制女官制度前史として、令制前の王権と氏族の関係において女性も「仕奉」を担ったことを明らかにしたうえで、律令官僚制構築の過程で男性官司とは切り離されて設置された後宮十二司と女官の役割を分析し、やがて行政システムから女性の後退がすすみ、平安時代に女房が出現するまでを論じ、日本古代の女官制度の特徴を明らかにすることをめざしている。

なお、私見では「天皇」号は法的には飛鳥浄御原令で確定したと考えている。したがって、文献および史料からの引用と固有人名をのぞき、浄御原令以前については「大王」を用いたい。また、妃・夫人・嬪というキサキの名号と員数は大宝令で制定されたと指摘されている[(95)]。煩雑を避けるため、令制用語と史料からの引用以外は、大王・天皇の女性配偶者たちの称は、「キサキ」を用いる。「女官」の語は律令本文には記載がなく、令制用語では「宮人」と呼ばれる。女官の語が使用されるのは八世紀末からであるが[(96)]、本書は平安中期までを対象とするため、女官の語で統一した。

「序章」では、第一節「女性の「排除」と「包摂」――古代の行政システムのなかの女官――」で、大化前代から律令制に至る古代女官制度の特徴を唐制と比較しながら概説し、女性を厳密な意味での律令官僚制からは「排除」しながらも、行政システムには「包摂」せざるを得なかったというわが国の律令官僚制の矛盾を明らかにした。第二節「日本古代女官研究の史的位置づけと本書の構成」では、今日の女官研究の土台となった基礎的な研究にしぼって研究史を振り返るとともに、古代女官研究の意義をのべた。

第一部「令制女官前史」では、律令制以前の、いわば令制女官前史を、畿内豪族、地方豪族、采女の三者を題材として論じる。第一章「臣のヲトメ――記紀・万葉の「宮人」たち――」では、令制前には大王の宮に仕える人々は男女別なく「ミヤヒト」(宮人)と呼ばれながら、古代歌謡でなぜ女性が「臣のヲトメ」と表現されたのかを考察する。第二章「髪長媛伝承の「喚」――地方豪族の仕奉と王権――」では、『日本書紀』応神天皇条にみえる日向の豪族・諸県君の出仕伝承を分析し、大化前代の地方豪族の仕奉における女性の果たした役割を検討する。第三章「采女論再考」では、記紀の采女伝承を分析し、従来の人質論・巫女論を検証したうえで、采女の本来の役割について見解を示したい。第一部全体を通して、七世紀までの女性の「仕奉」のあり方を考察していく。

第二部「律令制下の女官」では、大宝令施行後の八世紀の律令女官制度について検討する。第一章「後宮職員令の構造と特質」では、これまで令の篇目全体として分析されることの少なかった後宮職員令について、四つの構成部分に区分けし、各条文の意義を、令制前の遺制と律令の法意の双方に留意しつつ概括する。第二章「女史と内記――律令制下の文書行政と内侍司の変容――」では、文書行政と内侍司の職掌について、①品官である内記を監理するにあたっての制度的保障、②女史の設置の意義――という二点に関して考察を加える。第三章「令制女官考課についての一試案――「舎人之最」「諸官之最」をめぐって――」と第四章「女官の五位昇叙と氏――内階・外階コースの検討を中心に――」は、官人社会の最大関心事である考課と昇叙に関する考察である。第三章では、大宝令制下における女官考課の実際について試案を提示し、大宝令の矛盾を養老考課令の「諸官之最」設置で克服した経過をたどる。第四章では、内階・外階コースを創設した神亀五年格がどのように女官に適用されたのかを改めて検証し、外位を与えられるべきと考えられた郡領の一族である采女の五位昇叙時の特色を考察する。

第三部「女官の変容」では、九世紀の律令女官制度の変化を追う。第一章「第宅とトジ——八世紀における行幸叙位時の「室」——」では、『続日本紀』行幸叙位記事にみえる「其室」は高官の妻の意ではなく、第宅のトジを指す言葉であり、その第宅が女官の家政機関設置の場であったことを検討し、平安以降の行幸叙位との相違を明らかにする。第二章「女官から「家夫人」へ——『続日本紀』から『日本三代実録』にみる貴族女性の公的地位——」では、八世紀には大臣と女官トップの夫妻がみえ、妻たちが女官としての功績によって位階を得たのに対し、平安以降は貴族女性が女官から後退し、家居の妻が、夫や后妃となった娘の恩恵によって授位される存在に変化したことをたどる。第三章「「キサキの女房」の出現契機——上毛野滋子を素材として——」では、平安期の幼帝の即位にともなう母后の皇権代行権能の表面化が、女官制度にも影響を与え、キサキの女房が内侍司女官という公的身位に転化する契機となったことを論じる。

本書中の引用は、『日本書紀』は日本古典文学大系（岩波書店）、『古事記』は日本思想大系（岩波書店）、『続日本紀』は新日本古典文学大系（岩波書店）、『日本後紀』『続日本後紀』『日本文徳天皇実録』『日本三代実録』『類聚国史』『日本紀略』『政事要略』『令義解』『令集解』『類聚三代格』は新訂増補国史大系（吉川弘文館）、『延喜式』は訳註日本史料『延喜式』上・中（集英社）および新訂増補国史大系（吉川弘文館）、『侍中群要』は目崎徳衛校訂・解説『侍中群要』（吉川弘文館、一九八五年）、養老令は日本思想大系『律令』（岩波書店）、『万葉集』は新日本古典文学大系（岩波書店）によった。

研究者の敬称は、故人には付さなかった。ご寛恕願いたいと思う。

註

（1）角田文衞『日本の後宮』（学灯社、一九七三年）。
（2）三崎裕子「キサキの宮の存在形態について」（総合女性史研究会編『日本女性史論集2　政治と女性』吉川弘文館、一九九七年。初出一九八八年）。
（3）橋本義則『古代宮都の内裏構造』（吉川弘文館、二〇一一年）。
（4）鎌田重雄「漢代の後宮」（『漢代史研究』川田書房、一九四九年）。
（5）『隋書』后妃伝。
（6）『礼記』四四昏義。
（7）『旧唐書』于休烈伝。高世瑜著、小林一美・任明訳『大唐帝国の女性たち』（岩波書店、一九九九年）二八二頁。原題は『唐代妇女』（三秦出版社、西安市、一九八八年）。ただし、高氏は、「一般に唐代の男女間の接触、交際は礼法に拘束されず、比較的自由」だったとする（上掲書、二八一頁）。
（8）『続日本紀』養老五年七月己酉条。
（9）高世瑜前掲註(7)書、二一五〜三一一頁。
（10）『続日本紀』天平勝宝元年四月甲午朔条。
（11）三田村泰助『宦官』（中公新書、一九六三年）など参照。
（12）磯貝正義『郡司及び采女制度の研究』（吉川弘文館、一九七八年）。
（13）門脇禎二『采女』（中公新書、一九六五年）。
（14）平野邦雄「「部」の本質とその諸類型」（『大化前代社会組織の研究』吉川弘文館、一九六九年）。
（15）荒木敏夫「日本古代王権と婚姻」（『古事記年報』五〇、二〇〇八年）、同『古代天皇家の婚姻戦略』（吉川弘文館、二〇一三年）。

(16) 仁藤敦史「トネリと采女」(『古代王権と支配構造』吉川弘文館、二〇一二年。初出二〇〇五年)。
(17) 第一部第三章「采女論再考」参照。
(18) 『日本書紀』神功皇后六十二年条。
(19) 『日本書紀』皇極二年十一月丙子朔条。
(20) 『日本書紀』応神十三年九月中条。
(21) 第一部第二章「髪長媛伝承の「喚」――地方豪族の仕奉と王権――」参照。
(22) 『日本書紀』推古十八年三月条。
(23) 第二部第一章「後宮職員令の構成と特質」第四項参照。
(24) 熊谷公男『日本の歴史3 大王から天皇へ』(講談社、二〇〇一年)。
(25) 『日本書紀』雄略二年十月丙子条。
(26) 『日本書紀』大化二年正月甲子朔条。
(27) 『日本書紀』天武二年五月乙酉朔条。
(28) 『日本書紀』天武八年八月己酉朔条。
(29) 『日本書紀』天武五年八月丁酉条。
(30) 読みは「クニン/クウニン」と定まってくる(『訳註日本律令』一〇、東京堂出版、一九八九年)。野村忠夫は、律令官僚制が成立する過程で、「後宮の場での女性たち」は「内廷」的な本質を変えなかったため、令制前に続き「宮人」と総称されなければならなかったとした(『後宮と女官』教育社歴史新書、一九七八年、一九頁)。野村によれば律令における「宮人」の用語は、内廷的性格を物語るものだという。
(31) 六位以下八位以上の官人層の男子の出身法も整備された(養老軍防令47内六位条)。
(32) 磯貝正義「氏女制度の研究」(前掲註(12)書収載。初出一九六〇年)。
(33) 阿部武彦「天武朝の族姓改革について」(『日本古代の氏族と祭祀』吉川弘文館、一九八四年。初出一九五九年)。
(34) 磯貝正義前掲註(32)論文。

(35) 実際の運用では、別式に登載されていない氏や畿外豪族も氏女を出すことはできたが、それでも女性は、官仕の道が全員に開けていた男性とは抜本的に異なる出身法の下に置かれた。
(36) 義江明子『日本古代女性史論』(吉川弘文館、二〇〇七年)。
(37) 高橋崇『律令官人給与制の研究』(吉川弘文館、一九七〇年)一六頁の第三表による。表には大宰府、国司の史生が含まれ、舎人、女孺、采女等は含まれていない。
(38) 野村忠夫『律令官人制の研究』増訂版(吉川弘文館、一九七〇年)。
(39) 『唐六典』巻一二内侍省、内侍。
(40) 『旧唐書』倶文珍伝。
(41) 『続日本紀』宝亀元年八月丙午条。
(42) 春名宏昭「内侍考——宣伝機能をめぐって——」(『律令国家官制の研究』吉川弘文館、一九九七年)。
(43) 『唐六典』巻一二宮官、尚宮局、司言の註。
(44) 春名宏昭前掲註(42)論文、二五六〜二五七頁。
(45) 松本保宣「唐代の閤門の様相について——唐代宮城における情報伝達の一齣 その二——」(『立命館文学』六〇八、二〇〇八年)。
(46) 文珠正子「令制宮人の一特質について——「与男官共預知」の宮人たち——」(関西大学博物館学課程創設三十周年記念論集『阡陵』一九九二年)。
(47) 古瀬奈津子「中国の「内廷」と「外廷」——日本古代史における「内廷」「外廷」概念再検討のために——」(『日本古代王権と儀式』吉川弘文館、一九九八年。初出一九八八年)。
(48) 橋本義則「平安宮内裏の成立過程」(『平安宮成立史の研究』塙書房、一九九五年)、同「「後宮」の成立——皇后の変貌と後宮の再編——」(『古代宮都の内裏構造』吉川弘文館、二〇一一年。初出一九九五年)。
(49) 春名宏昭前掲註(42)論文。
(50) 栗林茂「皇后受賀儀礼の成立と展開」(『延喜式研究』八、一九九三年)、楊永良「元正朝賀儀における諸問題——その法

的意義――」（『明治大学大学院紀要』二〇―一、一九八三年）。
(51) 岡村幸子「女叙位に関する基礎的考察」（『日本歴史』五四一、一九九三年）。
(52) 『類聚国史』四〇采女。渡部育子「日本古代法にみえる女官の評価についての一試論――采女のセックスとジェンダーをめぐって――」（『新潟史学』四四、二〇〇〇年）。
(53) 磯貝正義「采女貢進制の基礎的研究」（前掲註(12)書収載。初出一九五八年）。
(54) 吉川真司「女房奉書の発生」（『律令官僚制の研究』塙書房、一九九八年。初出一九九七年）。
(55) 服藤早苗「九世紀の天皇と国母――女帝から国母へ――」（『平安王朝社会のジェンダー』校倉書房、二〇〇五年。初出二〇〇三年）。
(56) 東海林亜矢子「母后の内裏居住と王権」（『お茶の水史学』四八、二〇〇四年）。
(57) 第三部第三章「キサキの女房の出現契機――上毛野滋子を素材として――」参照。
(58) 吉田孝『律令国家と古代の社会』（岩波書店、一九八三年）。
(59) 吉川真司「平安時代における女房の存在形態」（前掲註(54)書収載。初出一九九五年）。
(60) 平安中期から鎌倉期の尚侍の沿革については、山田彩起子氏が「平安中期以降の尚侍をめぐる考察」（『古代文化』六四―二、二〇一二年）でまとめている。
(61) 山田彩起子「平安時代中期における后の女房の存在形態について――職掌・序列などを中心に――」（『古代文化』六七―三、二〇一五年）。
(62) 志水正司「古代尚侍の一考察」（『日本古代史の検証』東京堂出版、一九九四年。初出一九六三年、「上代尚侍の一考察」を改題）一五七頁。
(63) 『当時年中行事』（臨川書店、一九七六年）四〇六頁。
(64) 浅井虎夫『女官通解』（五車楼、一九〇六年）。現在は所京子氏校訂による『新訂女官通解』（講談社学術文庫、一九八五年）として刊行されている。
(65) 『書陵部紀要』二、一九五二年。

(66) 野村忠夫『古代官僚の世界』(塙新書、一九六九年)、同前掲註(38)書。
(67) 野村忠夫前掲註(30)書。
(68) 同右、四頁。
(69) なお、女官を対象とした網羅的な研究に次のものがある。角田文衞前掲註(1)『日本の後宮』は、平安時代を中心に古代から近世初期までの後宮を通史的にまとめ、須田春子『律令制女性史研究』(千代田書房、一九七八年)、同『平安時代後宮及び女司の研究』(千代田書房、一九八二年)は、八世紀から平安中期までの後宮十二司と女官を概括した。
(70) 磯貝正義前掲註(12)書。同書収載の前掲註(32)「氏女制度の研究」の初出は一九六〇年であり、管見の限りでは氏女研究ではもっとも早い時期のまとまった文献である。
(71) 磯貝以後の注目すべき采女論に松原弘宣「采女資養法について」(『日本歴史』三一三、一九七四年)がある。
(72) 平野邦雄前掲註(14)論文。
(73) 三崎裕子前掲註(2)論文。
(74) 橋本義則前掲註(48)『古代宮都の内裏構造』。
(75) 春名宏昭前掲註(42)論文。
(76) 吉川真司「奈良時代の宣」(初出一九八八年)、同「律令国家の女官」(初出一九九〇年)、同前掲註(54)論文。いずれも前掲註(54)書収載。
(77) 吉川真司氏の研究に先行するものとして、土田直鎮「内侍宣について」(『奈良平安時代史研究』吉川弘文館、一九九二年。初出一九五九年)。
(78) 文珠正子前掲註(46)論文。
(79) 橋本義則「掃部寮の成立」(奈良国立文化財研究所創立四〇周年記念論文集『文化財論叢Ⅱ』同朋舎出版、一九九五年)は、大嘗祭の舗設で典掃の指示により掃部寮が作業するという『延喜式』の規定は八世紀にもさかのぼりうるとした。勝浦令子「古代宮廷女性組織と性別分業――宮人・巫女・尼の比較を通して――」(『日本古代の僧尼と社会』吉川弘文館、二〇〇〇年。初出一九九五年)は、律令前の体制を男女の「共同関与」だったと指摘した。

（80）勝浦令子前掲註（79）論文、一三七頁。

（81）律令制国家成立と古代官僚機構の形成については、石母田正『日本の古代国家』（岩波書店、一九七一年）参照。二官八省の成立に関するものに、青木和夫「浄御原令と古代官僚制」（『日本律令国家論攷』岩波書店、一九九二年。初出一九五四年）、八木充「太政官制の成立」（『律令国家成立過程の研究』塙書房、一九六八年。初出一九六三年）、井上光貞「太政官成立過程における唐制と固有法との交渉」（『井上光貞著作集』二、岩波書店、一九八六年。初出一九六七年）、黛弘道「中務省に関する一考察――律令官制の研究（一）――」（初出一九七一年）、同「続・中務省に関する一考察――律令官制の研究（二）――」（初出一九七五年。いずれも『律令国家成立史の研究』吉川弘文館、一九八二年収載）、直木孝次郎「大蔵省と宮内省の成立」（『飛鳥奈良時代の考察』高科書店、一九九六年。初出一九七六年）、福原栄太郎「中務省の成立」をめぐって」（『ヒストリア』七七、一九七七年）、石上英一「大蔵省成立史考」（弥永貞三先生還暦記念会編『日本古代の社会と経済』上、吉川弘文館、一九七八年）、熊谷公男「治部省の成立」（『史学雑誌』八八―四、一九七九年）、吉川真司「律令太政官制と合議制――早川庄八著『日本古代官僚制の研究』をめぐって――」（前掲註（54）書収載。初出一九八八年）、荊木美行『初期律令官制の研究』（和泉書院、一九九一年）、吉川聡「律令官司制の構造とその成立――八省を中心に――」（『日本史研究』四四四、一九九九年）など。官司構造に関するものに、東野治之「四等官制成立以前における我国の職官制度」（『長屋王家木簡の研究』塙書房、一九九六年。初出一九七一年）など。

（82）吉川真司前掲註（76）「律令国家の女官」は、平安時代の闈司奏を推古の小墾田宮までさかのぼりうるとした。闈司は、大宝令制定時に後宮十二司の一つとして置かれた官司。吉川氏の指摘は、律令国家成立時に、それ以前の女官の職掌が官司に編成されていった経緯を示唆するものである。後宮十二司設置過程の考察にあたっての手掛かりになるだろう。

（83）永原慶二『20世紀日本の歴史学』（吉川弘文館、二〇〇三年）一〇一頁。

（84）西野悠紀子「古代女性生活史の構造」（女性史総合研究会編『日本女性生活史1　原始・古代』東京大学出版会、一九九〇年）五～八頁。西野氏は、高群逸枝の父系制成立論批判が歴史学界に受け入れられなかった要因には史料操作の誤りがあるとしたうえで、エンゲルスの影響による「階級社会である以上父系制でなければならないという思い込み」が研究者のなかに広く存在していたことをあげている（西野悠紀子「古代女性史の現状と課題――後宮の問題を中心に――」田端泰子・

上野千鶴子・服藤早苗編『シリーズ比較家族8　ジェンダーと女性』早稲田大学出版部、一九九七年、一二頁）。
（85）渡部義通『日本古代社会』（三笠書房、一九三六年）四九～五一頁。本章の引用は三笠書房版によるが、漢字は新字にあらためた。
（86）「父家長制」は渡部の用語。渡部義通前掲註（85）書、二一四頁。
（87）西野悠紀子前掲註（84）「古代女性生活史の構造」七頁、同「古代国家の形成とジェンダー」（大口勇次郎・成田龍一・服藤早苗編『新体系日本史9　ジェンダー史』山川出版社、二〇一四年）九頁も参照されたい。
（88）門脇禎二前掲註（13）『采女』一〇～一一頁、同「家族と村落」（『古代史講座』六、学生社、一九六二年）も参照されたい。
（89）関口裕子『日本古代婚姻史の研究』上・下（塙書房、一九九三年）、同『日本古代家族史の研究』上・下（塙書房、二〇〇四年）など。
（90）今井堯「古墳時代前期における女性の地位」（総合女性史研究会編前掲註（2）書収載。初出一九八二年）、清家章『古墳時代の埋葬原理と親族構造』（大阪大学出版会、二〇一〇年）など参照。
（91）溝口睦子「記紀に見える女性像――巫女・女酋・冶工・戦士――」（前近代女性史研究会編『家族と女性の歴史　古代・中世』吉川弘文館、一九八九年）、同「『風土記』の女性首長伝承」（前近代女性史研究会編『家・社会・女性　古代から中世へ』吉川弘文館、一九九七年）、義江明子『古代女性史への招待――〈妹の力〉を超えて――』（吉川弘文館、二〇〇四年）など参照。
（92）律令制下における女性の出仕がウヂを母胎としたことについては、西野悠紀子前掲註（84）「古代女性生活史の構造」一九頁、義江明子『日本古代の氏の構造』（吉川弘文館、一九八六年）、同『県犬養橘三千代』（吉川弘文館、二〇〇九年）などが指摘している。
（93）野村忠夫前掲註（38）『律令官人制の研究』増訂版、五二五頁。
（94）関口裕子「家父長制家族の未成立と日本古代社会の特質について」（総合女性史研究会編『日本女性史論集3　家と女性』吉川弘文館、一九九七年）二七～三一頁。
（95）遠藤みどり「令制キサキ制度の成立」（『日本古代の女帝と譲位』塙書房、二〇一五年、一九四～一九九頁。初出二〇一一年)。

(96) 野村忠夫・原奈美子「律令宮人制についての覚書――「宮人」と「女官」――」(『続日本紀研究』一九二、一九七七年)。

第一部　令制女官前史

第一章　臣のヲトメ

——記紀・万葉の「宮人」たち——

はじめに

『日本書紀』『古事記』などの古代文献史料には、大王やキサキ、ミコたちの宮で活躍する女性たちが描かれており、律令官僚制が確立する以前にも、王権を支える機構のなかで女性も役割を果たしていたことを伝えている。[1]ところが、記紀では恋物語のなかで描かれる女性が目立つためか、天皇系譜やキサキ論の文脈で語られることはあっても、官人制の先駆的形態のなかに位置づけられて考察されることは稀だった。

大化前代は、臣・連・国造・伴造および百姓は、大王に対して「つかへまつる」（仕奉）関係にあったとされる。[2]本章では、記紀と『万葉集』にみられる「臣のヲトメ」「氏々の女」「臣の女」の分析を通じ、豪族の「仕奉」にあたって、女性がどのような形態で役割を果たしたのかを明らかにしたい。

なお、本章は宮廷で働く女性、つまり「女官」を取りあげるが、この言葉が史料上で使用されるのは八世紀末からである。[3]法制用語では出仕女性は「宮人」と記載された。しかし、行論中、男性も含めた「宮人」「大宮人」についても触れるので、区別するために女性出仕者については「女官」の語を用いる。

一　「臣のヲトメ」と「宮人」

1　古代歌謡の「臣のヲトメ」

『万葉集』に、「臣の女の　櫛笥に乗れる　鏡なす　三津の浜辺に……」（『万葉集』四―五〇九／丹比真人笠麻呂）という歌い出しの歌がある。

八世紀の女官の正装は、結髪である。その道具を納める櫛笥と鏡は、身繕いに欠かせない。「臣の女」（原文では「臣女」）は、宮廷に仕える女性だと解釈されている。[4]

「臣の女」のように、人に対して「臣の……」と冠する表現は、男女に通用し記紀にもみることができる。たとえば、『古事記』に次の例がある（傍線は筆者。以下同）。

『古事記』雄略段

又、天皇、婚㆓丸邇之佐都紀臣之女、袁杼比売㆒、幸㆓行于春日㆒之時、媛女逢㆑道。（略）是豊楽之日、亦、春日之袁杼比売、献㆓大御酒㆒之時、天皇歌曰、

美那曾曽久　淤美能袁登売（ア）　本陀理登良須母　本陀理斗理　加多久斗良勢　斯多賀多久　夜賀多久斗良勢　本陀理斗良須古

此者、宇岐歌（イ）也。

これは、雄略天皇の朝廷で開かれた、新穀収穫を祝う豊楽の宴の場面である。和邇の出身である袁杼比売が雄略に酒を献じている。その場で雄略は、袁杼比売にたいして傍線（ア）「淤美能袁登売」と呼びかける。『日本書紀』の歌

謡にも同様の表現がみられる。

『日本書紀』仁徳十六年七月戊寅条

天皇以二宮人(ウ)桑田玖賀媛一、示二近習舎人等一曰、朕欲レ愛二是婦女(エ)一、苦二皇后之妬一、不レ能レ合、以経二多年一。何徒妨二其盛年一乎。仍以レ歌問之曰、

瀰儺曾虚赴、於瀰能烏苔咩(オ)烏、多例揶始儺播務。

於是、播磨国造祖速待、独進之歌曰、

瀰箇始報、破利摩波揶摩智、以播区娜輸、伽之古倶等望、阿例揶始儺破務。

即日、以二玖賀媛一賜二速待一。明日之夕、速待詣二于玖賀媛之家一。而玖賀媛不レ和。乃強近二帷内一。時玖賀媛曰、妾之寡婦以終レ年。何能為二君之妻一乎。於是、天皇欲レ遂二速待之志一、以二玖賀媛一、副二速待一、送二遣於桑田一。則玖賀媛、発病死二于道中一。故於今有二玖賀媛之墓一也。

仁徳に桑田玖賀媛が仕えているが、皇后の嫉妬が激しく婚姻することができない。そこで近習の舎人に、玖賀媛を妻としたい者はいるかと呼びかけたところ、播磨速持が名乗りをあげた。しかし、玖賀媛は速持の求婚を拒絶し、亡くなるという物語である。玖賀媛は、本文では傍線（ウ）「宮人」、同（エ）「婦女」と呼ばれ、歌謡中では傍線（オ）「於瀰能烏苔咩」と呼ばれた。

記紀の古代歌謡が一字一音の万葉仮名で表記されるのは、歌謡として正しく形を伝えなければならないからである。[5]『古事記』の「淤美能袁登売」は、概説書では「臣の嬢子」[6]「臣ノ嬢子」[7]と表記される。この表記は、少なくとも近世の契沖『厚顔抄』にまでさかのぼる。[8]本居宣長は『古事記伝』で契沖の解釈を踏襲し、「淤美能袁登売」に「オミノヲトメ」と訓を振り、「臣之少女なること、明けきをや」とした。[9]『日本書紀』の「於瀰能烏苔咩」も、「臣の少女」[10]

である。「淤美能袁登売」「於瀰能烏荅咩」を「臣の嬢子」あるいは「臣の少女」と表記することについては、異論の余地はないだろう。次に、その意味を考察しよう。

2 「臣」とはなにか

記紀、『万葉集』には、ほかにも「臣」を冠した言葉がある。たとえば、清寧記歌謡には、「意富岐美能　許々呂袁由良美　淤美能古能」（王ノ心を緩み臣ノ子ノ）という歌詞があり、「オミノコ」と歌われる。『万葉集』には、先述の「臣の女」のほか、「物部乃　臣之壮士」（三―三六九。もののふの臣の壮士）があり、「オミノヲトコ」と読まれる。これらの「臣」の意味は何か。

「臣」の意は大別すると、①カバネ、②尊称・敬称[11]、③君との対語で臣下、である。「臣のヲトメ」と呼んだ場合、カバネの可能性はない。尊称の場合には、名の下に「臣」が付されるため、尊称でもない。「臣のヲトメ」の「臣」は、「臣ノ子」「臣の壮士」の「オミ」と同じく、「宮廷に仕える者」を意味する[12]。これは「男女を問わず、またカバネの別を問わず広く使われる語」である[13]。

3 「ヲトメ」とはなにか

「ヲトメ」は、辞書的解釈によれば「古代における性愛可能な女性の若年年齢層を示す年齢階梯呼称」だが、「ヲミナとの境界年齢については定見をみない」とされている（『日本女性史大辞典』田中禎昭氏執筆）。『万葉集』に多出するほか、記紀にも「媛女」「嬢子」「少女」「童女」と書かれて頻出する[14]。「ヲトメ」と呼ぶ場合、今日の感覚でいえば若い女性を指すと受け止められかねないが、これについては、『古事記』の「童女」と「嬢子」の表記の違いに着目した守屋俊彦氏の研究がある。

『古事記』雄略段

天皇、幸二行吉野宮一之時、吉野川之浜、有二童女一（カ）。其形姿美麗。故、婚二是童女一而、還二坐ㇾ於宮。後更亦幸二行吉野一之時、留二其童女之所遇一、於二其処一立二大御呉床一而、坐二其御呉床一、弾二御琴一、令ㇾ為二儛其嬢子一（キ）。

右は、雄略が吉野に赴いたさいに美しい女性（吉野の童女）に出会い、求婚して妻とした婚姻譚である。守屋氏は、この物語を考察するにあたり、童女が雄略に初めて逢ったときには傍線（カ）「童女」と記載され、婚姻後は傍線（キ）「嬢子」と記されていることから、意識的な「使い分け」が行われていることを指摘し、「嬢子」は成熟した女性を表現する言葉として用いられているとした(15)。つまり、訓はいずれも「ヲトメ」であり、倭語では同じ言葉になってしまうため、漢字表記によって女性の状況の変化を表現しようとしているのである。

『万葉集』でも、「娘子」という表記ではあるが、依羅娘子（柿本人麻呂の妻と伝える）、狭野弟上娘子（中臣宅守の妻）らの有夫女性が「ヲトメ」と敬称されている。再婚女性も「娘子」（一六―三八一五左註）である。「ヲトメ」は、少なくとも八世紀においては、「ヲトコ」の対語としての、成熟した女性を含む言葉であった。「臣のヲトメ」とは、臣下のうら若い少女一般ではない。大王に仕える成熟した女性が、「臣のヲトコ」と対をなす「臣のヲトメ」だったのである。

『日本書紀』仁徳十六年七月戊寅条で桑田玖賀媛は、本文で「ヲミナ（婦女）」と記され、歌謡中では「ヲトメ」と呼ばれる。「ヲトメ」と「ヲミナ」は、先述したとおり年齢階梯に関わる古代の民俗語彙だが、その区分はあいまいである。また、「ヲトメ」は、有夫無夫どちらにも通用している。婚姻によって女性の社会的な存在形態が変化しないため、女性の呼称も変わらないのである。このような社会のあり方は、法制からも確認できる。唐の制度では、女性の権利・義務は婚姻によって変化するため、既婚女性を「婦」と記し、未婚女性である「女」と明確に区別したが、日本の律令では既婚未婚を区別せず女性を「女」としたのである。(16) 年齢階梯からみると、「ヲトコ」に対応するのは「ヲミナ」「ヲトメ」である。日本の令制用語から考えてより広い概念は「オミナ」であり、ヲトメは、女性を意味するヲミナに含まれる。「臣のヲトメ」は「臣の女」に含まれるのである。

4 「宮人」と「臣のヲトメ」

冒頭に掲げた雄略記の歌謡は、締めくくりに傍線（イ）「宇岐歌也」と明記されているように、宮廷儀礼で酒杯を進めるときの歌(17)であり、いわば公的な歌謡である。

一方、仁徳十六年七月戊寅条は、「故於今有㆓玖賀媛之墓㆒也」と結ぶ。つまり、玖賀媛の墓がある由縁を説いた物語である。その物語中に、男女の問答歌が組み込まれているという構造である。「故〜有」として場所の説明をする表現は『播磨国風土記』にもみえ（美嚢郡志深里条）、地名伝承にまつわる可能性もある。二つの歌謡は、別個の原史料に基づくもので、それがさらに記紀という異なる文献に採録されたのだろう。にもかかわらず、大王に仕える女性が、ともに「臣のヲトメ」と歌われた。仁徳紀は、本文で桑田玖賀媛を「宮人」と記載し、歌謡中では「於彌能烏苔咩」とした。なぜ、歌謡では「宮人」ではなく「臣のヲトメ」と歌われたのだろうか。

記紀や『万葉集』は、宮廷人を「宮人」「大宮人」と記す。雄略記歌謡には「毛毛志記能　淤富美夜比登波」という言葉があるが、傍線部は「大宮人」であり、大王の前で開かれた酒宴で入り混じって座っている男女を指すという。(18)『万葉集』の「宮人」「大宮人」も男女の区分けはないとされる。(19)

このように、「宮人」が男女の宮廷人を意味する時代には、歌謡中で性別が決定的な要素になる場合には、「宮人」

という言葉では意を尽くすことはできない。「宮人」では、大王に仕える女性という玖賀媛の属性が明快に伝えきれないのである。耳で聞く歌謡では、意味がすぐに理解できる言葉が必要である。玖賀媛をめぐる歌謡が「臣のヲトメ」という語を用いたのは、たんなる文学的修辞ではなく、それが男女のかけひきを題材とするものだったからだと考えたい。(20)

雄略記の宇岐歌で「臣のヲトメ」と歌われたのも、儀礼では大王に酒を献上する人の性別が重要だったからである。古代では、祭祀における捧げ物の分担は、男女の自然的性別分業に根ざし、(21)神事においては「男女がそれぞれに自分たちの労働の成果を神にささげて感謝」したという。(22)現実には農耕や造酒に男女ともに携わったにしても、儀礼の場で造酒およびその前提となる農耕労働の成果をささげる象徴的な役割は、女性が担ったのである。このため、大王に酒を捧げる人物を指す言葉としては、男女どちらともとれる「宮人」ではなく、女性であることが明確な「臣のオトメ」が採用されたのではないだろうか。

ここまで、古代歌謡の「臣のヲトメ」の意味を考察してきた。宮に仕える人を指す言葉として記紀、『万葉集』には「宮人」「大宮人」があり、そこには男女ともに含まれていた。一方で、古代歌謡において性別が重要な要素となる場合に、「臣のヲトメ」という語が使われた。それは、大王との君臣関係をもって仕奉する成熟した女性を指す言葉だったことが確認できた。

なお、先に、「臣のヲトメ」は「臣のヲトコ」と対をなす概念だとのべた。古代には、神に奉仕する「神のヲトコ」（加味乃乎止古）、「神のヲトメ」（加味乃乎止売）（『常陸国風土記』香島郡条）、賀茂社の祭祀に奉仕する男女神職者の「アレヲトコ」（阿礼乎止古）、「アレヲトメ」（阿礼乎止売）（『朝野群載』巻十二収載「賀茂祭宣命書様」）など、男女対の呼称がみられる。宮廷においても、大王に奉仕する男女共通の「宮人」という概念とともに「臣のヲトコ」「臣のヲトメ」

という男女対の呼称が存在したことは、大王に対するウヂの仕奉のあり方を考える手掛かりになるだろう。次節で考察していきたい。

二 「氏々之女」「内外命婦」と「ひめとね」

1 令制下の女性の朝参

八世紀なかばに聖武天皇は、「男能未父名負弖女波伊婆礼奴物爾阿礼夜、立双仕奉自理在止奈母念須」と述べた（『続日本紀』天平勝宝元年四月甲午朔条）。男性だけではなく、女性も祖先の栄誉を担ってともに王権に奉仕するのが当然なのだという認識である。この認識は、「臣のヲトコ」「臣のヲトメ」いずれもが「宮人」として王権の機構を支えた令制前の仕奉のあり方に根ざしたものだといえるだろう。

さらに重要なのは、男女ともに仕奉すべきだという認識が、女官である女性だけではなく、出仕していない女性に対しても向けられ、律令に規定されたことである。たとえば、朝廷の重要儀式への女性の参集規定である。女官たちの朝参は当然だが、そうでない女性も、外命婦（五位以上の官人の妻）の資格で朝参が定められ、儀式での服装や序列も規定されたのである(23)。また、半年ごとに実施される大祓には、百官男女の出席が決められていた。

養老神祇令18大祓条

凡六月十二月晦日大祓者。中臣上㆓御祓麻㆒。東西文部上㆓祓刀㆒。読㆓祓詞㆒。訖百官男女。聚㆓集祓所㆒。中臣宣㆓祓詞㆒。卜部為㆓解除㆒。

ところが、現実には、女官ではない女性たちも参集を命じられたのである。

『続日本紀』養老五年七月己酉条

秋七月己酉、始令下文武百官率二妻女・姉妹一、会中於六月・十二月晦大祓之処上。

『続日本紀』は、百官が「妻女姉妹」とともに大祓に集ったことを書き留めた。このような、出仕していない女性も含めて百官が一堂に会する儀礼は、管見の限りでは平安時代にはみることはできない。淵源は、どこまでさかのぼれるだろうか。

2　儀式に参集する「氏々之女」たち

記紀には、王権の儀礼に参集する女性たちの姿が描かれている。

『日本書紀』仁徳四十年是歳条

是歳、当二新嘗之月一、以二宴会日一、賜二酒於(ク)内外命婦等一。於是、(ケ)近江山君稚守山妻与二(コ)采女磐坂媛一、二女之手、有レ纏二良珠一。皇后見二其珠一、既似二雌鳥皇女之珠一。則疑之、命二有司一、推二問其玉所得之由一。対言、佐伯直阿俄能胡妻之玉也。仍推二鞫阿俄能胡一。対曰、誅二皇女一之日、探而取之。即将レ殺二阿俄能胡一。於是、阿俄能胡、乃献二己之私地一、請レ贖レ死。故納二其地一赦二死罪一。是以、号二其地一曰二玉代一。

『古事記』仁徳段

其将軍山部大楯連、取下其女鳥王所レ纏二御手一之玉釧上而与二己妻一。此時之後、将レ為二豊楽一之時、(サ)氏々之女等、皆朝参。爾(シ)大楯連之妻、以二其王之玉釧一、纏二于己手一而参赴。於レ是、大后石之日売命、自取二大御酒柏一、賜二諸氏々之女等一。爾、大后見二知其玉釧一、不レ賜二御酒柏一、乃引退。召二出其夫大楯連一以詔之、其王等、因レ无レ礼而退賜。是者無二異事一耳。夫之奴乎、所レ纏二己君之御手一玉釧、於二膚熅一剝持来、即与二己妻一。乃給二死刑一也。

記紀ともに、仁徳朝の事件として記載されている、隼別皇子と雌鳥皇女の反乱伝承の後日譚である。二人は仁徳の命で殺されるが、その際、皇后は皇女が身にまとう宝玉を奪わないよう求めていた。ところが、その年の収穫を祝う宴に参集した女性が雌鳥皇女の玉を身に付けていたため、討手が皇女から奪ったことが露見し罰せられたというのがあらすじである。『日本書紀』では傍線（ケ）「近江山君稚守山妻」と同（コ）「采女磐坂媛」が同（ク）「内外命婦等」として宴に参集する。『古事記』では、傍線（サ）「氏々之女等」の一人として、同（シ）「大楯連之妻」が参集する。

『日本書紀』では、隼別皇子・雌鳥皇女を討ったのは吉備品遅部雄鯽と播磨佐伯直阿俄能胡で、雌鳥皇女の宝玉を奪ったのは阿俄能胡である。阿俄能胡は、皇后の命に反した罪で殺されかけるが、私地を献上して死を免れる。このため、その土地は玉代と呼ばれたという。一方の『古事記』では、討手は山部大楯連で、大后の命に反して女鳥王の玉を奪った罪で殺される。このストーリー展開と登場人物の相違は、原史料の性格の違いによるものだろう。(24)

仁徳四十年是歳条は、『日本書紀』における新嘗の初見記事であるが、天武五年十月丁酉条に相新嘗記事、同六年十一月己卯条に新嘗記事があり、新嘗祭は天武・持統朝に新しい形に整えられたとするのが通説である。(25) また、「内外命婦」という表記も令制用語で、内命婦はみずから五位以上を帯びる女性であり、外命婦は先述したように五位以上の官人の妻である。このように令制の規定を踏まえた文飾が施されてはいるが、新穀の収穫を祝う王権儀礼の存在までは否定することはできない。では、「氏々之女」「内外命婦」と記された女性たちが集うという記紀の舞台設定は、古代社会の何を描いているのだろうか。

『古事記』は、出仕者を指す場合には、「宮人」（允恭記）のほか、「朝廷人」（清寧記）、「百官」（応神・履中・允恭・雄略記）などの語を使用している。一方で、氏姓の乱れを盟神探湯によって正したとする允恭記に「氏々名々人等」という語がみえる。ウヂと出仕者とを区別しているのである。この使い分けは『日本書紀』でも同様であって、それは次のような箇所に現れている。

『日本書紀』大化二年八月癸酉条

秋八月庚申朔癸酉、詔曰、（略）始二於祖子一、奉仕（ス）卿大夫臣連伴造氏々人等、或本云、名々王民。咸可二聴聞一。

右は、百官・位階の制定を宣するにあたっての冒頭の呼びかけ部分である。傍線（ス）は、「卿大夫・臣・連・伴造」＋「氏々人等」という二つのグループから構成されており、両者ともに「奉仕」という役割を冠されるしくみになっている。[26] 伴造以上の人々だけではなく、ウヂの人々も奉仕すべき役割を負っているという認識である。だからこそ、伴造以上だけではなくあえて「氏々人等」というよびかけが行われたのである。このような区別は、推古紀にも「以二砂礫一葺二檜隈陵上一。則域外積レ土成レ山。仍毎レ氏科之、建二大柱於土山上一」とみえる。檜隈陵修築という土木作業をウヂごとに命じて行わせたのである。[27] 記紀という性格の異なる史料においても、「宮人」「朝廷人」「百官」「卿大夫臣連伴造」という人々と、「氏」の人々という二つのカテゴリーが書き分けられ、いずれも王権に奉仕するさまが描かれているのである。

　このなかで、仁徳記で「氏々之女」と書かれた点は看過できない。大和朝廷において直接的に仕奉する伴造以上と、「氏々人等」を対置する記載からは、「臣のヲトメ」は大王に仕える女性宮人として前者に属し、「氏々之女」は「氏々人等」のなかに包括される女性たちだという推定が導かれるのである。仁徳紀の述作者は、律令の知識によって、宮廷の儀礼に参集する女性たちを「内外命婦」と記した。「内命婦」は女官（女性宮人。「臣のヲトメ」）を想定し、「外命婦」は、「氏々之女」たちを想定したと考えてよいだろう。記紀には官人の妻として「氏々之女」「外命婦」が参集したように記されているが、当時は一夫一婦婚は未成立であり、正妻も未確立である。このような婚姻史の成果を踏まえると、「氏々之女」「外命婦」の内実は官人の妻を指すのではなく、『続日本紀』養老五年七月己酉条にみえる官人の「妻女姉妹」が実態に近いのではないだろうか。女性たちが参集する資格要件は、より広い、ウヂの成員であることだと考えるのが、現在のところではもっとも合理的だと思われる。

3　「宮人」と「里人」

ここで、大王の宮で仕奉する「宮人」と、彼・彼女らの出仕母体との関係に関する記紀の記載をみておきたい。

『日本書紀』安康即位前紀

冬十月、葬礼畢之。（略）大前宿禰答歌之曰、

（セ）瀰椰比等能、阿由臂能古輸孺、於智珥岐等、瀰椰比等々予牟、（ソ）佐杜弭等茂由梅。

『古事記』允恭段

爾、其（タ）大前小前宿禰、挙レ手打レ膝、儛訶那伝（略）歌参来。其歌曰、

（チ）美夜比登能　阿由比能古須受　淤知爾岐登　美夜比登〻余牟　（ツ）佐斗毘登母由米

此歌者、宮人振也。

右は、允恭天皇の後継をめぐって、安康天皇と木梨軽皇子が争う物語のなかの歌謡である。一触即発の事態にあたって物部大前宿禰が、「宮人の足結の小鈴落ちにきと宮人とよむ里人もゆめ」と歌う。宮人の足結の鈴が落ちたと宮廷の人々が騒いでいる。戦になるのではないかと浮き足立っているが、里人たちよ、ゆめゆめ慎重に――と諭す内容である。允恭記の締めくくりに「宮人振也」とあるように、宮廷楽府の歌曲だという(28)。

同歌には「宮人」〔傍線（セ）「瀰椰比等」、同（チ）「美夜比登」〕と「里人」〔傍線（ソ）「佐杜弭等」、同（ツ）「佐斗毘登」〕

が歌われ、意味が対置されている。青木和夫は、『古事記』の傍線（タ）「大前小前宿禰」について、「大前」は天皇の「御前」を意味し、「小前」は語調を整えるための言葉で、「宿禰」は宿老の敬称だとし、「「大前小前宿禰」で、天皇に常時伺候しているお偉方」という普通名詞だと解釈した。[29]「里人」は大前宿禰の一族を指すという。[30]村に住む人ではなく、「宮人」の対としての、出仕していない人々である。天皇に仕える「宮人」と、その一族である「里人」とが対置されて歌われているのである。

「臣のヲトメ」は、「宮人」である。それは「里人」と対置される存在で、大王・王族の居る場所である「宮」で、大前宿禰のように常時伺候する官人なのである。

4　「内外命婦」と「ひめとね」

最後に、仁徳四十年是歳条の「内外命婦」の傍訓「ひめとね」について言及しておきたい。[31]『日本書紀』では「内外命婦」の語はこの一ヵ所だけである。概説書は写本の校合により「ひめとね」「うちとのひめとね」[32]と訓を振っている。[33]

「ひめとね」の語は、「トネ」に女性の敬称である「ヒメ」を冠したものである。尊称としての女性名語尾である「ヒメ」は古くから使用されていたが、男女を一律に区別する記号としての「ヒメ」の成立は、七世紀から八世紀にかけてのもので、比較的新しいという。[34]「トネ」は、従来の研究では官人の呼称であり、在地の有力者でもあると考えられてきた。しかし、近年では、それに留まらない視点が提示されている。[35]虎尾達哉氏は、「有官・無官を問わず、何らかの形で朝廷に仕える者を指す和語、すなわち、天皇との君臣関係を表示する和語であった」と指摘した。[36]義江明子氏は、広瀬・竜田祭祝詞に記された、祭儀に参集した倭国六御県の刀禰男女は、小共同体レベルの男女首長であり「公に仕奉る」存在だとした。[37]トネは儀式に参列する人であり、天皇と君臣関係にある人なのである。

かつて坂本太郎は、『日本書紀』の傍訓の由緒について、撰修にあたっては原史料の国語風の表現を漢文に改めたものの、漢文音読では意に満たず、むしろ国語で読んだ方がよいと判断したためであろうとし、読み方が難しいためにその指南を目的とする講書（養老講書）も撰修翌年に行われたとした。[38]その講書実施の理由は、『日本書紀』が広い読者（官人）を想定して読み上げられた史書であったからだともいう。[39]

「ひめとね」と傍訓が付された時期は特定はできないが、そのように聞くことで官人たちが思い浮かべたのは、天皇との君臣関係をもって儀式に参列する女性たちだっただろう。

先に、新嘗の宴への女性の参加要件は「氏々之女」であることだったと指摘した。令制下では、新嘗会はもっとも重要な儀礼の一つであり、内外命婦の参集が規定されたが、令制前においても、新穀を祝う宴の重要性は失われない。岡田精司氏によると、令制前の新嘗儀礼は、大王と豪族が共食して結合を強める場だったという。[40]村落・小共同体レベルでの男女ともの生産・祭祀・政事への参画は、すでに先学によって解明されており、そのような社会の基盤のうえに王権レベルでも同様に女性の参画が行われたことが指摘されている。[41]王権儀礼への参集は、たんなる動員ではなく、王権と氏族レベルにおける、ウヂの一員としてのマツリゴトへの女性の参加だったとみることができるだろう。

本節冒頭の大祓に立ち戻って考えると、大祓は大宝令で定められた公式行事であり、百官男女の参集規定は、祓が官人たちの職務遂行に欠かせないと考えられていたことを示す。そこに百官の妻女姉妹も参集させるのは、官人たちの職務遂行にあたって、妻女姉妹の祓も必要だと王権の側が認識したからである。彼女たちは、大祓への参集を命じられたことによって、百官と一括りの存在、つまり、天皇への仕奉を担う人々だとみなされていたことが明らかになる。

令制は、女官ではない女性の朝参資格を五位以上の官人の妻とした。しかし、『続日本紀』養老五年七月己酉条に記された大祓への会集女性の範囲は、令の規定をはるかに超えている。百官の妻女姉妹とは、百官に連なる女性すべてという意味であり、つまるところ、王権に仕奉するウヂの成員である女性の参集を求めたのである。その理由は、ウヂの女性たちもまた仕奉を担うという理念が、八世紀には生きていたからにほかならない。

おわりに

律令国家形成以前の、官人制の先駆的な形態における女性の姿を知ることはきわめて困難である。しかし、限定された史料の分析ではあるが、令制以前、女性は男性とともに「宮人」と呼ばれ、大王の「宮」で仕奉したことが確認できた。「臣のヲトメ」は、宮人女性の言い換えであり、歌謡などで女性であることが理解されなければならない場合に採用された言葉だった。彼女たちは、常時伺候する官人、すなわち日常的な出仕者だったとみてよいだろう。「臣のヲトコ」に対置される「臣のヲトメ」「臣の女」という呼称は、大王を支える層の男女双方が王権に日常的、かつ直接的に仕奉（出仕）したあり方を反映するのである。

一方、『古事記』の「氏々之女」は、ウヂの成員としての資格で儀式に列席した女性たちであり、それの律令の知識による言い換えが「外命婦」だった。常時伺候していなくとも、ウヂの人々もまた王権に仕奉すべきであると認識されており、その認識のうえに立って彼女たちは重要儀礼に参集したのである。

令制前には、総体としてのウヂによる奉仕を男女成員が担った。律令国家形成に向け、未熟な官人機構において男女の均等性は失われていったと判断されるが、そのなかにあっても、女性は「宮人」としての「仕奉」とともに、ウチの成員として「氏々之女」と呼ばれる立場での奉仕を担っていたのである。

律令官人制が成立すると、貴族層の男性は、すべてが官人となることを想定され、出仕方式は個人単位のものに移行していった。一方で女性は、氏から選ばれる「氏女」と、地方の有力豪族である郡領の一族から選ばれる「采女」という出仕方式を適用された。女性については、律令制下においても氏を基盤とする出仕形態が遺されたのである。さらに、「氏々之女」たちが担った王権への仕奉のあり方を踏まえて、「外命婦」という狭い範疇ではあるが、官人層に連なる女性たちの朝参規定が令制に盛りこまれたのである。

註

（1）律令制以前の出仕女性に言及したおもな研究には、以下のものがある。平野邦雄「「部」の本質とその諸類型」（『大化前代社会組織の研究』吉川弘文館、一九六九年）、松原弘宣「采女資養法について」（『日本歴史』三一三、一九七四年）、磯貝正義『郡司及び采女制度の研究』（吉川弘文館、一九七八年）、吉川真司「律令国家の女官」（『律令官僚制の研究』塙書房、一九九八年。初出一九九〇年）。また、日本における古代女官の労働の実態については、文珠正子「令制宮人の一特質について——「与男官共預知」の宮人たち——」（関西大学博物館学課程創設三十周年記念論集『阡陵』一九九二年）、野田有紀子「労働空間としての後宮——医疾令女医条をてがかりに——」（『お茶の水女子大学人文科学研究』六、二〇一〇年）を参照されたい。『万葉集』にみえる天智朝の宮人の分析は、上野誠「天智天皇挽歌群と「後宮」——その予備的考察——」（『萬葉集研究　第三十三集』塙書房、二〇一二年）に詳しい。

（2）吉村武彦「古代王権と政事」（『日本古代の社会と国家』岩波書店、一九九六年）。

（3）野村忠夫・原奈美子「律令宮人制についての覚書——「宮人」と「女官」——」（『続日本紀研究』一九二、一九七七年）。

（4）新日本古典文学大系『万葉集』一、三三四頁、脚注。

（5）新編日本古典文学全集『日本書紀』①（小学館、一九九四年）解説三「文章の述作」（蔵中進執筆）五一九〜五二〇頁。

（6）日本古典文学大系『古事記　祝詞』（岩波書店、一九九三年、新装版）、新編日本古典文学全集『古事記』（小学館、一九九七年)。
(7)日本思想大系『古事記』(岩波書店)。
(8)『契沖全集』第七巻(岩波書店、一九七四年)四九五、五九〇頁。
(9)『古事記傳』(『本居宣長全集』一二、筑摩書房、一九七四年)三二三頁。
(10)日本古典文学大系『日本書紀』上、新編日本古典文学全集『日本書紀』②(小学館、一九九六年)。
(11)東野治之「山ノ上碑銘文の解釈」(『群馬県史』通史編2原始古代2、一九九一年)八七頁、篠川賢「山上碑を読む」(あたらしい古代史の会編『東国石文の古代史』吉川弘文館、一九九九年)五八頁。
(12)日本思想大系『古事記』四六五頁、補注102、青木和夫執筆。
(13)溝口睦子「系譜論からみた稲荷山古墳出土鉄剣銘文」(『十文字国文』九、二〇〇三年)九三頁。
(14)神武記、雄略記の「媛女」、神代記の「童女」、『日本書紀』崇神十年九月壬子条の「少女」、垂仁二年是歳条の「童女」、応神十一年是歳条の「嬢子」など。
(15)守屋俊彦「吉野の童女」(『古事記研究』三弥井書店、一九八〇年)三一六〜三二〇頁。
(16)梅村恵子「律令における女性名称」(総合女性史研究会編『日本女性史論集3　家と女性』吉川弘文館、一九九七年、五〇〜五二頁。初出一九七九年)。
(17)杯をウキと呼ぶことは、『日本書紀』景行十八年八月条にみえる。
(18)日本思想大系『古事記』四六五頁、補注101、青木和夫執筆。
(19)上野誠前掲註(1)論文、二五頁。
(20)ただし、令制では「宮人」は女性仕官者の惣号に転換したため、『日本書紀』本文は、女性の宮廷人だけを指す言葉として「宮人」を用いる場合がある。武烈八年三月条、天智七年二月戊寅条、天武十年五月己卯是日条など。
(21)義江明子『日本古代の祭祀と女性』(吉川弘文館、一九九六年)一一八〜一二五頁。
(22)義江明子『古代女性史への招待』(吉川弘文館、二〇〇四年)一六〜一七頁。
(23)後宮職員令4内侍司条、同16朝参行立次第条、衣服令10内命婦条など。「外命婦」の号は唐制にあるが、唐では皇帝・皇太子の妃嬪を「内命婦」、高位高官の母妻や公主を「外命婦」としたように、夫の身位による号で、日本の制度とは異なる。日本で「外命婦」制が規定通りに運用された証左は乏しい。詳細は伊集院葉子、義江明子、ジョーン・R・ピジョー「日本令にみるジェンダー――その(3)後宮職員令（下）――」（『専修史学』五七、二〇一四年）参照。

(24)『日本書紀』の記載は、佐伯直氏の氏族伝承を基にしたものだという（中村友一「律令制前の政事構造と氏」『日本古代の氏族制』八木書店、二〇〇九年、八四～八五頁）。ただ、『日本書紀』では討手の中心人物は吉備品遅部雄鯽で、佐伯直阿俄能胡が物語の主役になるのは、後日譚においてである。この部分の『日本書紀』は、玉代の地名起源伝承の可能性もあるだろう。

(25) 岡田精司「律令的祭祀形態の成立」（『古代王権の祭祀と神話』塙書房、一九七〇年）一六九頁。

(26) 吉村武彦前掲註(2)論文、九三～九五頁。

(27)『日本書紀』推古二十八年十月条。同上記事については田中聡「「陵墓」にみる「天皇」の形成と変質」（日本史研究会・京都民科歴史部会編『「陵墓」からみた日本史』青木書店、一九九五年、九〇～九二頁）も参照されたい。

(28) 土橋寛『古代歌謡全注釈　古事記編』（角川書店、一九七二年）三〇〇頁。

(29) 日本思想大系『古事記』四五八～四五九頁、補注77。

(30) 新編日本古典文学全集『日本書紀』一三二頁、頭注五。

(31) 日本古典文学大系。底本は天理図書館所蔵卜部兼右本。

(32) 新編日本古典文学全集。底本は寛文九年版本。

(33) 巻十一仁徳紀は複数の写本があるが、卜部兼右本、北野神社所蔵本、前田本の内外命婦の訓はいずれも「ヒメトネ」。兼右本、北野本は、右傍に「ヒメトネ」、左傍に「ウトヒメトネ」とする。仁徳紀の最古の写本である前田本巻十一には、『日本書紀』奏上翌年（養老五〈七二一〉年）に実施された講書の覚え書とされる養老私記の逸文が、二ヵ所記載されている（『尊経閣善本影印集成26　日本書紀』八木書店、二〇〇二年）。

(34) 義江明子『つくられた卑弥呼』（ちくま新書、二〇〇五年）一四六～一五三頁。

(35) 小林昌二「刀禰論」（『日本古代の村落と農民支配』塙書房、二〇〇〇年。初出一九七四年）、虎尾達哉「刀祢源流考」

（『律令官人社会の研究』塙書房、二〇〇六年。初出二〇〇三年）、中村順昭「刀禰と舎人」（『史叢』七七、二〇〇七年）。
(36)　虎尾達哉前掲註(35)論文、三八二頁。
(37)　義江明子「古代の家族と女性」（『日本古代女性史論』吉川弘文館、二〇〇七年）二三二〜二三三頁。
(38)　坂本太郎「六国史」（『坂本太郎著作集』第三巻、吉川弘文館、一九八九年、八九〜九五頁。初出一九七〇年）。
(39)　遠藤慶太「『日本書紀』の分註――伝承の複数性から――」（『日本書紀の形成と諸資料』塙書房、二〇一五年、八九〜九八頁。初出二〇〇九年）。
(40)　岡田精司「大嘗祭の神事と饗宴」（『古代祭祀の史的研究』塙書房、一九九二年）一一九〜一二七、一三六頁。
(41)　関口裕子「日本古代の家族形態と女性の地位」（『家族史研究』第二集、大月書店、一九八〇年）、義江明子「日本古代の女帝と社会」（早川紀代ほか編『歴史をひらく――女性史・ジェンダー史からみる東アジア世界――』御茶の水書房、二〇一五年）。

第二章　髪長媛伝承の「喚」

――地方豪族の仕奉と王権――

はじめに

天平勝宝元（七四九）年四月一日、聖武天皇は、光明皇后、阿倍皇太子以下、群臣百寮を従えて東大寺に行幸し、建造中の盧舎那仏に対面した。同日、賜物、課役減免、恩赦などの恩恵を上級貴族から庶民に至るまで下し、とりわけ、五位以上への授位は三一人の多数にのぼった。そのうち女性は一三人を占めた。その理由を、聖武は宣命で、「男のみ父の名負ひて女はいはれぬ物にあれや、立ち双び仕へ奉るし理に在りとなも念す」と明言した。(1)男女立ち並んでの仕奉が道理だというのである。(2)ゆえに、天皇に仕奉する女性に褒賞としての授位を行うという論理であった。これは、中央貴族に向かって発せられた言葉ではあるが、古代のウヂによる王権への仕奉のあり方を根底に据えたものであることは論をまたないであろう。では、具体的には女性はどのような仕奉形態をとり、どのような役割を果たしていたのだろうか。

律令制下の宮廷機構内での男女共労については、吉川真司、文珠正子、勝浦令子各氏らにより、令制前のあり方を淵源とするものであることが解明されてきた。(3)古代国家形成期の王権と氏族の関係については、「大化改新前の政治組織」を「氏族を基礎としたものであった」とし、氏の位置づけの明確化をはかった津田左右吉の研究を端緒に、(4)その論を継承するか批判するかの別はあるにしてもその後の研究蓄積があり(5)、吉村武彦氏によって、氏と古代王権との仕奉の構造が解明されてきた(6)。ところが、その構造のなかで女性がいかなる役割を果たしたのかという点は見過ごされてきたのである。『日本書紀』『古事記』において、令制前の王権周辺の女性たちの多くが婚姻・恋愛譚のヒロインとして描かれたために、磯貝正義、門脇禎二らの采女研究(7)をのぞいては、女性たちは婚姻譚分析の対象に留まるか、祭祀上の役割の分析対象にされてきたからである(8)。いかなるあり方で、氏の成員である女性が王権に仕奉したのかという点は、『日本書紀』『古事記』などの文献史料に手がかりが遺されながら、具体的な検討がないまま今日に至っているのである。本章では、応神天皇が日向から呼び寄せたと記紀に書かれた髪長媛の伝承を素材に、地方豪族に重点を置きながら、歴史学・国文学の成果を踏まえて律令女官制度成立に先立つ女性の仕奉形態を考察していきたい。この検討によって、国家形成過程における地方豪族の仕奉の様相が、より明らかになるだろう。

一　髪長媛を「喚」した意味

『日本書紀』『古事記』に記載された髪長媛伝承は、次の通りである（傍線は筆者）。

【A】『日本書紀』応神十一年是歳条～十三年九月中条

是歳、有レ人奏之曰、日向国有二嬢子一。名髪長媛。即諸県君牛諸井之女也。是国色之秀者。天皇悦之、心裏欲レ覓(ア)。十三年春三月、天皇遣二専使一、以徴(イ)二髪長媛一。秋九月中、髪長媛至レ自二日向一。便安二置於桑津邑一。爰皇子大鷦鷯尊、及レ見二髪長媛一、感二其形之美麗一、常有二恋情一。於是、天皇知三大鷦鷯尊感二髪長媛一而欲レ配。是以、天皇宴二于後宮一之日、始喚(ウ)二髪長媛一、因以、坐二於宴席一。時撝二大鷦鷯尊一、以指二髪長媛一、乃歌之曰、（中略）於是、大鷦鷯尊、蒙二

御歌一、便知レ得レ賜二髪長媛一、而大悦之、報歌曰（下略）

天皇　聞二看日向国諸県君之女、名髪長比売、其顔容麗美一、将レ使而喚上（エ）之時、其太子大雀命、見三其嬢子泊二于難波津一而、感二其姿容之端正一、即誂二告建内宿禰大臣一、是、自二日向一喚上之髪長比売者、請二白天皇之大御所一而、令レ賜レ於レ吾。爾建内宿禰大臣、請二大命一者、天皇即以二髪長比売一、賜二于其御子一。所賜状者、天皇聞二看豊明一之日、於二髪長比売一令レ握二大御酒柏一、賜二其太子一。（下略）

【B】『古事記』応神段

記紀本文は、歌物語と結びついた仁徳（大鷦鷯）の恋愛譚である。まず、髪長媛の美貌の噂があり、それを耳にした応神の召し出しによって媛が到来する。彼女を見た大鷦鷯が恋におち、父の応神から媛を配されるという大筋である。この結果、髪長媛は仁徳との間に二人の王子・王女をもうけ、キサキの一人に数えられるようになり、記紀の天皇系譜に記載される。「はじめに」で、王権周辺の女性がキサキとして現れるために、婚姻譚の登場人物として分析対象にされてきたと指摘した。それは、天皇系譜の記録という正史の一方の性格上、王子・王女の母であるキサキの記載を不可欠とし、「キサキになった」という結果を重視した書紀の編纂方針にとらわれたためである。これまでの研究は、この伝承の結論にからめとられ、髪長媛の物語を若き日の仁徳の恋愛譚、いわゆる「後宮物語」、歌物語として検討するという方向に流されてしまったのである[9]。本章では、伝承の結末ではなく起承転結でいえば「起」、すなわち伝承の冒頭部分に着目していきたい。

髪長媛の出仕契機をめぐる伝承は、一つではない。【A】の後半には、「一云」と書かれた別伝が以下のように収載されていた。

【C】『日本書紀』応神十三年九月中条

一云、（オ）日向諸県君牛、仕二于朝庭一、年既耆耈之不レ能レ仕。仍致仕退二於本土一。則貢二上己女髪長媛一。始至二播磨一。時天皇幸二淡路島一、而遊猟之。於是、天皇西望之、数十麋鹿、浮レ海来之。便入二于播磨鹿子水門一。天皇謂二左右一曰、其何麋鹿也。泛二巨海一多来。爰左右共視而奇、則遣レ使令レ察。使者至見、皆人也。唯以二著レ角鹿皮一、為二衣服一耳。問曰、誰人也。（カ）対曰、諸県君牛、是年耆之、雖二致仕一、不レ得レ忘レ朝。故以二己女髪長媛一而貢上矣。天皇悦之、即喚令レ従二御船一。是以、時人号二其著レ岸之処一、曰二鹿子水門一也。凡水手曰二鹿子一、蓋始起二于是時一也。

「一云」は、もともと髪長媛の父が朝廷に仕えており、老齢を理由に退任するにあたって代わりに娘を「貢上」したというものである[10]。そこには髪長媛の美貌も、大鷦鷯の恋慕も記載されない。読みようによっては、まったく異なる系統の物語を併置したようにみえる。この二系統の伝承の記載に即して、髪長媛の出仕契機と目的を検討していきたい。

髪長媛は、記紀では仁徳のキサキとされ、大草香皇子と幡梭皇女の母とされる[11]。この記載から、もともと大王のキサキになるために呼び寄せられたとする理解が通説であったと思われる。しかし、その記事中には、令制前の男女の出仕契機を分析するにあたってキーワードとなりうる言葉が盛り込まれている。髪長媛の召し出しに用いられた「覓」（【A】傍線（ア））、「徴」（【A】傍線（イ））、「喚」（【A】傍線（ウ））、「喚上」（【B】傍線（エ））の語である。このうち、「喚」「喚上」に関しては、横田健一、川上順子両氏の研究がある。

横田健一は、后妃に関する記述形式を分析したさい、『日本書紀』の天皇の婚姻手続き用語を「立」「納」「喚」「娶」「召」「為」「嫁」「幸」「妻」「与」などに分類したうえで、髪長媛と、垂仁のキサキとされる丹波五女（垂仁十五年二月甲子条）、綺戸辺（垂仁三十四年三月丙寅条）らに対する「喚」の使用に着目した。横田は、『古事記』も婚姻記載には帝紀部分で「娶」、旧辞的部分で「婚」「嫁」を用いるにもかかわらず、丹波の美知能宇斯王の女（垂仁記）と三野の兄比売・弟比売（景行記）、髪長比売の場合は「喚上」が用いられているとし、婚姻を記述するのであれば「娶」「嫁」を使用すべきとする観点から、髪長比売が『古事記』の旧辞的部分で「喚」と書かれたのは「特異」な用語だとした。(12)

また、従来の研究では、女性の出仕理由を祭祀と結びつける見地が根強く、地方豪族女性と大王との婚姻も、祭祀と結びつけて考察され、服属儀礼の一環として捉えられてきた。(13)性的奉仕を豪族女性の役割とみる見方である。「王権の成立過程では、諸豪族の祭祀権を司るヒメたちが后妃として中央に召し上げられる」(14)という立場に立つ川上順子氏は、后妃の出仕の契機としての「喚」に着目し、天皇によって「喚」「喚上」の語で招かれた女性を『古事記』五例、『日本書紀』六例とし、いずれも「水」の祭祀と関係があると指摘した。川上氏は、記紀における天皇の「喚」は、「聖なる常世の水」を扱う資格と「神」としての資格を有する女性」の召し出しに用いられた用語だとする。川上氏によれば、日向は水の神の棲息地・綿津見神の宮へ続く土地であり、髪長媛は「水の神」の伝統を担う女性であるゆえに宮中に喚し出されたという。「喚上」後の役割は水の祭祀で、髪長媛の場合は新嘗奉仕が任務だったというのである。(15)

両氏の「喚」「喚上」への着目は重要であるが、婚姻譚や、女性＝祭祀担当という既成の枠組みのなかでの分析に留まっているといわざるを得ない。

『日本書紀』本文は、応神十一年是歳条で髪長媛の美貌を聞いた応神が媛を「覓」すことを思い立ち〔【A】傍線（ア）〕、十三年三月条で専使を送って「徴」させ〔【A】傍線（イ）〕、九月中条で後宮の宴の日に「喚」して宴席に陪席させたとする〔【A】傍線（ウ）〕。この部分は、日本古典文学大系本の底本である卜部兼右本によると、傍線（ア）

表1 『日本書紀』の「覓」

No.	主格	対象	意味	典拠
1	素戔嗚尊	声	鳴き声を探す	神代上第八段（本文）
2	素戔嗚尊	婚之処	結婚する地を探す	神代上第八段（本文）
3	皇孫	国	よい国を求める	神代下第九段（本文）
4	皇孫	国	よい国を求める	神代下第九段（一書第二）
5	皇孫	国	よい国を求める	神代下第九段（一書第四）
6	弟	鉤	失った鉤を探す	神代下第十段（本文）
7	兄	獣	獣を探す	神代下第十段（一書第一）
8	海神	鉤	鉤を探す	神代下第十段（一書第一）
9	亜羅斯等	黄牛	聖牛を探す	垂仁2年是歳
10	垂仁	刀子	神宝を探す	垂仁88年7月戊午
11	日本武尊	麋鹿	獣を探す	景行40年是歳
12	応神	髪長媛	美貌を聞いて探す	応神11年是歳
13	仁徳	強頸・茨田衫子	人柱を探す	仁徳11年10月
14	忍坂大中姫	闘鶏国造	処分目的で探す	允恭2年2月己酉
15	雄略	皇女	不在の皇女を探す	雄略3年4月
16	従人津麻呂	大伴談	行方不明の主人を探す	雄略9年3月
17	田辺伯孫	赤駿	駿を探す	雄略9年7月壬辰
18	膳巴提便	小児	虎に喰われた児を探す	欽明6年11月
19	蘇我馬子	修行者	修行者を四方に探す	敏達13年是歳
20	河辺臣	船材	山中に船材を探す	推古26年是年
21	蘇我入鹿	山背大兄王	王一行を探す	皇極2年11月丙子
22	天武	一切経	一切経を四方に探す	天武4年10月癸酉

「覓」は「メサント」「アイタマハント」、傍線（イ）「徴」は「メサシム」の傍訓がある。傍線（ウ）「喚」には傍訓はない（『天理図書館善本叢書　日本書紀　兼右本』）。『古事記』では、髪長比売の美貌を聞いた応神が「喚上」させた【B】傍線（エ）[16]。見落としてならないのは、この四語が、記紀ともに男女に通用された用語であったということである。髪長媛の召し出しに使用された「覓」「徴」「喚」「喚上」四語を、女性だけではなく男官も含めた記載全体のなかで分析すると、見逃されてきた男女の官仕のあり方がみえてくる。

「覓」の用例は、表1の通りである。「覓」の対象は、刀子（1―10）、船材（1―20）などの物質や牛馬（1―9、17）などの動物に加え、皇女（1―15）や山背大兄王（1―21）らの王族も含まれる。所在の不明なものを広く探し求めるという意で用いられる[17]。

「徴」（表2）は、神武紀や景行紀では兄猾・弟

表2 『日本書紀』の「徴」

No.	主格	対象	意味	典拠
1	神武	兄猾・弟猾	菟田県の魁帥を呼ぶ	神武即位前紀戊午年8月乙未
2	神武	兄磯城	磯城の豪族を呼ぶ	神武即位前紀戊午年11月己巳
3	景行	兄熊・弟熊	熊県の豪族を呼ぶ	景行18年4月甲子
4	応神	髪長媛	日向の豪族を呼ぶ	応神13年3月
5	応神	王仁	百済の博士を呼ぶ	応神15年8月丁卯
6	阿利斯等	従者	呼び還す	継体23年3月是月
7	継体	毛野臣	召還する	継体24年9月／10月
8	百済聖明王	新羅	呼びつける	欽明2年4月
9	孝徳	新羅	呼びつける	白雉2年是歳
10	天武	山部王ら	徴発する	天武元年6月甲申是日

注：「シルシ」(斉明6年10月「徴」など),「ハタ(る)」(神代上第7段本文「促徴」など)などと訓じるものは掲示していない.

猾(2―1)などの地方の土着勢力の首長らを呼びつけるさいに使用され、継体紀の毛野臣(2―7)は、罪状の勘問のための召還にあたって徴される。ただし応神紀の王仁(2―5)は、経典への通暁を認められて倭国に呼ばれたものであり、ここには大王への敵対的な要素はない。『日本書紀』を通していえる「徴」の特徴は、強制力をともなった召し出しや行為にさいして用いられた語だということである。

「喚」の用例は膨大である(表3)。主格は大王に限らない。『日本書紀』では、王族や蘇我氏らも「喚」の主格となり、「喚」される対象も多彩である。『日本書紀』における「喚」の語義は、「呼ぶ」「呼び寄せる」「呼び出す」というもので、所在が明確である人物を主格の眼前に来させるという意味である。用例は三つに大別できる。

第一は、たんなる呼び出し、集合の場合である。雄略による百済末多王の呼び出し(3―30)、蘇我蝦夷による阿倍臣らの呼び出し(3―38)がこの類である。天武紀の群臣の呼び出しも、同様の例である。女性に対する「喚」は、『日本書紀』では丹波五女(3―2)、綺戸辺(3―4)、八坂入媛(3―6)、髪長媛(3―11、12)、磐之媛(3―16、17)、太姫郎姫と高鶴郎姫(3―23)、弟姫(3―26)、幡梭皇女(3―27)、童女君(3―28)、采女(3―29)、善信尼(3―34、35)、僧尼(3―43)に対して用いられる。この

No.	主格	対象	用法	意味	典拠
42	蘇我蝦夷	百済翹岐ら	喚	招く	皇極元年4月乙未
43	孝徳	僧尼	喚＋聚	呼び集める	大化元年8月癸卯
44	木麻呂ら	物部二田塩	喚＋斬	呼んで斬らせる	大化5年3月庚午
45	阿倍臣	蝦夷ら	喚	呼ぶ	斉明6年3月
46	天智	東宮	喚	呼ぶ	天智10年10月庚辰
47	天武	高市皇子ら	喚	呼び寄せる	天武元年6月甲申
48	天武	大伴朴本大国ら	喚＋従駕	従駕させる	天武元年6月甲申是日
49	高市皇子の命令	穂積臣百足	喚	呼び出す	天武元年6月己丑是日
50	大伴吹負	高坂王・稚狭王	喚＋従軍	呼び出して従軍させる	天武元年6月己丑是日
51	天武	金承元ら	喚	呼び寄せる	天武2年8月戊申
52	天武・持統	親王・諸王・諸臣	喚	呼び集める	天武10年2月甲子
53	天武	親王以下及群卿	喚＋宴	呼び集めて宴する	天武12年正月乙未
54	天武	王卿等	喚＋博戯	呼んで博戯をさせる	天武14年9月辛酉
55	天武	諸王卿	喚＋賜宴	呼んで宴を賜う	朱鳥元年正月丁巳

うち、大王との婚姻については、丹波五女の「喚二丹波五女一納二掖庭一」のように、「喚」にプラスして「納」「妃」「幸」「配」「与」の語が使われる。髪長媛の場合は、大鷦鷯皇子の恋情を知った応神が、皇子に「配」するために媛を宴席に「喚」した。この用例は、安康が幡梭皇女を「喚」して雄略へ「配」した用例と同じである。「喚」に婚姻の意はないことは、尼への「喚」が端的に語っている。女性にたいする「喚」も、それだけでは呼び出しの意にすぎない。

「喚」の用例の第二の特徴は、勘問や処罰を目的とした呼び出しでの使用である。履中紀の車持君が罪状調査を受けるため召還された（3―22）ごとくである。

第三の特徴は、「官仕」につながる召し出しのさいに使用されるということである[18]。野見宿禰が、力士を探す垂仁の意にかなって呼び出され、そのまま宮廷に仕えたというエピソードが象徴的に示す通りである（3―1）。埴輪起源譚の土部壱百人は、埴輪製造技術をもって召し出された人々であり（3―3）、大刀作製の鍛河上（3―5）、射に巧みであった弟彦公（3―8）、水手となった海人たち（3―13）、強力の持ち主であった鷲住王（3―24）たちも、その技能ゆえに大王・王権にとって有益と判断され、「喚」の語をもって呼び出されたのである。

表3 『日本書紀』の「喚」「喚上」

No.	主格	対象	用法	意味	典拠
1	垂仁	野見宿禰	喚＋留仕	力士を探して呼ぶ	垂仁 7 年 7 月乙亥
2	垂仁	丹波五女	喚＋納	呼んで婚姻する	垂仁 15 年 2 月甲子
3	垂仁	土部壱百人	喚上	出雲から呼ぶ	垂仁 32 年 7 月己卯
4	垂仁	綺戸辺	喚＋納	呼んで婚姻する	垂仁 34 年 3 月丙寅
5	五十瓊敷命	鍛河上	喚＋作	作刀のために呼ぶ	垂仁 39 年 10 月
6	景行	八坂入媛	喚＋妃	呼んで婚姻する	景行 4 年 2 月甲子
7	景行	土蜘蛛	喚	呼びつける	景行 12 年 10 月
8	日本武尊	弟彦公	喚＋従	善射者を呼んで従者とする	景行 27 年 10 月己酉
9	神功	中臣烏賊津使主	喚＋為	呼んで審神者とする	神功摂政前紀 （仲哀 9 年 3 月壬申）
10	忍熊王	五十狭茅宿禰	喚	麛坂皇子の隷者を呼ぶ	神功摂政元年 3 月庚子
11	応神	日向髪長媛	配＋喚	婚姻のために呼ぶ	応神 13 年 9 月中
12	応神	日向髪長媛	喚＋従	行幸に従わせる	応神 13 年 9 月中、一云
13	応神	海人八十人	喚＋為	呼んで水手にする	応神 22 年 3 月戊子
14	仁徳	吾子籠	喚＋問	韓国から呼び戻して問う	仁徳即位前紀
15	応神	武内宿禰	喚	呼ぶ	仁徳元年正月己卯
16	仁徳	磐之媛	喚	呼ぶ	仁徳 30 年 10 月甲申
17	仁徳	磐之媛	喚	呼ぶ	仁徳 30 年 11 月庚申
18	額田大中彦皇子	闘鶏稲置大山主	喚＋問	呼んで問う	仁徳 62 年是歳
19	履中（太子）	瑞歯別皇子	喚	呼ぶ	履中即位前紀
20	瑞歯別皇子	刺領巾	喚＋誂	呼んでそそのかす	履中即位前紀
21	履中（太子）	弟王	喚＋寵	呼んで厚く遇する	履中即位前紀
22	履中	車持君	喚＋推問	呼んで勘問する	履中 5 年 10 月甲子
23	履中	太姫郎姫・高鶴郎姫	喚＋納	呼んで婚姻する	履中 6 年 2 月癸丑
24	履中	鷲住王	喚	強力を悦して呼ぶ	履中 6 年 2 月癸丑
25	允恭	玉田宿禰	喚	勘問目的で呼ぶ	允恭 5 年 7 月己丑
26	允恭	弟姫	喚＋幸	近江から呼び婚姻する	允恭 7 年 12 月壬戌
27	安康	幡梭皇女	喚＋配	呼んで婚姻させる	安康元年 2 月戊辰
28	雄略	童女君	与＋喚	同衾する	雄略元年 3 月是月
29	雄略	采女	喚＋集	呼び集める	雄略 13 年 9 月
30	雄略	百済末多王	喚	呼ぶ	雄略 23 年 4 月
31	吉備屋代	船人	喚＋索	呼んで探させる	雄略 23 年 8 月丙子
32	小野皇后	皇太子	喚	呼ぶ	仁賢 2 年 9 月
33	敏達	日羅	喚	百済から呼ぶ	敏達 12 年 7 月丁酉
34	物部守屋	善信尼ら	喚	呼び出す	敏達 14 年 3 月丙戌
35	蘇我馬子	善信尼ら	喚＋付	呼んで引き渡す	敏達 14 年 3 月丙戌
36	三輪逆	兵衛	喚＋重璅	呼んで閉じさせる	用明元年 5 月
37	推古	留唐国学者	喚	呼び戻す	推古 31 年 7 月
38	蘇我蝦夷	阿倍臣ら	喚	呼ぶ	舒明即位前紀
39	推古	山背大兄王	喚	呼ぶ	舒明即位前紀
40	泊瀬仲王	中臣連・河辺臣	喚	呼ぶ	舒明即位前紀
41	蘇我蝦夷	桜井臣	喚	呼ぶ	舒明即位前紀

表4　『古事記』の「喚」「喚上」

No.	主格	対象	用法	意味	典拠
1	速須佐之男命	足名鉄神	喚＋任	呼んで宮の首に任じる	神代
2	速須佐之男命	葦原色許男命	喚＋入	呼び入れる	神代
3	速須佐之男命	葦原色許男命	喚＋入	運び入れる	神代
4	神武	国神	喚＋帰	呼び寄せる	神武記
5	垂仁	美知能宇斯王女	使＋喚上＋留	呼び寄せて留める	垂仁記
6	景行	兄比売・弟比売	喚上	呼び寄せる	景行記
7	応神	髪長比売	使＋喚上	使うために呼び寄せる	応神記
8	仁徳	黒日売	喚上＋使	呼び寄せて使う	仁徳記
9	雄略	赤猪子	（不）嫁＋喚	呼び寄せて婚姻する	雄略記
10	顕宗	猪甘老人	喚上＋斬	呼びつける	顕宗記

ここからは、大王による「喚」が大王・王権への従属や官仕のきっかけとなったことが読み取れる。先述したが、天武紀の儀式や宴にさいしての群臣の「喚」は、官仕した人々を一同に呼び集めるという点で、この用例につながると考えられる。

以上、「喚」の語義と用例をみてきた。繰り返しになるが、「喚」は男女ともに使用された語である。横田健一も前掲の論文で、「喚」は単体ではなく、キサキの記載にあたっては「納」などと複合して用いられると指摘した。それは、「喚」のみではたんに呼び出しを受けて到来したことを意味し、婚姻は意味しないために採られた用法なのである。

『古事記』では髪長媛らに「喚上」の語が充てられる〔【B】傍線（エ）〕（表4）。この場合、かつて顕宗の食糧を奪った咎の断罪のために呼び出された猪甘老人（4―10）のように、男性も「喚上」されており、女性だけに用いられていたわけではない。

ここで気づくのは、「喚」と「喚上」の使い分けである。第一に、「喚」の主格は大王に限らないが、「喚上」の主格は神か大王であり、第二に、主格と「喚」「喚上」される対象の間の身分差は、大王を主格とする「喚上」がより隔絶している。速須佐之男と足名鉄神は同じ神格であり、速須佐之男と葦原色許男は舅婿の関係にあり、隔絶した身分差はうかがわれない（4―1、2、3）。一方で、「喚上」の対象とされた人物は地方豪族の一族（4―5、7）や部民（4―10）である。たんに呼ぶということではなく、支配者が被支配者を呼びつける、まさに「喚」し「上げる」という意味で「喚上」は使われる。『古事記』でも「喚上」だけでは婚姻を意味しない。垂仁のキサキの美知能宇斯王の女たちは「喚上」されたうち垂仁の好みにかなった二女子のみ「留」されてキサキとなった。「喚上」されただけではキサキになったとみなされず、「留」があって初めてキサキとなったことを意味するのである。「喚」＋「納」と同じ意の「喚上」＋「留」である。

川上氏は、『古事記』で丹波の王女、兄比売・弟比売、髪長比売に対して「喚上」とセットで「使」という語が用いられていることを指摘した。彼女らに黒日売（表4―8）も加えて、いずれも「喚上」＋「使」、つまり、召し上げて使うという意味で登場する点が注目される。[19] この「使」こそ、宮廷での奉仕、いわゆる官仕を意味するのではないだろうか。兄比売・弟比売は、景行ではなく大碓王と婚姻し、髪長比売は仁徳のキサキとなり、黒日売はイワノヒメの嫉妬によって本国に放還される。表4のなかで、初めから明確に大王の婚姻意思が表明されたのは、「嫁」＋「喚」という形で記された赤猪子だけだが、婚姻はなされないままで終わっている。結局、『古事記』で「喚」「喚上」で表記された女性で、「喚上」の当事者である大王と婚姻したのは美知能宇斯王の女たちだけであり、その記載には「喚上」＋「留」が使用された。『古事記』の用法からも、「喚」「喚上」が婚姻を意味しないことは明らかである。

以上にみたように、いわゆる「後宮物語」として位置づけられ、古代歌謡に彩られた恋物語である記紀本文の「覓」「徴」「喚」「喚上」の用法からでさえ、髪長媛の出仕は、婚姻を目的としたものに限定できないことが明らかになった。

髪長媛の召し出しに使われた「覓」「徴」「喚」「喚上」は、男女に通用された用語であった。女性に対する「喚」も、それだけではたんなる呼び出しの意味しかない。大事なのは、「喚」による召し出しが、王権に対する従属のきっかけになり官仕につながっているということであり、かつ、それが男女を問わないということである。

二　地方豪族の仕奉と男女交替の意義

記紀の髪長媛伝承の記載の分析によって、髪長媛召し出しの目的が婚姻ではなかったことが明らかになった。このことは、『日本書紀』中の別伝である「一云」[20]の検討によって、さらに明確になる。「一云」は、髪長媛伝承を検討するうえでは看過されてきた史料であるが、その記事中には、令制前の地方豪族の王権に対する仕奉のあり方を示唆する記述が含まれているからである。

記紀本文は、髪長媛の美貌を聞いた応神が呼び寄せたとする。ところが「一云」は、日向の豪族である諸県君牛が先に朝廷に仕えており、老齢を理由に退任するにあたって、自身の代わりに女を仕えさせたとする。「諸県君牛、是年耆之、雖㆓致仕㆒、不㆑得㆑忘㆑朝。故以㆓己女髪長媛㆒而貢上矣」という諸県君牛の、大王に対するいわば忠誠心ともいえるものと、諸県君側の積極性を強調するのである。老齢を理由に退任する諸県君牛が、みずから女の貢上を申し出たというくだりを二度にわたって記載し（【C】傍線（オ）（カ））、「仕㆓于朝庭㆒」という立場を維持したいという地方豪族側の思惑を描く。つまり、髪長媛伝承が、婚姻譚ではなく、地方豪族の仕奉譚という性格に変化しているのである。

記紀本文と「一云」の相違点は、地名の由来譚の有無と、髪長媛の出仕の契機である。「一云」は、鹿子水門の地名伝承という形式を有する。鹿子水門は、『続日本紀』にも「水児船瀬」として登場する（延暦八年十二月乙亥条、同十年十一月壬戌条）。伝承自体は、水夫を「かこ」と呼び、加古川の河口の港が「鹿子水門」と呼ばれた由来を説く内容である。『日本書紀』の地名伝承を読むさいに留意すべきことは、記紀の筆録者は伝承を採録するにあたって、地名起源の説明を主意としたのではなく、天皇を中心とする神や人の行動を記述する点に意図があり、その意図にしたがって地名起源が採られたということである。(21) ようするに、地名の由来そのものではなく、伝承のなかで語られる登場人物の行動が必要だと認識されたときに、地名起源伝承が記紀に採録されたのである。(22)

髪長媛は、日向の諸県君の女性である。諸県君の『日本書紀』の初出は、景行十八年三月条で、筑紫を巡行して夷守に達した景行に、諸県君泉媛が一族を率いて大御食を献上したという記事である。つまり、諸県君は、景行紀に服属伝承を有する古代豪族であった。このような地域の首長一族が、「朝庭」の恩を慕って複数の世代に渡る仕奉関係を願った――すなわち、「一云」のなかで重複して語られ強調されている、諸県君の服属と仕奉のエピソードこそが必要であり、編纂者側の意図にかなうものだったために、あえて異伝が収載されたのだといえよう。

さらに、応神紀には、キサキの一人に吉備の御友別の妹である兄媛がいて、一族が吉備の各県に封じられ、兄媛自身も織部を与えられる記載がみえる（応神二十二年九月庚寅条）。吉備からの女性の出仕は、前掲の仁徳記の黒日売（表4―8）も同様である。地方からの女性の出仕伝承が応神・仁徳にかんする記紀記載にみえ、そのなかに髪長媛伝承が置かれていることも、留意すべきことと考える。(23)

「一云」で描かれるのは、退任する父に代わって、娘が出仕するという「男女の交替」であり、これは、地方豪族の仕奉を考察するにあたって軽視できない記述である。

令制以前の、官制や地方制度が未整備の時代においては、地方豪族と王権との政治的関係は、王宮での直接的な人格的結合によって維持されていたとされる。(24) 髪長媛の実在性や時代を確定することはできないが、令制に先立つ時代に、豪族の側にとっても、王権の側にとっても人格的結合を担って出仕する人物が男女いずれでも可であったことを示すものとして、髪長媛伝承を読み解くことが可能なのである。そしてこのあり方は、令制下の郡領一族からの兵衛・采女の貢進につながるものとして重視すべきであろう。令制下では、兵衛はいうまでもなく武官であった。しかし、雄略の時代に、列島の東西で作られた大刀に「杖刀人首」だけではなく「典曹人」としての地方豪族の仕奉が記されていたことからも明らかなように、令制前の地方豪族男性の職掌は武官とは限らなかった(25)。トネリの職掌が文官と武官に分化するのは天武期であることが指摘されている(26)。地方出身男性がかならずしも武官であったわけではなく、多様な職掌を担ったのである。

そしてより重要なことは、記紀に描かれた職掌の多くが、男女に共通するものであったということである。たとえば、『日本書紀』に記された天皇への近侍・近習（葛城襲津彦の妹＝神功皇后六十二年条、播磨速持と桑田玖賀媛＝仁徳十六年七月戊寅朔条）や食膳奉仕（采女と膳部＝持統元年正月丙寅朔条）、遣使（青海夫人勾子＝欽明元年九月己卯条）、口宣（的臣祖口持臣〈和珥臣祖口子臣〉と妹国依媛〈口比売〉＝仁徳三十年十月甲申条）などである。女性も、多彩な職掌を担い、しかも、男官も同様の任にあたったと確認できる。ただ、女性は大王のキサキになる可能性があり、キサキになって子女が成人した女性が帝紀に記録され、他の女性は旧辞的部分に記録されたのである。

さらに、『日本書紀』には、男女による職掌の交替事例も残されている。垂仁八十七年条の石上神宮の神宝管理の職の交替にあたってのエピソードである。

【D】『日本書紀』垂仁八十七年二月辛卯条

八十七年春二月丁亥朔辛卯、(キ)五十瓊敷命、謂二妹大中姫一曰、我老也。不レ能レ掌二神宝一。自レ今以後、必汝主焉。大中姫命辞曰、吾手弱女人也。何能登二天神庫一耶。（中略）(ク)然遂大中姫命、授二物部十千根大連一而令レ治。故物部連等、至二于今一治二石上神宝一、是其縁也。（下略）

これは、石上神宮の神宝を物部氏が管理する由来を語った伝承である。ここでは、もともとの神宝の管理者は五十瓊敷命であった。その五十瓊敷命が老齢を理由に妹の大中姫に神宝の管理を掌らせようとした。ところが大中姫は、天神庫に登れないなどの理由を挙げて辞退し(27)、最終的に物部十千根大連に治めさせたというものである。ここで重要なのは、大中姫の辞退を受けて、五十瓊敷命が直接、十千根大連に委任したのではなく、「然遂大中姫命、授₂物部十千根大連₁而令㆑治」、すなわち、大中姫が十千根に管理の職掌を授けたということである。つまり、この伝承において石上神宮の神宝の管理は、五十瓊敷命から大中姫へ〔【D】傍線（キ）〕、さらに大中姫から物部十千根大連へ〔同傍線（ク）〕と委ねられたのであり、五十瓊敷命から十千根大連の間には、大中姫が位置していた。この伝承によれば、物部氏の神宝管理の任命者は大中姫である。石上神宮の神宝の管理者が、男性に限らず女性の場合もあったとする認識が、物部氏の氏族伝承にあり、その認識は『日本書紀』編者にも継承されて採録されたといえるのである(28)。

一方で『日本書紀』には、女性が任を全うできずに、男性に替えられたという伝承も記載されている。崇神紀と垂仁紀の、倭大国魂神をめぐる、渟名城入姫命から倭直の祖・市磯長尾市への祭主の交代である(29)。これらの記載からは、性差による職掌の区分けが未成立であった時代を看取することができる(30)。

律令制下では、後宮十二司の職掌に対応する男性官司（書司と図書寮、薬司と内薬司、殿司と主殿寮など）が存在し、殿司が「殿司与₂男官₁共預知耳」と解釈されているように、男女の共労が行われ、平安期にまで存続していたと考えられている(31)。今日までの研究で、このような律令制下での男女共労は、令制前のあり方を引き継いだものであることが明らかにされてきた(32)。ところが、令制前の男女共労は指摘されながらも、そのしくみを支えた女性の官仕および仕奉のあり方についての検討は、本格的には行われてこなかった。

「はじめに」でのべた聖武宣命の「男女立ち並んでの仕奉」を、律令に規定された男女官人の供給源と出自という視点で整理すると、左掲のようになろう。

- 中央氏族
  - 内舎人・大舎人（蔭子・位子）
  - 女　孺[33]（氏女）
- 地方豪族
  - 兵　衛（郡領の子弟、三分の二の郡から貢）
  - 采　女（郡領の姉妹・女、三分の一の郡から貢）

律令制では、中央官人層のウヂからは男女ともの出仕が想定されているが、地方豪族（郡領）の場合は、男女ともの出仕ではなく、兵衛もしくは采女として男女いずれかが出仕すればよしとされた。[34]このような考えが、令制前のあり方に淵源を有することを示すものとして、応神紀・応神記の髪長媛伝承中の男女交替記載を読むことができるのではないだろうか。そこには、地方豪族と王権との人格的結びつきを女性も担ったこと、しかも、婚姻や性的な従属を前提としないあり方で官仕したことが示されている。

おわりに

近年の采女研究では、キサキとの質的な区分が着目されている。[35]たとえば、記紀には二二例におよぶ采女の記載例があるが、そのうち、大王のキサキは、童女君（『日本書紀』雄略元年三月是月条）、菟名子（同敏達四年正月是月条）、吉備国蚊屋采女（同舒明二年正月戊寅条）、伊賀采女宅子（同天智七年二月戊寅条）の四人にすぎない。それぞれ、大王の子を産んだために帝紀部分に記載されたのである。しかし、胸方神を祀る使者として派遣された采女（同雄略九年二月甲子朔条）らのような、後世の女官と同様の働きを記録された采女の例を考えると、もともとの采女の属性が大王のキサキであったとはみなしがたい。近侍のトモとしての役割が先にあり、大王と婚姻し子をなした結果、キサキとして記録された采女[36]がいたという点からすれば、采女を無条件にキサキとみることはできないのである。[37] このことは、采女だけではなく、その他の女性出仕者にもいえることである。仁徳紀の桑田玖賀媛は、出仕後の身分は宮人であり、職掌は近侍であって、ついに仁徳は婚姻することはできなかった。玖賀媛の物語は、キサキになるにはもう一段階の手続きが必要であったことを示唆しており、女性の出仕＝キサキ化ではなかったことを示す例として重視したい。[38] 欽明紀の青海夫人勾子の働きは、政争のさなかに大王の使者に立つというきわめて政治的なものであった。大王の意を体して働く側近女性が、キサキでもあったという事例が、このような形で記録に残されたとみることができるのである。髪長媛が仁徳のキサキとなったのは、采女のなかでキサキになる女性がいたのと同様に、結果にすぎない。こうした点も、これまで充分に検討されることなくきた点であり、強調しておきたい。

本章では、髪長媛伝承を素材に、律令女官制度成立に先立つ地方豪族女性の仕奉形態を考察した。これまでの記紀研究において看過されてきた豪族の出仕契機の分析を、「喚」というキーワードを手がかりに試みた。この結果、髪長媛伝承は、たんなる婚姻譚ではなく、令制前の地方豪族の仕奉にあたっての女性の役割を解明する手がかりになることをみた。さらに、地方豪族の女性がキサキとして召し出されたのではなく、結果としてキサキになる場合があったこと、男女ともに王権への仕奉を担い得たことが確認できた。令制下にまで引き継がれた男女の共労のしくみを組織的に支えるものとしての女性の官仕のあり方の一端が明らかになったと思われる。

註

（1）『続日本紀』天平勝宝元年四月甲午条。

（2）義江明子『日本古代の氏の構造』（吉川弘文館、一九八六年）一一頁。
（3）吉川真司「律令国家の女官」（『律令官僚制の研究』塙書房、一九九八年。初出一九九〇年）、文珠正子「令制宮人の一特質について――「与男官共預知」の宮人たち――」（関西大学博物館学課程創設三十周年記念論集『阡陵』一九九二年）、同「歌女とその周辺」（薗田香融編『日本古代社会の史的展開』塙書房、一九九九年）、勝浦令子「古代宮廷女性組織と性別分業――宮人・巫女・尼の比較を通して――」（『日本古代の僧尼と社会』吉川弘文館、二〇〇〇年。初出一九九五年）。
（4）津田左右吉『日本上代史の研究』（岩波書店、一九七二年改版、九〇頁。初刊一九四七年）。
（5）直木孝次郎『日本古代の氏族と天皇』（塙書房、一九六四年）、阿部武彦『氏姓』（至文堂、一九六六年）、同『日本古代の氏族と祭祀』（吉川弘文館、一九八四年）、平野邦雄『大化前代社会組織の研究』（吉川弘文館、一九六九年）、吉田孝『律令国家と古代の社会』（岩波書店、一九八三年）、義江明子前掲註（2）書など。
（6）吉村武彦「仕奉と氏・職位――大化前代の政治的結合関係――」（『日本古代の社会と国家』岩波書店、一九九六年。一九八六・九三年初出論文の再編）。
（7）磯貝正義『郡司及び采女制度の研究』（吉川弘文館、一九七八年）、門脇禎二『采女』（中公新書、一九六五年）。
（8）横田健一「『日本書紀』系譜記載の諸形式」（『日本書紀成立論序説』塙書房、一九八四年。初出一九六六年）、倉塚曄子『巫女の文化』（平凡社、一九七九年）、川上順子「ヒバスヒメ皇后と丹波――后妃変遷を中心に――」（『古事記と女性祭祀伝承』高科書店、一九九五年）。一方で、後述するが、近年の仁藤敦史「トネリと采女」（『古代王権と支配構造』吉川弘文館、二〇一二年。初出二〇〇五年）や荒木敏夫「日本古代王権と婚姻」（『古事記年報』五〇、二〇〇八年）による、大王に近侍する女性とキサキの未分化という指摘は、令制前の王権周辺女性の本質を考察するうえで重視すべきものと考える。
（9）専論に宮岡薫「髪長姫伝承と歌謡の交渉――「いざ子ども」歌謡をめぐって――」（『古代歌謡の構造』新典社、一九八七年。初出一九七三年）などがあるほか、青木周平「仁徳天皇」（『古代文学の歌と説話』若草書房、二〇〇〇年。初出一九九四年）はじめ、国文学からの検討はされてきたものの、おおむね歌物語の分析である。
（10）「貢上」の意味については、序章第一節「女性の「排除」と「包摂」」四～五頁、補記参照。
（11）『日本書紀』仁徳二年三月戊寅条。『古事記』は波多毘能大郎子（亦名は大日下王）と波多毘能若郎女（亦名は長目比売命、若日下部命）の母とする。

(12) 横田健一前掲註(8)論文、三〇〇～三〇一頁。

(13) 岡田精司「大化前代の服属儀礼と新嘗——食国（ヲスクニ）の背景——」（『古代王権の祭祀と神話』塙書房、一九七〇年）を代表的なものとして多数。

(14) 川上順子前掲註(8)論文、一八頁。

(15) 川上順子前掲註(8)論文、一九～三〇頁。

(16) なお、日本古典文学大系『日本書紀』によると、傍線(ア)「覓」、同(イ)「徴」、同(ウ)「喚」の訓はいずれも「メ（す）」である。また、日本思想大系『古事記』によると傍線(エ)「喚上」の訓は「メサ（げ）」である。

(17) 前掲『日本書紀』兼右本では、「覓」は「マク」（表1—9）、「モトメ」（1—10）、「覓獣」の熟語で「カリシタマフ」（1—11）などと訓じられている。主格の行為によって訓は変化するが、本章では、『日本書紀』中で髪長媛も含めて本来の「探す」の意味で記載されたと判断し、考察した。

(18) 『日本国語大辞典』は、「め・す【召・見】」の語義の一つに「特に「呼び出して官職につかせる」の尊敬語。御任命になる」ことをあげ、『日本書紀』皇極三年正月条（岩崎本訓）「中臣の鎌子の連を以て、神祇の伯に拝（メス）」を例示する。

(19) 黒日売の出仕契機は「天皇、聞㆓看吉備海部直之女、名黒日売、其容姿端正㆒、喚上而使也」（仁徳記）で、応神記の髪長媛の出仕契機と酷似し、「喚上」の語も共通する。

(20) なお、「一云」と同様の内容は『詞林采葉抄』七に淡路国風土記云としてみえる。その史料性については疑問が呈されてきた（秋本吉郎「風土記逸文の検討」『風土記の研究』ミネルヴァ書房、一九六三年。初出一九五六年、井上通泰『上代歴史地理新考』一、秀英書房、一九八六年。初刊は三省堂より一九四一年）ことを踏まえたうえで、応神紀「一云」の後代における再解釈とみておきたい。

(21) 秋本吉郎前掲註(20)書、八八二頁、西川順土「古事記と日本書紀——地名起源説話を中心として——」（『記紀・神道論攷』皇學館大学出版部、二〇〇九年、一五三頁。初出一九七八年）。

(22) 『日本書紀』編纂が進められていた八世紀初頭において、日向は名実ともに日本の辺要に位置する対隼人戦の最前線であった。そこは「軍事的要地と意識されていた」のである（坂上康俊・長津宗重・福島金治・大賀郁夫・西川誠著『宮崎県の歴史』山川出版社、一九九九年、第2章「古代の日向国」六七頁）。また、諸県地方の舞踏に諸県舞があるが、この舞が八世紀に宮廷舞曲に取り入れられていたものの平安期に衰退し、隼人舞が宮廷歌舞に残存した経過は、逆に諸県地方の服属伝承の八世紀における重要性をうかがわせる。諸県舞は、たんなる戦闘的舞踏ではなく戦闘禁止の意味をもったものとされる（林屋辰三郎『中世芸能史の研究』岩波書店、一九六〇年、一七一頁）。「諸方郡は当時の国域最南端の辺境の地に当たり、当舞を宮廷において奏することについては、服属儀礼的意義を有していた」（『平安時代史事典』「諸方舞」の項、荻美津夫氏執筆）が、宮廷の年中行事確立に伴う地方豪族の歌舞の消長のなかで、国内統一過程で吸収された最後の姿としての隼人歌舞などのなかに集約されたという（荻美津夫「宮廷儀礼の中の舞」『古代中世音楽史の研究』吉川弘文館、二〇〇七年、一一二頁。初出一九九〇年）。以上のような情勢と諸県の地域的特性も、諸県君の服属伝承が収載された一要因として考えることができよう。

(23)　景行紀は、諸県君の服属伝承の前後に、長峡県、直入県、子湯県などの「県」記事が集中的にみえる巻である。ただ、諸県については、「県」とする判断がある一方で（上田正昭『日本古代国家成立史の研究』青木書店、一九五九年）、「諸県の地名は他の九州の「県」と同列に扱えない」とする指摘（平凡社『日本歴史地名大系第四六巻　宮崎県の地名』日向国、諸県郡〈古代〉、八三頁）がある。『日本書紀』で県記事と女性の出仕記事が結びつけられている例がみえることに留意しつつ、考察は今後の課題としたい。

(24)　熊谷公男『日本の歴史3　大王から天皇へ』（講談社、二〇〇一年）一七三頁。

(25)　稲荷山鉄剣銘には「世々為杖刀人首奉事来至今」とあり、江田船山大刀銘には「奉事典曹人」とある。

(26)　井上薫「舎人制度の一考察」「トネリ制度の一考察」（いずれも『日本古代の政治と宗教』吉川弘文館、一九六一年収載。初出一九六〇年）、和田一博「令制舎人の系譜」（『皇學館論叢』六―二、一九七三年）、仁藤敦史前掲註(8)論文。

(27)　大中姫が「手弱女」、つまり女性であることを神宝管理の辞退の理由としていることについては、前任の五十瓊敷命が「老」を理由に職の交替を言い出したこととあわせ、神宝管理という職掌遂行にあたっての身体的条件にかかわるものだと考えている。自然的性差が男女の職掌分担に結びつく古い事例の一つといえるかもしれないが、詳細は後考をまちたい。

(28)『先代旧事本紀』には、女性も神宮奉斎の任についたことが記されている。その意味についても、精緻な史料批判が前提であるが、検討が必要であろう。
(29)『日本書紀』崇神五年～七年十一月己卯条。なお、垂仁二十五年三月丙申条「一云」も、人名を「渟名城稚姫命」と変え、大倭神社の起源にかんする同様の異伝を載せている。
(30) ただし、どんな職掌でも男女がともに担ったとは考えていない。狩猟・漁労を男性が担い、初期の農耕を女性が担ったというような自然的性別分業を起源とした男女の職掌の区分があったことは想定している。また、軍事への女性の関与は、『日本書紀』神武即位前紀に「女軍」の語があり、舒明紀にも軍事行動に加わる女性（九年是歳条）が描かれているが、私見では、官司制が整えられていく時点で武官的職掌を女性が担ったとは現時点では想定していない。
(31) 養老後宮職員令集解10殿司条所引朱説。橋本義則「掃部寮の成立」（奈良国立文化財研究所創立四〇周年記念論文集『文化財論叢』Ⅱ、同朋社出版、一九九五年）。
(32) 文珠正子、勝浦令子、吉川真司前掲註(3)論文。榎村寛之氏は「天皇の饗宴」（岩波講座『天皇と王権を考える 第9巻 生活世界とフォークロア』岩波書店、二〇〇三年）で、飲食儀礼のなかに、天皇の分身的でありながらも男官と同じ立場で仕える存在だったという女官の特殊性をみいだした。
(33) ただし女孺には、采女として出身したのではない畿外女孺も一部含まれる（麻野絵里佳「奈良時代における畿外出身女孺に関する一考察」『史観』一三一、一九九四年）。
(34) 養老後宮職員令18氏女采女条、同軍防令38兵衛条。
(35) 仁藤敦史前掲註(8)論文、九八～九九頁。
(36) 岡村幸子氏は「天皇親祭祭祀と皇后」（『ヒストリア』一五七、一九九七年）で、天皇の使者としての采女を例に、キサキとは一線を画した「上級の宮人」としての姿を想定した。仁藤敦史氏も前掲註(8)論文で采女を大王の独占物とする見解を批判した。
(37) 平野邦雄「「部」の本質とその諸類型」（平野郁雄前掲註(5)書収載）一〇三～一一六頁。
(38) 荒木敏夫前掲註(8)論文。

第三章　采女論再考

はじめに

采女は、氏女とならび律令女官の二大供給源の一つである。(1)このため、律令女官制度の研究にあたっては、采女の本質と意義の把握が不可欠であった。ところが、戦後の歴史学界においては、古代文献上の采女史料を初めて総合的に検討した磯貝正義によって分析のメスが入れられ、(2)平野邦雄の「近侍のトモ」論の提起によって、(3)采女を官司制成立史のなかに位置づける機会が訪れていたにもかかわらず、令制前の采女については抜本的検討はほとんど行われないまま推移してきた。『日本書紀』に登場する女性の多くが大王のキサキとして描かれ、そのなかに采女の一部も含まれていたことや、采女への「姧」に対する制裁などの記載によって、悲惨な側面がクローズアップされ、大王への従属性を強調する定説が形成されてきたからである。采女は、「国造や県主など地方豪族が、朝廷への服属の過程で、忠誠の保証として自己の子女を人質として貢進したもの」(『国史大辞典』「采女」の項の一部分、磯貝正義執筆)とみられてきた。同時に、宗教的側面に重点を置く理解として、地方祭祀の担い手(巫女)であるために、その呪的・霊的能力を吸収しようとする大王に召し出されたという説も提唱され、今日も影響力を有している。(4)

しかしながら、近年の国家成立史や王権の支配システムの分析では、ミヤケ設置とヒトの貢進の関連が注目され、ミヤケおよび豪族と王権とをつなぐ役割を果たした存在のなかに采女を位置づける指摘も行われている。(5)倭王権と地方との関係でも、隔絶した力関係が成立したのは六世紀に入ってからだとする見解が提示されており、この研究状況のもとで、采女制の成立時期や意義についても見直しが迫られているのである。(6)『日本書紀』『古事記』などの文献史料に即しながら、令制前采女の本質と意義を再検討するのが、本章の目的である。なお、本章では、文献上の史料用語、人名、「大化改新詔」以後の制度用語としては「采女」と記載するが、大化前代は「ウネメ」と表記する。記紀の采女については末尾に表5「『日本書紀』『古事記』の采女」を掲示した。

一　采女論の通説

1　「三重婇」にみる采女像

采女の捉え方については歴史的変遷があり、今日の采女像はそのうえに立っている。采女は、いまだにその語源すら定説をみていない存在である。『日本書紀』では宇泥咩（允恭四十二年十一月条）と訓じられているが、漢字の「采女」の「采」は、「トル」の意である。語源論は近世に賀茂真淵、本居宣長ら国学者のあいだで論じられ、その各説については浅井虎夫『女官通解』が簡潔にまとめている。(7)平安中期成立の『大和物語』に、帝の召しがなくなったことを嘆いて自殺する采女の説話（一五〇「猿沢の池」）が収載されているように、天皇の周辺に侍る薄幸の美女像は早くから流布していたとみられるが、中世までは、一条良基の『百寮訓要抄』にあるような「采女と申は国々より可然美女どもをえらびて天子に参らせし也」(8)とする采女像が代表的だったと思われる。地方から天皇に献上された美女というイメージである。

ところが、近世に入ると、美女に加えて人質説が浮上する。富士谷御杖の『北辺随筆』の「其国々の帰順し奉れる信をたてしめんが為に。采女はたてまつらしめ給[9]」というものであり、いうなれば、〝選りすぐりの美女〟から〝人質〟へという采女像の転換である。これについては、浅井虎夫が「かくてはあまりに徳川幕府の政略めきて、なんとなく穏やかならず[10]」とし、徳川幕府が諸大名の妻子を人質として江戸に住まわせた政策にとらわれた采女論だと批判したのも当然と思われる。しかし、この富士谷御杖の「人質」論は磯貝正義によって「卓見」と肯定され[11]、影響を与え続けている。

さらに、今日流布している采女像を形づくった著作として門脇禎二の『采女[12]』がある。同書は、磯貝によって「采女の起源を神秘的・宗教的視角からみて巫女との関係などを強調する一部の説を、本質的なものでないとしてしりぞけた」と称され、采女の歴史を初めて系統的に明らかにしたものとして高く評価された[13]。同書の研究史的意義からみて正当な評価ではあると思うが、磯貝自身も采女の「みじめさと悲哀性とを強調する」点に苦言を呈したような側面もあわせて有していた。たとえば、雄略記にみえる「三重婇」の挿話（表5—22）の解釈のありようである。

『古事記』雄略段

又、天皇、坐二長谷之百枝槻下一、為二豊楽一之時、伊勢国之三重婇、指二挙大御盞一以献。爾、其百枝槻葉、落浮レ於二大御盞一。其婇不レ知落葉レ浮レ於盞、猶献二大御酒一。天皇看二行其浮レ盞之葉一、打二伏其婇一、以レ刀刺二充其頸一、将レ斬之時、其婇白二天皇一曰、莫二殺吾身一。有二応レ白事一、即歌曰、

麻岐牟久能　比志呂乃美夜波　阿佐比能　比伝流美夜　由布比能　比賀気流美夜　多気能泥能　泥陀流美夜
許能泥能　泥婆布美夜　夜本爾余志　伊岐豆岐能美夜　麻紀佐久　比能美加度　爾比那閇夜爾　淤斐陀弖流
毛毛陀流　都紀賀延波　本都延波　阿米袁淤幣理　那加都延波　阿豆麻袁淤幣理　志豆延波　比那袁於幣理
本都延能　延能宇良婆波　那加都延爾　淤知布良婆閇　那加都延能　延能宇良婆波　斯毛都延爾　淤知布良婆

閇　斯豆延能　延能宇良婆波　阿理岐奴能　美幣能古賀　佐佐賀世流　美豆多麻宇岐爾　宇岐志阿夫良　淤知
那豆佐比　美那許袁呂許袁呂爾　許斯母　阿夜爾加志古志　多加比加流　比能美古　許登能　加多理碁登母
許袁婆

故、献二此歌一者、赦二其罪一也。（中略）

此三歌者、天語歌也。故、於二此豊楽一、誉二其三重婇一而、給二多禄一也。

宴席に侍した三重婇が、杯に葉が落ちたのに気づかず雄略にすすめたために怒りをかい、首を打たれようとしたときに歌によせて天皇を讃え、死を免れたという挿話である。門脇は、この挿話を『釆女』の冒頭に掲げて、「悲しき天皇讃歌」だとした。しかし、近世の契沖は、『日本書紀』景行十八年八月条では、景行の巡行に従った膳夫が盃を忘れたにもかかわらず咎めもなく、似た事例の三重婇の失態が咎められるのは、逆にめでたい歌を引き出すための挿話だからだと喝破した。[14] 津田左右吉は、『日本書紀』の記述全体について、天智紀までの信憑性に根本的に疑義を呈したうえで、雄略紀には、天皇が処罰しようとし、歌を聞いてそれを止めたという挿話がしばしば現れると指摘し、雄略記の三重婇も同じ主題で語られたものだとした。[15] 天皇の怒り↓歌↓ゆるし　というモチーフの繰り返しに、述作者の作為を読み取ったのである。一方、三重婇の歌中に盛り込まれた傍線部「本都延」「那加都延」「志豆延」は「上枝」「中枝」「下枝」と読まれるが、『古事記』に記載される上中下の表現を西郷信綱は「高天の原、葦原の中つ国、黄泉の国という上中下三重層の神話的世界像」を示すものとみた。[16]「上枝」「中枝」「下枝」は『日本書紀』でも繰返される言葉であり、[17] 倭王権の支配域の神話的表現とみることができるのである。それが寿ぎの言葉と認識され、王権の儀礼に欠かせない宮廷寿歌に歌い込まれていく。とすれば、三重婇は、寿歌を導くための舞台装置の一つであり、それ以上ではないのである。[18]

大事なのは、歴史的につくりあげられたイメージから脱し、采女制度を国家形成史のなかに位置づけることである。国造らの地方首長層からの出仕だったとすれば、何を担って出仕したのか、役割は何だったのかを明らかにすることが、倭王権の構造および王権と地方豪族との服属・奉事関係の解明につながるだろう。

2　采女の本質論についての通説

磯貝正義は、采女を「大化前代」「律令制盛期」「律令制解体期」の三時期に分けて意義と特色を考察した。本章と関係するのは「大化前代」の分析であるが、それは、先の『国史大辞典』の記述に示されているように、采女の本質は国造らが忠誠の保証として貢進した「人質」だったというものである。(補注1)磯貝は、大化に近い時期には国造は天皇の地方官僚的性格を帯びるようになったとし、「国造の官僚化の過程において、大和政権への隷属関係の強化のための一翼を担ったものが、采女の貢進制であり、ここにこの制度の本来の存在意義を認めることができる」とした。(19)磯貝は、采女の貢進によって国造が「古代国家統一過程への参与」を実現しえたとして采女制を評価するが、あくまで国造の「参与」であって、磯貝の観点からは采女自身の積極的役割が欠如していると思われる。人質という位置づけがもたらす論理的帰結である。

『日本書紀』で采女関係記事は雄略紀に集中し、『日本書紀』全体二一例中八例となっている。『古事記』でも采女記事は雄略記にのみ掲載された。このため、磯貝は采女制導入時期を雄略朝前後と想定し、通説となってきた。(20)しかし、今日では、王権が地方豪族から隔絶した勢力を確立するのは六世紀に入ってからだとされ、雄略が在位した五世紀には、倭王と地方豪族の関係は比較的フラットな構造で、(21)両者間の政治的関係は王宮での直接的な人格的結合によって維持されていたとみられている。(22)人質としての人身貢進が五世紀段階にあり得たのかどうか、今日の研究の到達を踏まえた見直しが必要なのである。八世紀の人々に雄略朝を古代の画期とする強い意識があったために、采女伝承も集中的に置かれたとみるのが妥当であろう。[23]

采女の本質を祭祀と結びつける見方も根強い。[24]岡田精司氏は、「国造的豪族層から〝人質〟として貢進される采女の手によって、諸国の国魂の象徴ともいうべき聖なる御酒・御饌が供進され、服属の証しとしての寿歌も同時に奏される儀礼があった」とするとともに、新嘗儀礼において「天皇は大和政権の守護神の資格において諸国の国津神の依り代としての采女と同衾する」という「宗教的な行為」が実修されたとした。[25]御酒御饌の供進と同衾を「服属儀礼」とするのである。倉塚曄子は、コノハナサクヤヒメなどの「天皇に召された国つ神の女、もしくはその後裔とみなされる諸豪族の子妹が、采女の前身」だとし、「采女的女性」の役割を大嘗祭の御饌奉仕と神妻としての務めだと規定した。倉塚は、人質論を否定したうえで、采女制の要因に「ヒメヒコ」制のヒメの「宗教的権威の強さ」を求め、采女貢進の意義は、王権の側からは宗教権の集中であり、豪族の側からはヒメの祭祀権を兄弟に集中させ族長権を強化させることにあったとした。宗教的側面を強調する倉塚の采女観は、「天皇以外の何人も手をふれえぬ聖なる存在」という表現に集約される。[26]

岡田氏らの祭祀論は、采女が「巫女的性格を帯びたもの」という認識に立脚している。[27]この「巫女」論は、折口信夫が提唱したものである。[28]折口は、近世の琉球王国の神職が「例外なく女」であるという点を「大和宮廷」の女性たちの分析に応用した。折口によれば「大和宮廷」の女性たちは「采女・大巫・女君（后・皇女・中宮）」の三種別に分けられ、すべてが「巫女」だという。折口の主張は、①国造の女子である采女はその国々の最高の巫女であり、彼女らを宮廷に呼んで神霊に仕えさせることで国々は宮廷の属国になり、召された人々は人質となる、②宮廷の神は天皇の体に宿るものであるから、神に仕える采女は祭事には天皇の臨時の寵倖を受けるのが職掌だと考えられてきた――

というものである。ただし、論証はない。

以上のような采女論に対し、結果として根本的なアンチテーゼを提示することになったのが、平野邦雄の「近侍のトモ」論である。平野は、部民制の先行研究(29)の批判的検討と、「べ」と「トモ」の関係の明確化のなかで、采女の本質にも言及した(30)。平野によると、トモは、生産的トモ（馬飼造、鍛冶首など）、内廷的トモ（秦造・漢直、車持君、水取連など）、近侍のトモに三分類され、采女は、舎人、膳夫、靫負とともに近侍のトモに位置づけられる。平野は、大和朝廷の官制のなかで近侍のトモを検討し、采女についても、王権の権力下にある官人であったことを明らかにしたのである。

平野の説を踏まえて荒木敏夫氏は、ウネメの第一義的意味はトネリ・ユゲヒ・カシワデと共通する近侍の「トモ」であり、王権に奉事する近侍集団（＝トモ）に男性だけではなく女性もウネメとして構成され、「男女の対称性」が示されていることに注目すべきだとした(31)。仁藤敦史氏は、①天武紀以前には畿内有力氏族から貢進された氏女と采女の区別が存在せず、童女君（第二節で詳述）の身分変更は天皇による性的な独占物とは異なる采女特有の役割が考えられる、②キサキと采女の質的な区分も古くは明瞭ではない、③女帝の時代にも采女は存在し、重要な役割を担っていた――などの理由から「人質的賦課」論を否定した。仁藤氏が、キサキの宮にも采女が奉仕したことに注目し、「名代・子代や国造から資養料を調達し、膳部・舎人・靫負として大王やミコ宮に奉仕させる構造は、采女が名称の区別無く大王宮やキサキ宮に奉仕する体制と同質である。采女を「天皇の独占物」とする理解は、少なくとも令制以前には当てはまらない」と指摘したように(32)、采女の本質の再検討は始まっているのである。

3 『日本書紀』の述作と語源

采女記事は雄略紀に集中する。『日本書紀』には、正格漢文によって書かれた巻と和化漢文によって書かれた巻があり、雄略紀は七世紀後半に渡来した唐人によって正格漢文で書かれたとされる[33]。詳細な出典論研究で知られる小島憲之によると、『日本書紀』は諸処に漢文的潤色がほどこされているという[34]。采女との関係でいえば、雄略二年十月丙子条の御馬瀬の縦猟記事に『西京賦』の利用がある[35]。漢籍の豊富な知識によって『日本書紀』が潤色されたという事実は、先にみた「采女」の語源とも関連して軽視できない。後漢では皇帝の妻妾の称号は皇后・貴人であって、それ以外の後宮の職制として「美人・宮人・采女」が置かれたが[36]、鎌田重雄によると、「貴人と美人以下とが甚しく差別」されていたという[37]。皇帝の妻は皇后・貴人で、皇后は「嫡妻」、貴人は「貴妾」であり、美人以下、采女は「賤妾」なのである。とすれば、貴人以上とは著しく差別された存在としての「采女」の知識を有する述作者によって、下級の宮女という意味で「采女」の漢語が採用された可能性が考えられる。一方で『後漢書』は、後宮の女性たちを管轄する掖庭令の職掌を「掌後宮貴人采女事」とし、采女をキサキ以外の宮女全体の意味で使用している[38]。こちらの意を採ったとすると、女官全体の意味で「采女」の漢語を使ったことになる。『日本書紀』には、有力な豪族出身で私財を有する采女もいる一方で隷属的な存在として描かれる采女もおり、すべてが実在したとは考えないが、同一の層から出仕したとも考えにくく、「采女」の語義に混乱があると感じざるを得ない。采女の起源について曾我部静雄は、三韓を経由して仁徳期に采女制が伝来したとするが[39]、倭国固有の制度がまずあり、それに、「采女」という漢字が充てられたと現時点では考えておきたい。同時に、倭国固有のウネメと『日本書紀』の「采女」には、ズレがある可能性も指摘しておきたい[40]。

なお、采女は履中即位前紀に倭直吾子籠が贖罪のために妹を献じたという記事があり「其倭直等貢㆓采女㆒、蓋始㆓于此時㆒歟」と書かれていることも、「貢」される女性＝大王に隷属する女性という認識を生み出す要因となっていると思う。この「貢」については、養老後宮職員令18氏女采女条による文飾であり、地方からの人材の推挙を意味する法制用語だと考えるべきである。その詳細は第二部第一章「後宮職員令の構造と特質」第四節で考察したので参照されたい。

二　采女への「姧」の再検討

1　采女への「姧」について

『日本書紀』には、采女と通じたことが処罰の対象になることを示す記事が六例みえる（表5―4、7、8、10、11、17）。采女への「姧」に対する処罰である。

津田左右吉は、采女への「姧」の厳罰が繰り返し記載され、「両性間の関係が恋愛譚として語られず綱紀問題として取扱はれ」ている点に中国的道徳思想の影響を看取した(41)。

石母田正は、律令制定以前の固有法を分析するにあたって、固有法の歴史的基盤を「クニと族長を母体とする族長法」と「ヤマトの王権を基盤として形成される王法」の二類型に分け、倭五王の時代に族長法と若干異なる性格の王法が発生したとした。石母田は、王法の特徴の一つに、王権に対する政治的違反が犯罪のなかで重要な比重と意義をもつことをあげ、雄略紀にみられる采女への「姧」の処罰は、「たんなる宗教的な犯罪ではなくて、采女の貢上が地方族長の大王にたいする服属の形式であることを考えれば、それは同時に公的、政治的違反でもあった」ことに対するものだと指摘した。[42] 関口裕子は、石母田の指摘を踏まえ、采女への「姧」の処罰は王権への反逆とみなされたためであったとした。[43]

人質論・巫女論いずれも、采女の役割の一つに大王との性的関係をあげる点ではおおむね一致している。地方豪族女性と大王との婚姻を服属儀礼の一環だと考え、[44] あるいは「神妻」として采女を位置づけるのである。采女への「姧」を大王権力への侵犯とみなす石母田・関口説も、采女の性が大王に従属していたことを認めるという意味で、性的奉仕を豪族女性の役割とする見方につながる理解だといえよう。このような、采女が大王の性的従属物であった根拠とされ、人質論・巫女論双方の論拠の一つとなってきたのが、『日本書紀』の采女への「姧」の処罰記事である。では、これらの記載を通説通りに理解できるのだろうか。

2　采女記事の再検討

『日本書紀』雄略元年三月是月条（表5―5）

是月、立二三妃一。（中略）次有二春日和珥臣深目女一。曰二童女君一。生二春日大娘皇女一。更名高橋皇女。童女君者本是采女。天皇与二一夜一而脤。遂生二女子一。天皇疑不レ養。及二女子行歩一、天皇御二大殿一。物部目大連侍焉。女子過レ庭。目大連顧謂二群臣一曰、麗哉、女子。（中略）徐二歩清庭一者、言二誰女子一。天皇曰、何故問耶。目大連対曰、臣観二女子行歩一、容儀能似二天皇一。々々曰、見レ此者咸言、如二卿所一レ導。然朕与二一宵一而脤。産レ女殊レ常。由レ是生レ疑。（下略）

右の記事によると、春日和珥臣の女である采女童女君は、雄略の子を産んだが、認知されないまま育てていたのである。この挿話のなかで雄略は、自身に仕え、一度は性的関係を結んだ采女が、自分以外の男と通じて子どもを産んだと認識していたことになる。采女も男も何ら咎められた形跡はない。この記事を門脇禎二は采女の悲惨さの象徴と捉え、倉塚曄子は「一夜婚」の証とした(45)。しかし、この記事はむしろ、采女の性が大王の独占物ではなかったことを証明するのではないか(46)。加えて、『日本書紀』の采女への「姧」の厳罰記事を検討するにあたっても、采女の性関係がすべて処罰の対象となったのか、それとも、何らかの基準、ルールがあり、それに抵触したものが処罰されたのかを考える材料になると思われる。

『日本書紀』雄略九年二月甲子朔条（表5―8）

九年春二月甲子朔、遣三凡河内直香賜与二采女一、祠二胸方神一。香賜既至二壇所一香賜、此云二舸拕夫一。及レ将レ行レ事、姧二其采女一。天皇聞之曰、祠レ神祈レ福、可レ不レ慎歟。乃遣二難波日鷹吉士一将誅之。（下略）

胸方神を祠る使として凡河内直香賜が采女とともに派遣されたが、神事の場（壇所）に到り、行事直前に采女を「姧」したため、処刑されたという記事である。采女への「姧」に対する処罰と考えられてきたが、これも、采女の性関係への処罰にかんする基準を考察するうえで非常に示唆に富む記事である。というのは、このなかで雄略は、采女が姧されたことを取り沙汰しているのではないからである。傍線部にある「祠レ神祈レ福、可レ不レ慎歟」、つまり「神を祠りて福を祈ることは、慎まざるべけむや(47)」という認識によって、香賜を罰したのである。犯姧が「斎戒の場で忌避されるべき」ものであったゆえの処罰であり(48)、神事にあたってのタブー侵犯(49)が問われたのである。

神事における性的タブー概念は、どのようなものだったのか。平安期に入ってからのものであるが、確認できる史料がある。一つは、祭事にあたって物忌女を姧した官人に中祓を科すとした太政官符である（延暦二十〈八〇一〉年五月十四日付太政官符(50)）。二つ目は、斎宮の寮官諸司・宮中の男女が私姦密婚した場合には中祓を科せとした延喜斎宮式95密婚条である(51)。斎宮は神事の場であり、密婚条は「斎宮の神聖性にかかわる種々の規定」の一つで、先の延暦二十年五月十四日付太政官符に相応するという(52)。上掲の太政官符と延喜斎宮式密婚条が示すのは、神事にあたっては、場所・人ともに清浄であるべきだとする認識であり、それへの侵犯が処罰されたのである。凡河内直香賜が、神事の場所（壇所）において慎まなかったために罰せられたことも同じ構造である。つまり、香賜は、采女との関係を咎められたのではなく、神事におけるタブー侵犯を問題とされ、罰せられたのである。

『日本書紀』雄略五年四月条（表5―7）

夏四月、百済加須利君、蓋鹵王也。飛聞三池津媛之所二燔殺一、適稽女郎也。而籌議曰、昔貢二女人一為二采女一。而既無レ礼、失二我国名一。自レ今以後、不レ合レ貢レ女。（下略）

これは、倭王家と百済王家との婚姻伝承である。[53]『日本書紀』には、百済の新斉都媛が渡来し（応神三十九年二月条）、石川楯と婬したために「夫婦」ともに焼殺される（雄略二年七月条）記事と合わせ、三回に分けて記載されている。百済の王女が「采女」と記されたのは、百済を朝貢国扱いし、新羅、高句麗、百済から中国への「美女貢献」になぞらえたためだという。[54] 池津媛の処罰は倭王権と百済王家の一連の婚姻譚のなかに位置づけるべきで、采女への処罰ではなく、キサキと他の男性との婚姻への制裁とみるのが妥当であろう。

このほか、允恭四十二年十一月条では、新羅弔使が「うねめはや」と口にしたため采女に「通」「犯」したとして推問される（表5―4）が、これは『日本書紀』に頻出する貢納をめぐる倭王権と新羅とのあつれきにかんする記事（欽明二十二年条、同二十二年是歳条）の一つである。『日本書紀』において最終的にこのあつれきは、天武崩御にさいしての新羅の対応への持統の怒りとなって現れる（持統三年五月甲戌条）。允恭紀の記事は、新羅が恨みを抱いて倭への貢上品目などを減らすに至る原因を描いたわけで、大陸と朝鮮半島をめぐる情勢と倭王権の外交路線のなかに位置づけて読むべきであろう。

采女についての通説である「祭祀」担当者論と「服属の証」論は、先述のように表裏一体の関係である。服属の証として地方豪族の女性が召し出され、それによって地方の祭祀権が奪われるという構図となっているからである。両論ともに共通するのは、采女の役割に大王との性的関係をあげるという点であった。采女と天皇の「一夜婚」論はその代表的なものなので、改めて検討しておきたい。

3　服属と「一夜婚」

岡田精司氏は、ヤマトタケルと尾張のミヤズヒメが「御合而」いることや（景行記）、応神が宇治木幡のヤカハエヒメと「如レ此御合」していること（応神記）、ニニギの命とコノハナサクヤヒメの「一夜孕み」の伝承（『日本書紀』神代下第九段本文）などからみて、服属儀礼における采女や地方豪族女性の役割は食物供進だけではないとし、雄略と大和国の采女ヒヒメ（『日本書紀』雄略二年十月丙子条）、仁徳と日向諸県君の女カミナガヒメ（『日本書紀』応神十三年九月中条）などの性的関係が新嘗月にもたれたことをあげて、新嘗の儀礼で采女と天皇の「同衾」が行われたと推定した[55]。しかし、上記の女性のなかで采女はヒヒメだけである。ミヤズヒメらが采女であることを説明できなければ、新嘗における大王との同衾が采女の役割であるということはできない。岡田氏は、采女と天皇の同衾の証として、大嘗宮内の寝具舗設をとりあげた[56]。『江次第抄』所引『新儀式』が、舗設にかんして「供二寝具於神座上一」とし、「寝具」に注して「天皇御レ之者」[57]とすることをあげて「かつては天皇が実際に臥したものであるらしい」と推測し、「天皇と、国津神の資格における采女との、神婚が行われた〝衾〟の遺物でもあろう」「大化前代の、新嘗の祭場における性的儀礼の具体的な痕跡がここに見られるのである」とした[58]。しかし、岡田氏が根拠とする『新儀式』は、どんなに古くとも平安中期の応和三（九六三）年をさかのぼらない史料である[59]。しかも、「天皇御レ之」とは書かれていても、そこに釆女が臥したかどうかは不明で、神婚に結びつけるのは想像にすぎない。これをもって令制前の釆女と大王の新嘗での同衾をいうことは難しいのではないか。

童女君の記事からは、釆女の性が大王に独占されてはいなかったことが確認できる。雄略九年二月甲子条は、凡河内直への処罰が、釆女への「姧」一般への処罰ではなく、神事にあたってのタブーを犯したことへの処罰だったことを語っている。『日本書紀』の釆女の性関係への処罰は、神事のタブー違反や、キサキの他男性との婚姻への制裁など、別の要因によるものであったことが考えられるのである。釆女への「姧」にたいする厳罰は人質論の根拠ともされてきたが、『日本書紀』の釆女記事が、先行研究において十分な検討をへたとはみなしがたい。述作者による潤色の可能性も考慮しながら、個別に判断すべきなのである。

三　釆女の本質はなにか—カシワデ（膳部）との関係をめぐって—

1　『日本書紀』のなかのウネメとカシワデ

先行研究では、トネリとウネメがパラレルな関係で捉えられてきた。「近侍のトモ」という共通性に加え、大宝令において、郡から男性の兵衛（トネリ）か女性の釆女（ウネメ）を出すことを義務づけられたからである。しかし、『日本書紀』などをみると、職務上ではウネメとトネリの組み合わせで描かれる例は、意外なほど少ない。釆女を国造の姉妹・子女から貢することを定めた「大化改新詔」にも、令制では出身を同じくするトネリについての記載はない。むしろ、ウネメは、天皇の食膳に奉仕するカシワデ（膳部）とともに描かれる例が多いのである。

『日本書紀』天武十一年三月辛酉条（表5—20）

辛酉、詔曰、親王以下、百寮諸人、自レ今已後、位冠及襌褶脛裳、莫レ着。亦膳夫采女等之手繦肩巾、（肩巾、此云二比例一。）並莫レ服。

『日本書紀』持統元年正月丙寅朔条（表5―21）

元年春正月丙寅朔、皇太子率二公卿百寮人等一、適二殯宮一而慟哭焉。納言布勢朝臣御主人誄之。礼也。誄畢衆庶発哀。次梵衆発哀。於是、奉膳紀朝臣真人等奉レ奠。々畢、膳部采女等発哀。楽官奏レ楽。

天武十一（六八二）年三月辛酉条は、天武～持統朝に繰り返された官人の服制改定の一つである。天武朝では、唐風の儀礼導入とともに朝服にも唐風の服制が採用され、わが国独自の衣服制は放棄されたという(60)。その施策の一つとして実施されたのが、上掲の禁止規定である。官人たちには位冠・襌などが禁じられ、膳夫と采女にはタスキ（手繦）とヒレ（肩巾）が禁じられた。タスキとヒレは、延喜祝詞式10大殿祭条(61)にもあるように、天皇の御膳に奉仕する膳夫と采女の象徴ともいうべきものである。膳夫と采女が、服制のうえで一括りにみなされていることを令制前にさかのぼって確認することができるという点で、注目に値する史料といえよう。

持統元（六八七）年正月丙寅朔条は、天武殯宮での葬送儀礼の記載であるが、ここでは奉膳紀朝臣真人が奉奠している。奉奠ののち、膳部と采女が発哀していることからみて、奉奠でも采女は奉膳紀朝臣真人に率いられていたと考えてよいだろう。天武の葬送儀礼で采女は、奉膳の配下にあり、膳部とともに行動しているのである(62)。

以上の記事から確認できるのは、采女と膳部が一括りの存在とみなされていたという関係である。養老令では、男官である奉膳（内膳司長官）の職掌は「掌。惣二知御膳一。進食先嘗事」（養老職員令46内膳司条）とされ、後宮十二司の膳司の長官である尚膳にも「掌。知二御膳一。進食先嘗」（養老後宮職員令13膳司条）とする職掌が課せられた。そしてこの両司の関係は、平安期にいたっても「凡此司者。男官造了。進時共預知許歟何」（後宮職員令集解13膳司条所引朱説）、つまり、食膳調理を男官（内膳司）が担当し、進食は男官女官がともに行うという認識で継承されているのである。この調理と進食という職掌の分担と共労こそ、采女の本質に接近するカギとなると思われる。まず、大王の食膳調理を担うカシワデを管掌した膳夫臣の起源伝承からみていきたい。

2　ウヂの起源伝承のなかの食膳奉仕

膳夫臣の『日本書紀』初出記事は、景行五十三年十月条である。膳夫臣の遠祖である磐鹿六鴈（磐鹿六獦命）が景行の巡行に随い、上総で白蛤を膾にしてすすめたところ景行がおおいに喜び、膳大伴部を賜ったという、大王の膳職を担う伴造氏族としての起源伝承で、膳氏の纂記に基づくものとされる(63)。膳夫臣はのちに膳夫朝臣をへて高橋朝臣に改賜氏姓され、平安初期には膳職担当の由来と正当性を主張した『高橋氏文』を朝廷に提出するが、上記の伝承はそのなかにさらに詳細に書き込まれた。『本朝月令』六月「朔日内膳司供忌火御飯事」所引の氏文の一部に次の記述がある(64)。

【A】爾時、磐鹿六獦命申久、六獦、令料理天、将供奉止白天、遣喚無邪国造上祖大多毛比・知々夫国造上祖天上腹・天下腹人等、為膾及煮・焼、雑造盛天、見阿西山梔葉天、高次八枚刺作、見真木葉天、枚次八枚刺作天、取日影為縵、以蒲葉天美頭良乎巻、採麻佐気葛天、多須岐爾加気、為帯、足纏乎結天、供御雑物乎結飾天、乗輿従御獦還御入坐時爾為供奉。

【B】又此行事者、大伴立双天応仕奉物止在止勅天、日立・日横・陰面・背面乃諸国人乎割抄天、大伴部止号天賜磐鹿六獦命。

【C】又、諸氏人及東方諸国造十七氏乃枕子各一人令進天平次、比例給天、依賜支。

氏文は、【B】で磐鹿六獦に大伴部を賜ったと記すとともに、【C】で「諸氏人及東方諸国造十七氏乃枕子各一人令進天平次、比例給天、依賜支」とした。かつては、伴信友らの説にひかれて【B】【C】を同一視する見方があったが、平野邦雄によると【B】は「天下諸国」の「国造治下の人民の所有権」を移動させたもので、一方の【C】は、「東国国造の子弟を一人ずつ京に進めしめたもの」であり、「中央における「トモ」」をさすという[65]。つまり、ここでは磐鹿六獦への膳部賜与とともに、国造の一族から進上させた「枕子（マクラコ）」の管理も任せたという伝承が記されているのである。

ここで枕子とは何かを、氏文の内容にそくして考察しておこう。氏文は、【A】で食膳調理と進食にあたる人物の装束を「日影縵」「美頭良」「多須岐」「帯」「足纏」と表現した。「美頭良」「足纏」からは男性が想像される。六獦の奉仕を喜んだ天皇は【C】で枕子に「平次」と「比例」を与え、枕子の監督を六獦に委ねた。「平次」は【A】で「枚次」と書かれた料理を盛る食器であり、「比例」の支給とあわせて考えると、枕子の役割は食膳への奉仕という結論にいきつく[66]。だとすれば、氏文には、調理者と給仕者を一体のものとする発想が盛り込まれていることになる。ただし、前項で、天武紀で膳夫と采女の手繦（タスキ）肩巾（ヒレ）が禁止されたことをみたが、それを磐鹿六獦伝承に直結させ「枕子」を女性とみることは、男女ともにヒレを着用していたことを考えると慎重であるべきであろう。

なお、かつては枕子を「赤子」[67]とする解釈があったが、それはあたらない。枕子の「子」は、子どもの意ではない。義江明子氏によると、古代における「子」の原義は「一つの集団を構成する仲間」である。「そこから発して、〝祖の子ワラハ〟としての首長＝祖への奉仕が王権への奉仕→政治的服属関係に拡大転化していった」のであり、『高橋氏文』の「枕子」はその初期の姿を示すものだという[68]。つまり、共同体成員として食膳奉仕を担って大王に仕えた人々が、氏文にみえる枕子なのである。先述した『令集解』朱説の観点（男女の分担と共労）から、食膳調理を担った氏の起源伝承を読み解けば、以上の結論になる。磐鹿六獦伝承は、調理者と給仕者が一体で考えられていたことの証左と理解しておきたい。

3　大王の巡行と地方豪族の進食

大王の巡行にカシワデが随うことは『日本書紀』景行十八年八月条の「到的邑而進食。是日、膳夫等遺盞」にも記されている。景行五十三年十月条では膳夫臣の遠祖が随ったとされているが、それは膳夫臣だけに課された任ではなく、たとえば景行紀のヤマトタケル東征には七掬脛が膳夫として随っており、これは景行記では「久米直之祖」とされている。

ところが、『日本書紀』には、畿内豪族ではなく、大王の巡行先で地方豪族がカシワデを務める例がみえる。

『日本書紀』応神二十二年九月丙戌～庚寅条

秋九月辛巳朔丙戌、天皇狩于淡路嶋。（中略）天皇便自淡路転、以幸吉備、遊于小豆嶋。庚寅、亦移居於葉田葉田、此云簸娜。葦守宮。時御友別参赴之。則以其兄弟子孫為膳夫而奉饗焉。天皇、於是、看御友別謹惶侍奉之状、而有悦情。因以割吉備国、封其子等也。則分川嶋県、封長子稲速別。是下道臣之始祖也。次以上道県、封中子仲彦。是上道臣・香屋臣之始祖也。次以三野県、封弟彦。是三野臣之始祖也。復以波区芸県、封御友別弟鴨別。是笠臣之始祖也。即以苑県、封兄浦凝別。是苑臣之始祖也。即以織部、賜兄媛。是以、其子孫、於今在于吉備国。是其縁也。

応神が淡路嶋をへて吉備に巡行したさい、御友別が兄弟子孫をカシワデとして饗を奉ったという伝承である（傍線部）。養老儀制令集解19春時祭田条所引古記が引く「一云」は、直会の宴会で年少者が「膳部」として給仕にあたったことを記している。このような、宴会における食事提供を担うカシワデの役割には、調理だけではなく給仕も含まれることを意味する古記の記載を参照しつつ応神紀を検討すると、御友別一族がつとめた「膳夫（カシワデ）」の内容にも、調理とともに給仕が含まれていたと考えてもよいだろう。この饗の結果、御友別の一族は吉備川嶋県などの諸県に封じられたという。稲速別、仲彦、弟彦らは下道・上道・加夜・三野などの国造の祖とされており[69]、地方豪族の子弟がカシワデとして奉仕したというこの記事は、カシワデを国造クラスから貢進されたトモとする平野邦雄の指摘と符合する。

地方豪族の進食は、菟狭国造祖が神武に饗を奉じる（神武即位前紀甲寅年其年十月辛酉条）などの記載が『日本書紀』にみられ、服属の証としての本質が指摘されてきた。岡田精司氏が、政治的従属と食物献上が深い関係にあるとし、食物供献が服属儀礼であることを指摘したのは、その代表的研究である[70]。応神紀の御友別伝承は、地方豪族の進食にあたっては、調理とともに給仕もその一族が担ったことを示唆する。そのように考えて大過なければ、国造クラスから調理者としてカシワデが貢されるとともに、供進する役割を担って釆女が貢されたと考えることができるのである。

従来、釆女は国造層の出自であったことをもってトネリとのパラレルな関係が考えられてきたが、制度上は、トネリと組み合わせて扱われるようになるのは新しい[71]。基本はカシワデとの対応関係であり、この形態がウネメの本来の姿ではないだろうか。ただし、ウネメは食膳奉仕をおもに担いつつ、「近侍のトモ」として遣使（表5—8）、奏宣（5—3、15）などにも携わった。同じく近侍のトモであるトネリが文官と武官に別れる以前に繁多な職掌に対応したのと同様である。

なお、服属の証としての進食と、のちの新嘗などの祭祀での御饌供進の関係を考えると、「御饌を供進する職掌が最も強く神聖を保つことが求められ」たといわれるように[72]、神事での役割が確定した時点で釆女に斎戒が求められ、それを侵犯した場合に処罰が行われたと考えられる。采女への「姧」にたいする厳罰の実態は、そのようなものだったのではないか。

四　国造、県、屯倉とウネメ

1　国造制の成立とウネメ

磯貝正義は、采女を呼称法によって三分類したなかで、「大化前代」の采女の出自について、国造だけではなく、県、屯倉からの出仕の可能性も指摘した。磯貝によると、倭采女（表5―2、6）、伊勢采女（5―10）、伊賀采女宅子（5―19）が国造の出自であり、吉備上道采女（5―9）、吉備国蚊屋采女（5―16）、粟隈采女黒女（5―15）が県からの出身、小墾田采女（5―3）は屯倉からの出身かもしれないという。[73] 磯貝の見解は、五世紀段階での強力な王権成立という前提に立ったものである。しかし、近年の王権論と国造研究の進展のもとでは、采女の出身契機や母体についても再検討の余地があると思われる。

国造制の成立時期は六世紀とみられており、[74]（補注2） その構造についても、大川原竜一氏は、ミヤケの管理者に国造が任じられたとし、国造制はミヤケが確立したあとに成立したもので、「物品的貢納（「調」）や人身貢献・労働力徴発（「賦」）を行う仕奉形態」をとるとする。[75] 黒瀬之恵氏は、古代王権と地域の相互関係を考察したなかで、「ミヤケ・土地・人を媒介として、人格的関係が重層的に形成され維持される構造が六・七世紀の王権構造」だとし、「人格的関係を媒介するものとして」トネリやウネメを捉えた。[76] ウネメをミヤケと王権を結ぶものとして位置づけるこれらの説は、示唆に富むものだと思われる。

系図1　大王系譜のなかの采女（太字は采女。名に付した数字は表5のナンバー）

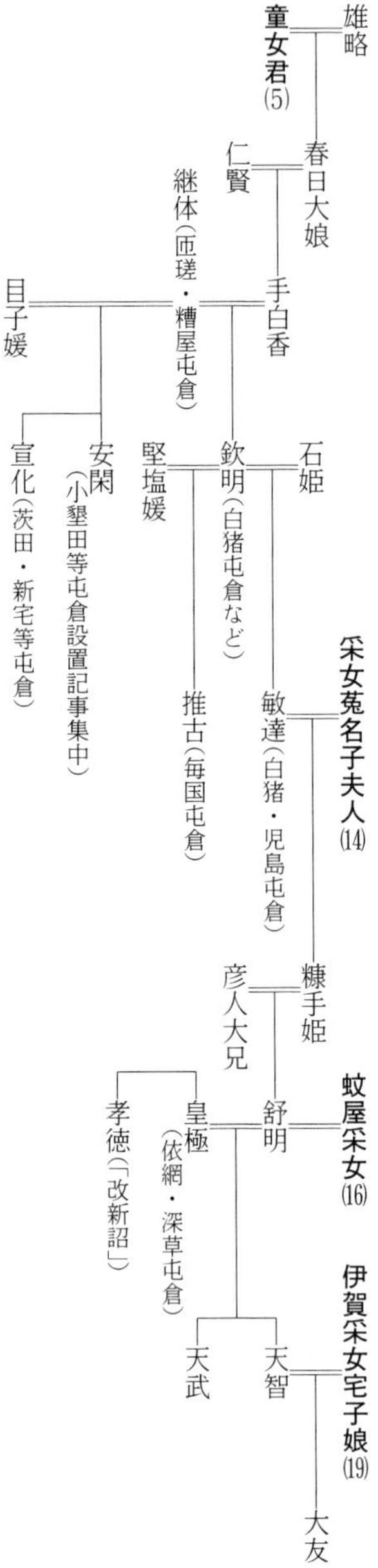

舘野和己氏は、記紀の池溝開発の紀年について厳密な史料批判を加え、池溝開発・築堤とミヤケ設置の関連を改めて指摘したうえで、『日本書紀』の屯倉設置記事で信頼できる初見は継体紀の糟屋屯倉設置記事だとした[77]。舘野氏の検討をふまえて、継体〜推古紀に設置伝承のあるミヤケとウネメについて見直していきたい。

ミヤケ設置記事が安閑紀に集中していることは周知の通りだが、そのなかの一つに小墾田屯倉がある（安閑元年十月甲子条）。小墾田に屯倉を立て、キサキ紗手媛に給うという記事である。小墾田（小治田）は飛鳥にあり、推古も宮を築いた地であって、その名の通り開発がすすんだと思われる地である。『日本書紀』には允恭紀に小墾田采女（表5—3）が登場するが、それは六世紀に設置された屯倉からウネメが出仕しており、その名称が『日本書紀』編纂時に允恭紀に遡上して書き込まれたのではないだろうか。

開発とウネメという点では、山背国栗隈と栗隈采女黒女（表5—15）の関係も見逃せない。舒明即位前紀に、栗隈采女が推古に近侍していたことが描かれているが、推古十五年是歳冬条には、倭国高市池など四池や河内国戸苅池など二池とともに、山背国栗隈大溝工事の記載があり、「亦毎レ国置二屯倉一」としてミヤケを設置したことが記されている。このときに設置された栗隈屯倉からウネメが貢されたことが『日本書紀』に反映されたと考えられる。(78)

『日本書紀』では、六世紀後半以降に、大王の系譜である帝紀部分の采女記事が増えてくる。伝承のウネメから実在の采女へと、記事の性格が転換するのである。それは、出身母体とみられるミヤケが六世紀に設置され整備されていったことと無関係とは思われない。継体〜推古紀の屯倉設置および整備記事の急増と、敏達以降に実在と思われる采女記事が増えることは関連するであろう。その変化を大王系譜に記したものが、前掲の系図1である。(79)

2　ウネメの原型について

前節でミヤケからのウネメの貢ということをのべたが、これは決して、ミヤケ成立以前にウネメが存在しなかったことを意味するものではない。

たとえば、雄略紀の采女山辺小嶋子（表5—11）は、磯貝は基本的に検討から除外したが、その記事は次の通りである。

『日本書紀』雄略十三年三月条

十三年春三月、狭穂彦玄孫歯田根命、窃姧二采女山辺小嶋子一。天皇聞、以二歯田根命一、収二付於物部目大連一、而使二責譲一。歯田根命、以二馬八匹・大刀八口一、祓二除罪過一。既而歌曰、耶麼能謎能、故思麼古喩衛爾、比登涅羅賦、宇麼能耶都擬播、鳴思稽矩謀那斯。目大連聞而奏之。天皇使三歯田根命、資財露置二於餌香市辺橘本之土一。遂以二餌香長野邑一、賜二物部目大連一。

この挿話について坂本太郎は、采女を姧した歯田根命の罪を責めた功によって物部目が餌香長野邑を賜わったという、物部連の蒙った殊恩を記していることから、物部家記のものらしいとした(80)。篠川賢氏は、この記事自体が物部氏の家記（石上氏の墓記）に基づく可能性は高いとしながらも、挿話中の歌（山辺の小嶋子ゆゑに人ねらふ馬の八匹は惜しけくもなし）に基づいてつくられたもので事実とは考えられないとした。ただし、このような話がつくられた背景に、物部氏による采女監察や采女を姧した犯罪者の取り締まりという任務があったと推定した(81)。

津田左右吉が、歯田根命が「不似合いな尊称」を有しているのは実在の人物ではないからだとし、この挿話を歴史的事実ではないとして以来(82)、采女研究のなかではこの記事は等閑視されてきたようである。しかし、記事中の人名の記載方法には、若干、留意すべきものがあるように思う。

『日本書紀』において「尊」と「命」が使い分けられていることは周知の通りであり、「命」は古代の氏族系譜にもみられる敬称である(83)。溝口睦子氏によると、諸氏の系譜にみる人名は時代によって変化があり、「命」は、氏族系譜成立時の時代区分意識として「応神以前」に位置づけられた先祖に付す傾向があるという(84)。また、古代人名の語尾の「ネ（根）」も系譜上の認識として「応神以前」に置かれた伝承上の祖、首長クラスの人物を呼ぶ称え名だという(85)。『日本書紀』では「命」を、王族以外では天種子命（中臣氏遠祖＝神武即位前紀甲寅年其年十月辛酉条）、日臣命（大伴氏遠祖＝神武即位前紀戊午年六月丁巳条）、櫛玉饒速日命（物部氏遠祖＝神武即位前紀戊午年十二月丙申条）などのウヂの祖というべき対象に付し、「根」は、物部氏の祖の一人である「物部連遠祖十千根」らに付されている（『日本書紀』垂仁二十五年二月甲子条）。

山辺(補注3)という地名にかんしていえば、天皇へ蔬菜を貢進した倭六県の一つに山辺県がある（延喜祝詞式3祈年祭条、9月次祭条）。狭穂彦「玄孫」という歯田根命の系譜は伝承の域を出ないが、小嶋子に冠された「采女」の号が後の追記でないとするならば、山辺小嶋子の物語はウネメの原型を伝える可能性があるのである(補注4)。美称に古態を留める豪族との通婚伝承に名を留めたことは、ウネメの始原を考えるうえでは手掛かりになるのではないだろうか。

3 令制采女の制度化

采女の制度は、「大化改新詔」によって成文化された。該当部分は次の通りである。

『日本書紀』大化二年正月甲子朔条

凡采女者、貢二郡少領以上姉妹及子女形容端正者一。従丁一人、従女二人。以二一百戸一、充二采女一人粮一。庸布・庸米、皆准二仕丁一。

「改新詔」は、そのもの自体に疑義がもたれ、采女部分も「郡」「少領」など令制用語による文飾が明確だが、一方で大宝令にはない文言が盛り込まれており、少なくとも制度の概要に関しては信憑性が認めうるとされている(86)。原初的形態をへて、ミヤケと王権を結ぶ重層的構造の一翼を担った(87)ウネメは、評制の施行を前提として全国的な制度への拡大が目指されたのである。出仕後は、既述したように膳部とともに職責を果したと考えられる。

采女制度は大宝令・養老令に引き継がれた。養老後宮職員令18氏女采女条で「郡少領以上姉妹及女。形容端正者」という条件が定められたが、出身にあたっての行政手続きの根幹は軍防令で兵衛と抱き合わせで規定されることになった。

養老軍防令38兵衛条

凡兵衛者。国司簡下郡司子弟。強幹便二於弓馬一者上。郡別一人貢之。若貢二采女一郡者。不レ在下貢二兵衛一之例上。三二分一国一。二分兵衛。一分采女。

采女は、地方行政単位である郡から中央へ貢される存在として兵衛とともに位置づけられた。法的にはその時点で兵衛とパラレルな関係になったのである。令制下、後宮十二司のうち膳司と水司は采女を配属することが規定されたが、それは、令制前における采女の職掌が令制に引き継がれたからである[88]。

おわりに

ウネメは、大王などの王族の宮に出仕し、「近侍のトモ」として、カシワデとともに大王らの食膳に奉仕しつつ、遣使・奏宣なども担った。それは采女の原型ともいうべき存在であった。六世紀の継体〜推古期の屯倉の確立の時期に、ミヤケと王権を結ぶものとしてミヤケの管理者である国造・県主らからウネメを貢するしくみが整えられた。敏達以降、『日本書紀』に現実的な采女記事が増えるのはそのためである。ウネメは、屯倉管理者である国造・県主らが人格的結びつきの一環として貢した女性であり、大王と豪族との奉事関係の一形態であった。郡（評）から貢する制度が「改新詔」で成文化されて令制采女の前身が形づくられ、大宝令ではじめて法的に兵衛とパラレルな関係となる。ところが采女は、後宮十二司に配されつつ、采女司に検校されることになった。膳夫が宮内省被管官司である内膳司と大膳職に配されたと同じように、采女も、大王の家政機関的性格を継承した宮内省の被管官司である采女司の管する存在となった。日常的な職務でも、膳司・水司へ配属されるにおよび、依然として膳夫と共労する地位に置かれたのである。平安期に入ると采女は郡単位から国単位の制度に変わり、定数が四七にまで削減され（寛平九年正月二十五日付太政官符）地位も低下したが、大嘗祭で内膳司の官人とともに神饌行立を担うなど、食膳奉仕という本来の役割が王権の神祇祭祀のなかに定着されたことによって存在意義を保ち続けた。

本章は、ウネメの食膳奉仕について考察した。食膳奉仕のツカサが大王の原初的な官司制に含まれることが考えられ、(89)五世紀以前にも、ウネメの原型にあたる女性が大王のミヤに出仕したことは間違いないと思われる。このようなウネメの原型を検討することによって、原初的な官司制における女性の役割を明らかにすることが可能であることを付言し、今後の課題として章を閉じたい。

註

(1) 養老後宮職員令18氏女采女条。第二部第一章「後宮職員令の構造と特質」、第四章「女官の五位昇叙と氏――内階・外階コースの検討を中心に――」で令制下での女性の出身について考察した。
(2) 磯貝正義「采女貢進制の基礎的研究」(『郡司及び采女制度の研究』吉川弘文館、一九七八年)。なお、磯貝に先立って采女の変遷を論じたものに植田篤子「采女考」(『国文学』一六、一九五六年)がある。
(3) 平野邦雄「「部」の本質とその諸類型」(『大化前代社会組織の研究』吉川弘文館、一九六九年)。
(4) 代表的なものに、倉塚曄子『巫女の文化』(平凡社、一九七九年)。ほか、上井久義「采女の源流について」(『史泉』四、一九五六年)、広川雅之「古代采女についての一考察――采女制の本質的意義の検討を中心として――」(『北大史学』三三、一九九三年)など。
(5) 黒瀬之恵「日本古代の王権と交通」(『歴史学研究』七四二、二〇〇〇年)。
(6) ジェンダー視点からの検討は、郡司研究の面から采女を分析してきた渡部育子氏により試みられている。渡部育子「古代采女のジェンダー――天皇との性愛関係を中心に――」(『秋田大学医療技術短期大学部紀要』五―二、一九九七年)、同「日本古代法にみえる女官の評価についての一試論――采女のセックスとジェンダーをめぐって――」(『新潟史学』四四、二〇〇〇年)、同「古代日本の女帝と采女」(『新潟史学』五五、二〇〇六年)など。
(7) 本章では浅井虎夫『新訂女官通解』(所京子校訂、講談社学術文庫版、一九八五年)による。初刊は一九〇六年。
(8) 『群書類従』第五輯巻七二。
(9) 『北辺随筆』巻之四(『日本随筆全集』九、国民図書、一九二八年)三四六頁。

(10)前掲註(7)『女官通解』二二四～二二五頁。
(11)磯貝正義前掲註(2)論文、一九九頁。
(12)門脇禎二『采女』(中公新書、一九六五年)。
(13)磯貝正義「門脇禎二氏著『采女』について」(前掲註(2)『郡司及び采女制度の研究』収載、二三八～二四〇頁。初出一九六六年)。
(14)『契沖全集』第七巻(岩波書店、一九七四年)収載『厚顔抄』下、五八六頁。
(15)津田左右吉『日本古典の研究』下(岩波書店、一九七二年改版、五一～五二、五七頁。初版一九五〇年)。
(16)西郷信綱『古事記の世界』(岩波新書、一九六七年)一五～一八、二五～二六頁。
(17)『日本書紀』神代上第七段本文、景行十二年九月戊辰条、仲哀八年正月壬午条など。
(18)西郷信綱は、三重婇の歌について「そもそもめでたい歌であり、それが怒りっぽい雄略に結びつくに及んで右のような文脈のなかに置かれたのではないか」とし舞台設定の虚構性を指摘した(『古事記注釈』第四巻、平凡社、一九八九年、三六六頁)。
(19)磯貝正義前掲註(2)論文、一九九～二〇一頁。
(20)磯貝正義前掲註(2)論文、一八九～一九一頁。
(21)佐藤長門「倭王権の転成」(鈴木靖民編『日本の時代史2　倭国と東アジア』吉川弘文館、二〇〇二年)、同「古墳時代の大王と地域首長の服属関係」(『国学院雑誌』一〇九―一一、二〇〇八年)。
(22)熊谷公男『日本の歴史3　大王から天皇へ』(講談社、二〇〇一年)。
(23)岸俊男「画期としての雄略朝――稲荷山鉄剣銘付考――」(『日本古代文物の研究』塙書房、一九八八年。初出一九八四年)。土田可奈「古代キサキ制度における采女」(『資料学研究』一、二〇〇四年)は、『日本書紀』の采女記事分析から采女のはじまりを六世紀前半、制度的な貢進の開始を六世紀後半から七世紀前半とし、雄略朝起源説の再考を促した(二一～二九頁)。
(24)上井久義前掲註(4)論文、広川雅之前掲註(4)論文など。

(25) 岡田精司「大化前代の服属儀礼と新嘗――食国(ヲスクニ)の背景――」(『古代王権の祭祀と神話』塙書房、一九七〇年)三一~三七頁。
(26) 倉塚曄子前掲註(4)書、二三〇~二三一、二三七~二四三、二五三頁。
(27) 岡田精司前掲註(25)論文、三三頁。
(28) 折口信夫「宮廷儀礼の民俗学的考察――采女を中心として――」(『折口信夫全集』一八、中央公論社、一九九七年。初出一九三二~三三年)。
(29) 津田左右吉『日本上代史研究』(岩波書店、一九三〇年)、中田薫「我古典の「部」及び縣に就て」(『法制史論集』三、岩波書店、一九四三年)、渡部義通『古代社会の構造』(伊藤書店、一九四八年)、早川二郎『日本古代史の研究』(白揚社、一九四七年)、井上光貞「部民の研究」(『日本古代史の諸問題』思索社、一九四九年)など。
(30) 平野邦雄前掲註(3)論文。
(31) 荒木敏夫「日本古代王権と婚姻」(『古事記年報』五〇、二〇〇八年)一二頁、同『古代天皇家の婚姻戦略』(吉川弘文館、二〇一三年)一六頁。
(32) 仁藤敦史「トネリと采女」(『古代王権と支配構造』吉川弘文館、二〇一二年、九八~一〇一頁。初出二〇〇五年)。
(33) 森博達『日本書紀の謎を解く』(中公新書、一九九九年)。
(34) 小島憲之の出典論研究は、『上代日本文学と中国文学』上(塙書房、一九六二年)、同氏執筆の日本古典文学大系『日本書紀』頭注および解説(上巻、一九~二三頁)による。
(35) 小島憲之前掲註(34)『上代日本文学と中国文学』三六二~三六三頁。
(36) 『後漢書』皇后紀上「及光武中興(略)六宮称号、唯皇后・貴人。貴人金印紫綬、奉不過粟数十斛。又置美人、宮人、采女三等、並無爵秩、歳時賞賜充給而已」。
(37) 鎌田重雄「漢代の後宮」(『漢代史研究』川田書房、一九四九年)七八頁。
(38) 『後漢書』百官志三少府「掖庭令一人、六百石。本注曰、宦者。掌後宮貴人采女事」。
(39) 曾我部静雄「仕丁と采女と女丁の源流」(『律令を中心とした日中関係史の研究』吉川弘文館、一九六八年)。

(40) この点は磯貝正義前掲註(2)論文も、中国と日本は同じ「采女」であってもその実質は大きく相違しており、采女制度のもとになった実体はわが国に存在していたとした（一八九～一九〇頁）。
(41) 津田左右吉前掲註(15)書、六三頁。
(42) 石母田正「古代法小史」(『日本古代国家論』第一部、岩波書店、一九七三年）一七一、一七五～一七六頁。
(43) 関口裕子「八世紀における采女の姦の復元」(『日本歴史』五三五、一九九二年)、同「日本古代における「姦」について」(『日本古代婚姻史の研究』上、塙書房、一九九三年)。
(44) 岡田精司前掲註(25)論文。
(45) 門脇禎二前掲註(12)書、一四～二一頁。
(46) 倉塚曄子前掲註(4)書、二二八～二二九頁。
(47) 本章中の読み下し文は、すべて日本古典文学大系『日本書紀』(岩波書店）による。
(48) 岡田重精『古代の斎忌――日本人の基層信仰――』(国書刊行会、一九八二年）一一九頁。
(49) 前掲註(47)『日本書紀』上は、頭注で「神事にたずさわるときには、種種のタブーがあるが、中でも性のタブーは重要であった。それを違犯したので罰せられたのである」とする（四八〇頁、頭注一)。雄略紀の注解担当は青木和夫。
(50) 『類聚三代格』巻一科祓事、延暦二十年五月十四日付太政官符に「闕二怠大忌祭。風神祭。鎮花祭。三枝祭。鎮火祭。相嘗祭。道饗祭。平野祭。園韓神春日等祭事一。敺二物忌戸座御火炬一。奸二物忌女一及触二穢悪事一（中略）宜レ科二中祓一」とあり。
(51) 延喜斎宮式95密婚条「凡寮官諸司及宮中男女、修二仏事一、私姧密婚者科二中祓一」。
(52) 岡田重精前掲註(48)書、一五四頁。
(53) 荒木敏夫「日本古代王権の婚姻」(荒木敏夫編『ヤマト王権と交流の諸相』名著出版、一九九四年。同『日本古代王権の研究』吉川弘文館、二〇〇六年に再録)、同前掲註(31)論文が、倭王権の国際結婚の事例として分析している。
(54) 荒木敏夫前掲註(53)「日本古代王権の婚姻」。
(55) 岡田精司前掲註(25)論文、三三～三五頁。
(56) 岡田氏の神婚説は、川出清彦「新嘗祭神膳のことについて」(『大嘗祭と宮中のまつり』名著出版、一九九〇年。初出一九五三年）によっている。『江次第抄』所引『新儀式』などの神嘉殿神今食の舗設史料を手がかりとして、新嘗祭の神座舗設を復原したもの。

（57）「天皇御㆑之」は『新儀式』所引『内裏式』による（続々群書類従六『江次第鈔』）。

（58）岡田精司前掲註(25)論文、三九～四〇頁。

（59）和田英松『本朝書籍目録考証』（明治書院、一九三六年。一九九〇年復刻、パルトス社）。

（60）武田佐知子『古代国家の形成と衣服制』（吉川弘文館、一九八四年）二七七～二七八、二八八～二九三頁。

（61）延喜祝詞式10大殿祭条に「皇御孫命朝乃御膳、夕能御膳供奉流比礼懸伴緒、襁懸伴緒乎、手躓足躓古語云麻我比、不㆑令㆑為弖」とある。

（62）したがって、朱鳥元年九月甲子条で采女朝臣竺羅が「内命婦事」を誄しているが、そのなかに采女の奉事は含まれていない。

（63）坂本太郎「纂記と日本書紀」（『日本古代史の基礎的研究』上、東京大学出版会、一九六四年、一三三～一三六頁。初出一九四六年）。

（64）『高橋氏文』の引用は、沖森卓也・佐藤信・矢嶋泉編著『古代氏文集』（山川出版社、二〇一二年）による。なお、解釈にあたっては、上代文献を読む会編『高橋氏文注釈』（翰林書房、二〇〇六年）も参照した。

（65）平野邦雄前掲註(3)論文、一〇六～一〇七頁。平野は【C】の「平次」を「手次」（テスキ）としたが、本章では前掲註(64)両書により「平次」と解釈した。

（66）前掲註(64)『古代氏文集』補注は枕子を「貴人の身のまわりで奉仕する少年」とする（二九七頁）。しかし、前掲註(64)『高橋氏文注釈』は、平次と比例を給わって「依賜」ことから成人と考えなければならないとして伴信友以来の「赤子」説（註(67)参照）を否定し、氏文の内容に即して解釈を加えた結果、枕子を「食膳に奉仕している」人々とした（井上幸氏執筆、一一二頁）。

（67）伴信友『高橋氏文考注』（『伴信友全集』三、ぺりかん社、一九七七年復刻版）七八～七九頁。

（68）義江明子「古代の「人」・「子」」（『日本古代系譜様式論』吉川弘文館、二〇〇〇年、一六四頁。初出一九八八年）。

(69)『国造本紀』下道国造条、上道国造条、加夜国造条、三野国造条。
(70)岡田精司前掲註(25)論文。
(71)仁藤敦史前掲註(32)論文は、采女制度と連関した軍防令38兵衛条のような徴発体制は、貢進単位である郡（評）の整備を待ち大宝令段階まで遅れるとする（九三頁）。
(72)岡田重精前掲註(48)書、一〇三頁。
(73)磯貝正義前掲註(2)論文、一九一〜一九五頁。
(74)最近の国造研究では、大川原竜一氏の「大化以前の国造制の構造とその本質」（『歴史学研究』八二九、二〇〇七年）と「国造制の成立とその歴史的背景」（『駿台史学』一三七、二〇〇九年）が研究史の流れや課題を整理したうえで、ミヤケ成立と国造任命の連関を明らかにしている。国造制の成立時期については、八木充氏は「国造制の構造」（『日本古代政治組織の研究』塙書房、一九八六年。初出一九七五年）で五世紀後半から六世紀前半とし（二一二頁）、篠川賢氏は「国造制の成立」（『日本古代国造制の研究』吉川弘文館、一九九六年）で、西日本では六世紀中葉、東日本では六世紀末とした（一二七頁）。
(75)大川原竜一前掲註(74)「大化以前の国造制の構造とその本質」五二頁、同「国造制の成立とその歴史的背景」一二頁。
(76)黒瀬之恵前掲註(5)論文。なお、黒瀬氏は、廬城部連枳莒喩の贖罪記事（表5―13）について、枳莒喩の女の幡媛が采女になったとみなしたが、『日本書紀』の記述通り幡媛を「采女丁」としたとすべきであろう。平野邦雄が、幡媛と采女の資養にかんして、「廬城部連が、春日皇后の采女の資養のため、名代として采女部（養戸）を設置し、采女丁（廝丁）を貢進した」とした判断に従いたい（平野邦雄前掲註(3)論文、一三〇頁）。
(77)舘野和己「屯倉制の成立――その本質と時期――」（『日本史研究』一九〇、一九七八年）。
(78)『日本書紀』では仁徳十二年十月条にも栗隈県の大溝掘削記事がある。これは推古紀の開発記事を仁徳紀にまでさかのぼらせて配置したものとみられている（舘野和己前掲註(77)論文）。大化前代に一度掘削した池溝が長年にわたって使用できるとは考えにくく、繰り返し工事が行われたことの反映と考えることもできると思われる。
(79)敏達「夫人」の采女菟名子は伊勢大鹿首小熊の女とされる。延喜神名式上12伊勢国条には伊勢国河曲郡内の式内社に大鹿三宅神社があり、太田亮は「三宅は屯倉なり」として大鹿首を屯倉の首と判断した（『姓氏家系大辞典』角川書店、一九六三年、一一一〇頁）。磯貝は、大鹿首を屯倉管理者とすることは断定を避けた（前掲註(2)論文、一九三頁）。

(80) 坂本太郎前掲註(63)論文、一四四頁。

(81) 篠川賢『物部氏の研究』（雄山閣、二〇〇九年）一四三頁。

(82) 津田左右吉前掲註(15)書、六三、六五頁。

(83) 「和気系図」など参照。

(84) 溝口睦子『日本古代氏族系譜の成立』（学習院、一九八二年）三二九～三三一頁、同『古代氏族の系譜』（吉川弘文館、一九八七年）一五五～一五八、一七二頁。

(85) 溝口睦子前掲註(84)『古代氏族の系譜』一六五～一六九頁。

(86) 磯貝正義前掲註(2)論文、二〇一～二〇三頁。

(87) 黒瀬之恵前掲註(5)論文。

(88) 渡部育子『郡司制の成立』（吉川弘文館、一九八九年）一五六頁。

(89) 本章では、膳夫臣、久米直が膳職に奉仕したことをのべたが、『新撰姓氏録』には、雀部朝臣（左京皇別上）、襷多治比宿禰（河内国神別）など、食膳奉仕伝承を有する氏が掲載されている。原初的な官司制のなかでの食膳奉仕を考察する史料として検討していきたい。また、鈴木靖民氏は、「倭の五王の外交と内政――府官制的秩序の形成――」（林陸朗先生還暦記念会編『日本古代の政治と制度』続群書類従完成会、一九八五年）で、倭王権の「原始的官」というべきものが、国際的契機によって受容された府官制的秩序を歴史的条件として変容を加えられ、各地首長層をも王権に参画させる国家的支配機構が構築されるに至った経過を論じた。これらの見通しのなかにウネメ制および女性の出仕がいかに位置づけられるのかも、今後の課題としたいと思う。

（補注1）旧稿では采女の出仕を「貢進」と記したが、管見の限りでは『日本書紀』で倭直吾子籠の妹日之媛（履中即位前紀、表5―2）は「献」、「倭直等貢㆓采女㆒、蓋始㆓于此時㆒歟」（履中即位前紀、5―2）、池津媛（＝適稽女郎、雄略五年四月条、5―7）、大化改新詔（大化二年正月甲子朔条、5―18）は「貢」と記載された。池津媛は雄略二年七月条の焼殺記事で、

表5　『日本書紀』（1～21）、『古事記』（22）の采女

No.	年月日	記載	概略
1	仁徳四十年是歳	采女磐坂媛	内外命婦の一員として新嘗の宴会に列席
2	履中即位前紀	日之媛	倭直吾子籠の贖罪のために采女として献上される
3	允恭五年七月己丑	小墾田采女	玉田宿禰に賜酒、天皇に奏する
4	允恭四十二年十一月	采女	新羅弔使が采女に通じたと疑われる
5	雄略元年三月是月	童女君	雄略と婚し春日大娘皇女を産む
6	雄略二年十月丙子	倭采女日媛	雄略の狩猟後の宴会に侍す。宍人部らの起源譚
7	雄略五年四月	采女	夫とともに焼殺された百済王妹を采女と呼ぶ
8	雄略九年二月甲子朔	采女	胸方神を祀るための遣使。姧した凡河内直香賜が殺される
9	雄略九年三月／五月	吉備上道采女大海	紀小弓宿禰の妻となり新羅に随行。紀小弓の葬への礼として大伴大連に韓奴を贈る
10	雄略十二年十月壬午	伊勢采女	伊勢采女への姧を疑われた木工闘鶏御田が処刑を危うく免れる
11	雄略十三年三月	采女山辺小嶋子	采女山辺小嶋子を姧した歯田根命が財物を献上して罪を祓う
12	雄略十三年九月	采女	木工韋那部真根の言の真偽を問うために相撲をとらされる。真根は処刑を危うく免れる
13	安閑元年閏十二月是月	采女丁 春日部采女	廬城部連が女の窃盗の贖罪のために屯倉を献上。女を采女丁にする
14	敏達四年正月是月	采女伊勢大鹿首小熊女菟名子夫人	敏達のキサキとして二皇女を産む
15	舒明即位前紀	近侍諸女王及采女等・栗隈采女黒女・八口采女鮪女	推古に近侍する
16	舒明二年正月戊寅	吉備国蚊屋采女	舒明のキサキとして一皇子を産む
17	舒明八年三月	采女	采女への姧が弾劾されたのを苦にして三輪君小鷦鷯が自死する

18	大化二年正月甲子朔	采女	改新詔で采女の出仕・資養法などを定める
19	天智七年二月戊寅	伊賀采女宅子娘	天智のキサキとして大友皇子を産む
20	天武十一年三月辛酉	采女	膳夫・采女の繦と肩布を禁じる
21	持統元年正月丙寅朔	采女	天武殯宮で膳部とともに発哀する
22	雄略記	三重婇	雄略に捧げる盃に葉が落ちていたために処刑されそうになるが、天皇賛歌をうたい許される

『百済新撰』からの引用中に「貢二進於天皇一」されたとあるが、この記事中には「采女」の号はみえない。先行研究や辞書類は「貢進」を使用しており、本章でも先行研究に関係する箇所は「貢進」を使用したが、本来は、令制用語の「貢」もしくは出仕を使用するのが妥当だと考えている。「貢」の意味については、第二部第一章「後宮職員令の構成と特質」第四項を参照されたい。

（補注2）旧稿発表後、篠川賢・大川原竜一・鈴木正信編著『国造制の研究―史料編・論考編―』（八木書店、二〇一三年）が刊行された。そのなかで大川原氏が国造制成立に関する研究史をまとめているので、あわせて参照されたい（「国造制研究の現状と課題」）。

（補注3）旧稿では小嶋子の出自を大和の山辺県と考えたが、『倭名類聚抄』では上総にも郡名がみえることも付記しておきたい。

（補注4）童女君は、倭の春日・ワニを出自と伝えるウネメ伝承であり、その地域と王権との結びつきを担った女性の存在を示唆する。その点で童女君をウネメの原初的な存在と考えることは大過ないと考える。この視点での考察を今後の課題としたい。

［補記］

旧稿では紙幅の都合上、第三節第二項「ウヂの起源伝承のなかの食膳奉仕」、第四節第二項「ウネメの原型について」、第三項「令制采女の制度化」は十分な論述を行うことができなかった。このため本書をまとめるにあたって加筆・改稿したことをお断りしておきたい。第三節第二項では『高橋氏文』の「枕子」の解釈を補い、平安時代の明法家の解釈である天皇の食膳奉仕のさいの男女官の分担と共労という観点から高橋氏の起源伝承を読み解くことを試みた。第四節第二項では「改新詔」以前のウネメの原型について補筆し、第三項では、カシワデ、ユゲヒ、トネリとともにトモとして奉仕したウネメが、制度としては兵衛とパラレルな関係になっていった経過を補筆した。

第二部　律令制下の女官

第一章　後宮職員令の構造と特質

はじめに

後宮職員令は、皇后以外の天皇のキサキたちと後宮十二司および女官、さらに貴族層女性の朝参に関する規定である。大宝令では後宮官員令である（後宮職員令集解所引「古記」）。唐令では内外命婦職員令の存在が知られ、『唐令拾遺補』で『唐六典』『旧唐書』による復元が試みられている。(1)ただし、唐には六局二四司と宮正が置かれたのに対し、日本では一二司である。日本の一二司には、酒司、水司など唐にはない日本独自の官司が置かれており、(2)ほかにも、後述するように日唐の相違点は大きく、唐制の単純な継承・模倣とは考えられない。(3)

律令女官制度の特徴の第一は、女官が官位相当制の対象外だということである。男官でも、内舎人・別勅才伎長上・兵衛など、相当位階をもたない官はみられる。しかし、官司の長官（尚）・次官（典）・判官（掌）が、職事でありながら官位相当制から除外されているのは、これまでも指摘されてきたが、律令女官制度の特質といえる。(4)

特徴の第二は、後宮十二司の職員構成のなかに、男性官司にはかならず置かれた書記官（サカン）が含まれなかったことである。

内侍司、蔵司、膳司、縫司は、長官・次官・判官が置かれ、その他は長官と次官が置かれた。一方で男性官司は、長官、次官、判官に加えて書記官が置かれ、四等官制が採られた。三等官、二等官のみの官司もあったが、どんなに小さな官司であっても、男性官司には長官と書記官が置かれたのである。唐でも、後宮の女性官司のすべてに女史が置かれた。なぜ日本の後宮十二司に書記官が置かれなかったのか、その理由は、現時点では明らかにされていない。

なお、長官の准位が五位以上の官司は三等官制を採り、長官の准位が六位以下の小規模な官司は二等官制を採った。

後宮職員令の令文は全一八条で、大別して次のような構成となっている。

①キサキ（1〜3条）と乳母（17条）に関する規定。これらの条文は、天皇の配偶関係と、皇位継承候補である皇子女の範囲や資養に関係する。いわば、天皇の再生産にかかわる条文である。

②一二の後宮官司（後宮十二司）の職掌と考叙（4〜15条）に関する規定。

③朝廷の儀式に参列する女性たちの範囲と序次（16条）に関する規定。

④女性の出仕規定（18条）。女官の二大供給源である氏女と采女の出身について定める。

以下に、四つの構成部分について、令の理念と特質を記していきたい。

一　令制キサキ制度と皇子女の資養

後宮職員令の四つの構成部分のうち、キサキ制度と皇子女の資養に関する規定は次の通りである。

後宮職員令1　妃二員。

右四品以上。

2　夫人三員。

右三位以上。

3　嬪四員。

右五位以上

17　〔親王及子乳母条〕凡親王及子者。皆給二乳母一。親王三人。子二人。所レ養子年十三以上。雖二乳母身死一。不レ得二更立替一。其考叙者。並准二宮人一。自外女豎。不レ在二考叙之限一。

1〜3条は、皇后以外の天皇のキサキに関する規定である。皇后とは異なり三種のキサキの員数や待遇が後宮職員令に盛り込まれたのは、キサキが令制下の職員であったためだとされる(5)。

皇后以外のキサキを妃、夫人、嬪とする序列は、大宝令で定められた(6)。妃は桓武、平城、嵯峨、醍醐、夫人は文武から嵯峨まで確認できる。嬪は正史では文武天皇の二嬪しかみえないため早くから廃れたと考えられたが、遠藤みどり氏によると、聖武〜桓武朝にも存在したという(7)。八世紀末から九世紀にかけて、女御、更衣という令の規定にないキサキが出現し、令制キサキは姿を消していった。

令制キサキと天皇との所生子は皇子女となる。逆に、キサキがその号を剝奪されれば、所生子も皇籍を失ったようである。それは、文武天皇の嬪だった石川刀子娘が嬪号を貶されたさい、所生の広成・広世兄弟が皇子の身分を失い、母の石川朝臣を名乗ったことなどから推定できる(8)。つまり、妃条以下は、皇子女の範囲規定にもかかわるのである。

序章でのべたように、唐とは異なり、日本ではキサキの集住空間としての後宮は大宝令制定時には成立していない。皇后や令制キサキたちも、平城宮外に独自の宮を持ち居住していたのである(9)。日本で皇后宮が内裏内に建設されるのは八世紀後半の光仁期で、皇后以外のキサキの居所が内裏内に建設されるのは、桓武朝に至ってからである(10)。

天皇の妻たちによるキサキの宮所有と経営は、日本古代の豪族のあり方に起因する。義江明子氏は、豪族女性がキサキとなると、彼女が所有し経営する宅（ヤケ）は、出身氏族と国家機構によって支えられ、皇子女たちの生育の場になるとともに、キサキと出身氏族が政治権力に関与していく根拠地ともなったとした。さらにキサキの宮は、所生の皇子女が成長すると、その経済的政治的拠点になっていくのである[11]。

令制下では、嬪以上のキサキには国家からの人員支給によって公的家政機関が設置された[12]。さらに、女性への食封・位禄の給付は男性の半分であるにもかかわらず[13]、令制キサキには、禄令12嬪以上条により全給された。妃条以下の妃・夫人・嬪の品位規定は、国家による家政機関設置と品封・位封・位禄支給に直結する。このような令制キサキに対する手厚い人的・物的支給は、皇子女の資養のためであった[14]。つまり、皇子女の資養を国家的給付で担うことを意図した施策の一環なのである。この意味は、後宮職員令17親王及子乳母条とともに考察するとき、いっそう明確になる。

乳母条は、皇子女・皇孫の資養に関する規定である。乳母の制度は唐にもあり、皇子女と皇孫に乳母を与えたという点は、日唐で共通していたようである[15]。

大化前代には、大王の子女の養育は、母族、または母族が選んだ氏族があたった[16]。垂仁記には、生母死後に新たに皇子の母（または乳母）を置いたという乳母の淵源と、湯坐の設置伝承があわせて記されているが、それは、母と、皇子の養育料である湯坐（＝壬生）が一体のものとして扱われたことを示しているという[17]。皇子女と乳母の経済的結びつきに着目して乳母条を検討した勝浦令子氏は、皇親のなかでも乳母を給される王への格別の優遇を規定した禄令11皇親条などをあわせて分析し、令制においては乳母と皇子女の資養料はセットで考えられたが、その結びつきの強さの原型は、大化前代の幼年資養のあり方に求められるとした[18]。

しかし、律令制は、部民制を排し、公民を天皇の下に一元的に支配することをめざした。このもとで、皇子女の資養も、キサキの宮・母方氏族や湯坐部・壬生部などへの依拠ではなく、国家的給付によって担われるべきものに変化した。妃条や乳母条には、以上のような令制下の皇子女資養政策が反映しているのである。

二　後宮十二司の職掌と官司編成

後宮職員令のうち、十二司の職掌と職事および女孺・采女の定数に関する規定は次の通りである。

4　内侍司　尚侍二人。掌。供㆓奉常侍奏請。宣伝㆒。検㆓校女孺㆒。兼知㆓内外命婦朝参。及禁内礼式㆒之事。典侍四人。掌同㆓尚侍㆒。唯不㆑得㆓奏請。宣伝㆒。若無㆓尚侍㆒者。得㆓奏請。宣伝㆒。掌侍四人。掌同㆓典侍㆒。唯不㆑得㆓奏請。宣伝㆒。女孺一百人。

5　蔵司　尚蔵一人。掌。神璽。関契。供御衣服。巾櫛。服翫。及珍宝。綵帛。賞賜之事。典蔵二人。掌同㆓尚蔵㆒。掌蔵四人。掌。出納。綵帛。賞賜之事。女孺十人。

6　書司　尚書一人。掌。供㆓奉内典。経籍㆒。及紙。墨。筆。几案。糸竹之事。典書二人。掌同㆓尚書㆒。女孺六人。

7　薬司　尚薬一人。掌。供㆓奉医薬㆒之事。典薬二人。掌同㆓尚薬㆒。女孺四人。

8　兵司　尚兵一人。掌。供㆓奉兵器㆒之事。典兵二人。掌同㆓尚兵㆒。女孺六人。

9　闈司　尚闈一人。掌。宮閤管鎰。及出納之事。典闈四人。掌同㆓尚闈㆒。女孺十人。

10　殿司　尚殿一人。掌。供㆓奉輿繖。膏。沐。燈油。火燭。薪炭㆒之事。典殿二人。掌同㆓尚殿㆒。女孺六人。

11　掃司　尚掃一人。掌。供㆓奉牀席。灑掃。鋪設㆒之事。典掃二人。掌同㆓尚掃㆒。女孺十人。

12　水司　尚水一人。掌。進㆓漿水。雑粥㆒之事。典水二人。掌同㆓尚水㆒。采女六人。

13　膳司　尚膳一人。掌。知㆓御膳㆒。進食先嘗。惣㆓摂膳羞。酒醴。諸餅蔬菓㆒之事。典膳二人。掌同㆓尚膳㆒。掌膳四人。掌同㆓典膳㆒。

采女六十人。

14　酒司　尚酒一人。掌。醸レ酒之事。典酒二人。掌同二尚酒一。

15　縫司　尚縫一人。掌。裁二縫衣服一。纂組之事。兼知二女功及朝参一。典縫二人。掌同二尚縫一。掌縫四人。掌。命婦参見。朝会引導之事。

右諸司掌以上。皆為二職事一。自余為二散事一。各毎二半月一。給二沐仮三日一。其考叙法式。一准二長上之例一。

東宮丶人。及嬪以上女竪准レ此。

1　天皇大権と内侍司・蔵司

後宮職員令4内侍司条～15縫司条までは、後宮十二司に関する規定であり、尚・典・掌の職事の職掌と定員、および散事である女孺・采女の員数が定められている。

令制下の後宮十二司は、天皇に供奉する官である。皇后には中宮職が置かれる規定であった（職員令4中宮職条）。ただし、太上天皇の政務には、内侍司も関与したと考えられており[19]、天皇と太上天皇が共同統治した場合の後宮十二司の供奉と分掌のあり方は、わからない部分が多い。

十二司の筆頭に置かれたのは内侍司である。なお、唐にも内侍省があり、長官が内侍だが、宦官の職である。いうまでもないが、日本では後宮官司はすべて女性で構成された。内侍司は、二人の尚侍を含む一〇人の職事と一〇〇人の女孺から成る、十二司中最大の官司である。職掌のうちもっとも重要なものは、天皇に常に侍し、奏請と宣伝を行うことである。かつては、男官が大事を担当し、内侍司は小事を奏請・宣伝していたのではないかという見解があった。しかし、春名宏昭氏が明らかにしたように、尚侍は内記に天皇の旨を伝え文章起草作業を監理したのであり、天

皇の意志伝達ルートのなかに位置づけられていたのである。(20)

律令国家は、行政通達の基本原則を文書主義におきながら、口頭伝達も併用した。たとえば、造東大寺司における命令伝達は文書と口頭伝達が用いられている。(21)吉川真司氏によると、天皇から女官への伝達と、女官から造東大寺司への伝達は口頭伝達で、それを承けた男官が文章化したという。(22)内侍司は、天皇の意志を行政に反映させていく過程で、口頭伝達から文書行政への結節点に位置していたといえるだろう。一方で内侍司には、八世紀の前半には令外の職である女史が置かれ、文書行政にも対応していったのである。(23)

尚侍がキサキの地位の一つとなり、女官としての実体と行政システムのなかでの位置づけを失っていくのは、平安中期以降である。

内侍司とともに、天皇の政務、とりわけ天皇権力の発動に深く関与した官司が蔵司である。蔵司の職掌は、内蔵寮のそれと類似するが、(24)神璽の管理は蔵司独自のものである。さらに、非常時の関の通過や二〇人以上の兵士の差発に必要な関契も保管するが、これも、天皇に属しその権限を象徴するものである。(25)このため蔵司は、天皇権力の発動にかかわる重要な官司としての位置づけを与えられた。禄令による尚蔵の准位が正三位、典蔵従四位で、尚蔵が大納言クラス、典蔵も省の卿クラスの高位であるのも、職掌の重みによるものだろう。

2　男女共労と官司

養老後宮職員令では一二の官司が規定されているが、その条文はきわめて簡単で、そこから女官たちの労働を具体的に復原することは難しい。しかし、一九八〇年代以降、『令義解』『令集解』『延喜式』などの分析によって、女官の労働実態が復原され、その特徴の一つが男女共労であることが明らかにされてきた。(26)

たとえば殿司の日常業務は、「与二男官一共預知耳」（後宮職員令集解10殿司条所引「朱説」）であり、酒司もまた「醸酒事。与二男官一共預知之」だったようなのである（後宮職員令集解14酒司条所引「令釈」）。これら共同労働の土台にあったのは、相対応する男女官司の存在である。たとえば、殿司に対応する主殿寮、酒司に対応する造酒司のごとくである。女官である酒司の側からみれば「醸酒事。与二男官一共預知之」であり、男官である造酒司の側からみれば、「女司来二此司一之倶造耳」（職員令集解47造酒司条所引「穴記」）という関係だったのである。(27)

男女の共同労働のあり方は、一律ではない。たとえば『令集解』には、膳司と男官の内膳司の関係について「凡此司者。男官造了。進時共預知許歟何」（後宮職員令集解13膳司条所引「朱説」）という記述がみられ、分掌と共働の内容が問われている。もともと、天武朝では膳部と采女による男女共働が行われていたとみられる。(28)このような共働が律令制下でもうけつがれたが、飛鳥浄御原令から大宝令編纂期にかけての諸官司の編成過程のなかで、官司としては別置されたのであろう。

闈司は、宮閤門の管鎰の管理と出納を職掌とする。唐制でも後宮六局のうちの尚宮局に「掌宮闈管鑰之事」と規定された司闈が置かれた。

宮閤門の管鎰・出納は闈司が管掌したが、閤門の警固や出入は兵衛府、宮門は衛門府・衛士府が担ったように、男女官司の職掌の連関がみられる。吉川真司氏は、平安期の儀式書にみえる闈司奏で、御在所に入るための勅許を女官である闈司が伝える役割を果たしたのは、律令制定前から閤門内が天皇と女官だけの空間だったからだとした。(29)しかし、古代の宮廷における男女共同労働はすでに知られていることである。北宋天聖令医疾令女医条を素材にした労働空間としての後宮の日唐比較からは、もともとわが国の後宮空間は開放的だったことが指摘されてもいる。(30)こう考えると、令制前の閤門内を天皇と女官だけの空間だったとする見解は、検討の余地があるのではないだろうか。

十二司各条の最後に置かれた縫司条は、二つの部分から成っている。前半は、他司と同じように、縫司の職掌を規定する。「右」で始まる後半は、4～15条前半までのすべてにかぶさる規定で、職事・散事の別、休暇、後宮十二司および東宮・嬪以上の女竪たちの考叙について定めている。

縫司条に関して注目したいのは、対応する官司の縫殿寮の性格である。縫殿頭の職掌は、「女王。及内外命婦。宮人名帳。考課。及裁㆓縫衣服㆒。纂組事」である。[31]

養老令では、男官の考選は文官を式部省（職員令13式部省条）、武官を兵部省（職員令24兵部省条）が所管した。一方、女官の考叙は最終的には中務卿が所管する（職員令3中務省条）。縫殿頭は、中務省の被官官司として、女官考課の取りまとめを担当した。女官考課については第二部第三章「令制女官考課についての一試案——「舎人之最」「諸官之最」をめぐって——」、第四章「女官の五位昇叙と氏——内階・外階コースの検討を中心に——」を参照されたいが、実態はともかく、女性に評定権限を付さないという律令の理念に則して、縫殿寮が担当したのであろう。[32]

三　女性の朝参と範囲

後宮職員令のうち、朝廷の儀式に参列する女性たちの範囲と序次に関する規定は次の通りである。

16〔朝参行立次第条〕凡内親王女王及内命婦。朝参行立次第者。各従㆓本位㆒。其外命婦。准㆓夫位次㆒。若諸王以上。娶㆓臣家㆒為㆑妻者。不㆑在㆓此例㆒。

本条文は、皇親女性と五位以上の女官（内命婦）、および五位以上の官人の妻（外命婦）が朝参し儀式に列するときの序次を規定している。[33]本条文は、公式令55文武職事条の男官の朝参時の行立の序次規定に対応し、その原則は男女共通である。[34] 異なるのは、女性については夫の位階を基準とする外命婦規定が盛り込まれている点である。

橋本義則氏は、衣服令に内親王・女王・内命婦らの礼服・朝服規定があること、[35] 六位以下の女官も朝服が決められていたこと、[36] 元日朝賀儀や節会に女性が実際に参加していたことを記す史料もみられること[37]や、本条の規定などから、女性の朝参を結論づけた。ところが、八世紀を通して政治からの女性の疎外がすすみ朝儀からも後退していき、平安時代に入ると朝儀への参列も行われなくなったのだという。[38] つまり、本条によって、律令国家が女性の朝参を想定していたことが知られるのである。

なお、女性の朝参に関与する女性官司は、内侍司と縫司である。内侍司尚侍は、「内外命婦朝参及禁内礼式」を所管する（内侍司条）。縫司は、尚縫が「朝参」を所管し、掌縫が、「命婦参見、朝会引導」を担うのである（縫司条）。これに関する尚侍と尚縫の具体的な職掌は不明だが、尚侍が「禁内礼式」も所管したことから、内侍司が儀礼の場を掌ったとみることができるだろう。

条文の後半部分は、朝参できる外命婦の規定である。『令集解』各説によると、五位以上の女性は、皇親の妻であっても、自身の位階に従って内命婦の列に並ぶ。内親王・女王も夫の品位とは関わりなく、自身の品位に従って列立する。皇親と婚姻した六位以下の臣家女性は、皇親女性の列に並ぶことは許されず、内命婦の列に並ぶこともできないので、儀式に参列できない。つまり、内親王・女王・臣家女性という女性本人の身分と品位が、夫を基準とする夫婦単位の身分の区分より優先するのである。これは、夫の身分によって妻の身分が決まる唐と、日本の根本的な違いである。[39]

本条によると、外命婦として朝参できるのは、五位以上の臣家男性の妻である六位以下の臣家女性となる。ただし、外命婦朝参規定の運用は容易ではなかっただろう。摂関家でさえ、正妻制が芽生え確立するのは平安中〜後期であり、[40]

八世紀に、臣家男性に同格の妻が複数いた場合、外命婦の資格で朝参する一人を選ぶのは非常にむずかしい問題だったと考えられるからである。[41]

しかし、父系制の推進は律令国家のめざすところであり、夫側からの婚姻関係の掌握はそのための不可欠の施策だったはずである。このため、大宝令ですでに、治部卿の職掌に五位以上の官人の「嫡妻」の把握が規定されていたようである（職員令集解16治部省条所引「古記」）。朝廷は、貴族層の婚姻の掌握のためになんらかの方策をとっていただろう。

四　出仕規定

後宮職員令のうち、女官の二大供給源である氏女と采女の出身に関する規定は次の通りである。

18〔氏女采女条〕凡諸氏。氏別貢レ女。皆限二年卅以下十三以上一。雖レ非二氏名一。欲二自進仕一者聴。其貢二采女一者。郡少領以上姉妹及女。形容端正者。皆申二中務省一奏聞。

1　氏女と采女の「貢」について

本条は、女官の出身に関する規定である。中央・地方の貴族・豪族子弟の舎人・兵衛などへの任用を規定した軍防令46五位子孫条、47内六位条、38兵衛条などに対応する条文といえる。男性とは異なり、女性は、中央貴族の場合は氏から氏女として、地方豪族の場合は郡の大領・少領の一族から采女として出仕する。[42] 両者が、律令女官の二大供給源である。[43] 出身後、氏女は女孺として後宮十二司のほか、嬪以上のキサキの家政機関や、東宮・親王・内親王らのもとへ配置された（十二司以外の女官は「女豎」と記載された）。

本条は、氏女、采女ともに「貢」せよと規定しているが、それは「献上」という趣旨ではない。ここで使われる「貢」は、官人の任用に関する令制用語だとみるべきである。(44)

「貢」は、養老令では、物品を「貢」するという意味と、人を「貢」するという意味の使用に大別される。

物品の「貢」を規定する令と条文の該当部分の記載は左記の通りである。

職員令7内蔵寮条（諸蕃貢献奇瑋之物）、職員令33大蔵省条（諸方貢献雑物）、賦役令35貢献物条（諸国貢献物）

人の「貢」に関しては左記の通りである。

職員令13式部省条（策試貢人）、職員令66左京職条・68摂津職条・69大宰府条・70大国条（貢挙）、後宮職員令18氏女采女条（氏別貢女・貢采女）、賦役令19舎人史生条（貢人得第未叙）、学令8先読経文条（不堪貢挙）、学令15書学生条（以書写上中以上者聴貢）、選叙令16帳内資人条（才堪文武貢人者亦聴貢挙）、考課令74貢挙人条（試貢挙人）、考課令75貢人条（貢人）、軍防令38兵衛条（貢采女・貢兵衛）

養老令で「貢」が人に対して使用される場合、官人任用に関する用語という性格をもつのである。とくに、国司の職掌（職員令70大国条）に官吏候補者の推挙を意味する「貢挙」が含まれているように、地方から官人を推薦するという意味で使用されることは、采女の「貢」を考えるうえで重要である。たとえば、采女と同じく郡司の一族であることを資格要件とする兵衛の出身に関する養老軍防令の条文は次の通りである。

軍防令38兵衛条

凡兵衛者。国司簡下郡司子弟。強幹便二於弓馬一者上。郡別一人貢之。若貢二采女一郡者。不レ在下貢二兵衛一之例上。三二分一国。二分兵衛。一分采女。

国ごとの員数が兵衛二に対して采女が一であること、采女の資格に「形容端正」（後宮職員令18氏女采女条）が求められているのに対し、兵衛の資格は「強幹便二於弓馬一」であることなど、要件は同一ではないが、いずれも「貢」される存在である。この規定をみるかぎり、朝廷が求める資質は差異があるものの、兵衛・采女ともに官仕に堪えうる人材を選んで国司の責任で推挙せよという法の趣旨は動かない。その国司の責任を「貢」という官人任用の令制用語で規定しているのである。

また、氏女は、五位以上に昇ることができる氏から氏上の推薦によって出身する女性[45]である。県犬養橘三千代も氏女だったとみられ[46]、藤原氏や百済王氏などの大貴族からも出仕していたと考えられる[47]。現実には地方豪族からも氏女となる道はあったが[48]、法規定としては中央貴族の女性を対象とする出身制度である。そこに「貢」が用いられたのは不自然だと感じるが、現在のところは、天武八年詔「諸氏貢二女人一[49]」の用語が大宝令に継承されたという推測を記すに留めておきたい。

以上にみてきたように、本条で規定する「貢女」「貢采女」の令制上の意味は、氏上もしくは国司の責任において選抜し出仕させよということである。

2　男女立ちならんでの「仕奉」と氏女采女条

男性は、中央の官人層であれば官仕が前提であり、地方豪族の場合も、兵衛のほか、中央・地方の官人となる複数の官仕ルートがあり、二官八省、地方官司に配属されて行政の一翼を担った。しかし、女性はそこから排除された。にもかかわらず、中央貴族と郡領一族からの女性の出身規定をもうけたのは、男性だけではなく女性の仕奉がともにあって、王権が支えられるという認識があったからであろう。

聖武天皇は、天平勝宝元（七四九）年、東大寺毘盧遮那仏に礼仏したさい、男官・女官に授位し、その理由を「男能未父名負弖女波伊婆礼奴物爾阿礼夜、立双仕奉自理在止奈母念須」とのべた[50]。祖先の栄誉を担うのは男性だけではなく、男女ともに立ち双び「仕奉」るのが理なのだと語ったのである。第一部で、令制前において女性も氏の成員として仕奉を担ったことを明らかにした。律令国家成立期において、女性を完全に排除したのでは天皇をトップとした行政システムが成り立たなかったであろうことは、容易に想像できる。そのため、令制以前の男女の政事関与や共同労働のしくみを律令国家機構に温存し、女性を行政システムのなかに包摂せざるを得なかったのである。こうして女官は、日常生活だけではなく政務においても男官とともに天皇を支えた。それを保障したのが、氏女采女条である。

古代の日本は双系的な社会であり、その基層のうえに女性はムラから朝廷に至るまで役割を果たした。後宮職員令が、全面的にではないにせよ、このような古代社会のあり方に規定されている点も見過ごすべきではないだろう。

註

（1）仁井田陞『唐令拾遺補』（東京大学出版会、一九九七年）三三二〜三三四頁。「日唐両令対照一覧」中の「内外命婦職員令第七―後宮職員令第三」（九六四〜九七〇頁）に復原日唐令文が掲示されている。

（2）勝浦令子「古代宮廷女性組織と性別分業―宮人・巫女・尼の比較を通して―」（『日本古代の僧尼と社会』吉川弘文館、二〇〇〇年）一三三〜一三七頁。

（3）以下の後宮職員令の特徴は、筆者と、義江明子氏、ジョーン・R・ピジョー氏の共同研究でまとめた次の成果を踏まえたものである。「日本令にみるジェンダー―その（1）戸令―」（『帝京史学』二八、二〇一三年）、「同―その（2）後宮職員令（上）―」（『専修史学』五五、二〇一三年）、「同―その（3）後宮職員令（下）―」（『専修史学』五七、二〇一四年）。

（4）なお、女官が官位相当制から除外されたため、季禄の支給額は養老禄令9宮人給禄条によって規定されたが、そこでは、「給徴之法。並准₂男₁」と明記された。位田（田令4位田条）・食封（禄令10食封条）などの女性の減額規定とは異なり、女官は准位、男官は相当位に基づく支給ではあるが、在任中の男女同額給付を規定したのである。

（5）『訳註日本律令』一〇（東京堂出版、一九八九年）六〇二頁。
（6）遠藤みどり「令制キサキ制度の成立」（『日本古代の女帝と譲位』塙書房、二〇一五年、一九四〜一九九頁。初出二〇一一年）。
（7）遠藤みどり「令制キサキ制度の展開」（前掲註（6）書、二一六〜二三一頁。初出二〇一〇年）。
（8）佐伯有清『新撰姓氏録の研究』考證篇二（吉川弘文館、一九八二年）二八二〜二八五頁、角田文衞「首皇子の立太子」（『角田文衞著作集』三、法蔵館、一九八五年、九二頁。初出一九六五年）。
（9）三崎裕子「キサキの宮の存在形態について」（総合女性史研究会編『日本女性史論集2　政治と女性』吉川弘文館、一九九七年、一五〜二二頁。初出一九八八年）。
（10）橋本義則「日本の古代宮都――内裏の構造変遷と日本の古代権力――」（『古代宮都の内裏構造』吉川弘文館、二〇一一年）六二〜六七頁。
（11）義江明子「日本古代の女帝と社会」（早川紀代他編『歴史をひらく――女性史・ジェンダー史からみる東アジア世界』御茶の水書房、二〇一五年）六九頁、同「「刀自」からみた日本古代社会のジェンダー」（『帝京史学』二六、二〇一一年）一一五〜一一七頁、Yoshie Akiko, "Gender in Early Classical Japan," *Monumenta Nipponica* 60-4, 2005、伊集院、義江、ピジョー前掲註（3）「日本令にみるジェンダー――その（3）――」六〜七頁。
（12）養老考課令66家令条。
（13）養老禄令10食封条。
（14）遠藤みどり前掲註（6）論文、一九二〜一九四頁。
（15）勝浦令子「乳母と皇子女の経済的関係」（『史論』三四、一九八一年）、伊集院、義江、ピジョー前掲註（3）「日本令にみるジェンダー――その（3）――」二一〜二四頁。
（16）薗田香融「皇祖大兄御名入部について――大化前代における皇室私有民の存在形態――」（『日本古代財政史の研究』塙書房、一九八一年、三七六〜三七七、三八二頁。初出一九六八年）。

(17) 平野邦雄「子代と名代」(『大化前代社会組織の研究』吉川弘文館、一九六九年、二八〇～二八一頁。初出一九六六年)。
(18) 勝浦令子前掲註(15)論文。
(19) 筧敏生「古代王権と律令国家機構」(『古代王権と律令国家』校倉書房、二〇〇二年。初出一九九一年)。
(20) 春名宏昭「内侍考――宣伝機能をめぐって――」(『律令国家官制の研究』吉川弘文館、一九九七年)二五八～二六七頁。
(21) 吉川真司「奈良時代の宣」(『律令官僚制の研究』塙書房、一九九八年、一九五～一九八頁。初出一九八八年)。
(22) 吉川真司前掲註(21)論文。
(23) 第二部第二章「女史と内記――律令制下の文書行政と内侍司の変容――」参照。
(24) 職員令7内蔵寮条。
(25) 勝浦令子「日本古代の割符「契」について」(『史学論叢』一〇、一九八二年)。
(26) 文珠正子「令制宮人の一特質について――「与男官共預知」の宮人たち――」(関西大学博物館学課程創設三十周年記念論集『阡陵』一九九二年)、勝浦令子前掲註(2)論文、橋本義則「掃部寮の成立」(奈良国立文化財研究所創立四〇周年記念論文集『文化財論叢Ⅱ』同朋舎出版、一九九五年)。
(27) 殿司、酒司、掃司の男女共労については、伊集院葉子『古代の女性官僚』(吉川弘文館、二〇一四年)、伊集院、義江、ピジョー前掲註(3)「日本令にみるジェンダー――その(2)(3)――」を参照されたい。
(28) 第一部第三章「采女論再考」参照。
(29) 吉川真司「律令国家の女官」(吉川前掲註(21)書収載、一〇六頁。初出一九九〇年)。
(30) 野田有紀子「労働空間としての後宮――医疾令女医条をてがかりに――」(『お茶の水女子大学人文科学研究』六、二〇一〇年)五〇頁。
(31) 職員令8縫殿寮条。
(32) 養老令で女官考課の職掌が縫殿寮に移管された経緯は、下記を参照されたい。玉井力「天平期における女官の動向について」(『名古屋大学文学部二十周年記念論集』名古屋大学文学部、一九六九年)、野村忠夫『律令官人制の研究』増訂版(吉川弘文館、一九七〇年)五二五頁。

(33) 伊集院、義江、ピジョー前掲註(3)「日本令にみるジェンダー――その(3)――」一七～二〇頁。
(34)『律令』後宮職員令16頭注、二〇一頁。
(35) 衣服令8内親王条、同9女王条、同10内命婦条など。
(36) 衣服令11朝服条。
(37)『続日本紀』天平元年正月壬辰朔条など。
(38) 橋本義則「後宮の成立――皇后の変貌と後宮の再編――」(前掲註(10)書収載)三〇一～三〇七、三一八～三一九頁。
(39) 唐制では、内命婦は皇帝・皇太子のキサキ、外命婦は五品以上の高官の母妻や公主の号である。日中の命婦制の比較については、文珠正子「令制命婦に関する一考察」(横田健一先生古稀記念会編『文化史論叢』上、創元社、一九八七年)に詳しい。
(40) 梅村恵子「摂関家の正妻」(青木和夫先生還暦記念会編『日本古代の政治と文化』吉川弘文館、一九八七年)、服藤早苗『平安朝の家と女性』(平凡社、一九九七年)。
(41) 現実には、大祓で百官の「妻女姉妹」が集められた記録がみえる(『続日本紀』養老五年七月己酉条)。
(42) 采女の要件は郡少領以上の姉妹もしくは「女」で、娘の意である。梅村恵子「律令における女性名称」(総合女性史研究会編『日本女性史論集3　家と女性』吉川弘文館、一九九七年。初出一九七九年)によると、唐令は既婚女性を「婦」、未婚女性を「女」と書き分けたが、日本令では娘もしくは女性の総称として「女」を用いたという。つまり「女」と書かれたムスメは未婚を意味しないのである。この指摘を踏まえると、氏女と同じく采女も、出身母体に属する女性であることが要件であり、既婚未婚の別は問われなかったと考えられる。
(43) 磯貝正義「氏女制度の研究」(『采女及び郡司制度の研究』吉川弘文館、一九七八年。初出一九六〇年)。九世紀以降の氏女制の変遷については、渡部育子「日本古代法にみえる女官の評価についての一試論――采女のセックスとジェンダーをめぐって――」(『新潟史学』四四、二〇〇〇年)、伊集院葉子前掲註(27)書を参照されたい。
(44) 伊集院葉子「日本令英訳の試み」(明治大学国際学術研究会『交響する古代VI――古代文化資源の国際化とその意義――』予稿集、二〇一六年)。

(45) 磯貝正義前掲註(43)論文。
(46) 義江明子『県犬養橘三千代』(吉川弘文館、二〇〇九年)。
(47) 第二部第四章「女官の五位昇叙と氏——内階・外階コースの検討を中心に——」参照。
(48) 麻野絵里佳「奈良時代における畿外出身女孺に関する一考察」(『史観』一三一、一九九四年)。
(49) 『日本書紀』天武八年八月己酉朔条。
(50) 『続日本紀』天平勝宝元年四月甲午朔条。

第二章　女史と内記

——律令制下の文書行政と内侍司の変容——

はじめに

律令官制は浄御原令をへて大宝令で完成したとされるが、太政官や治部省、大蔵省、中務省など各機構の成立に関する研究はあるものの、(1)太政官・八省全体の成立過程についてはいまだ不明な部分が多い。この時期は同時に、女性の仕奉形態が、氏の奉事の一環として王権に仕えるという倭王権時代のあり方から、(2)中国式の律令官僚機構成立にともなって大転換を遂げた時期である。ところが、律令国家のスタートにあたって、女性官人がどのような編成原理のもとに組織され、国家機構の一員としてどのような職掌を担ったのかについては、驚くほど研究が少ない。

このような研究状況のもとで、律令制下において女官（令制用語では宮人）が天皇に常侍し、奏請宣伝という職掌によって詔勅発給に関与し、その過程で男官（内記）を監理していたことが明らかにされてきたことは、きわめて重要な成果であった。(3)しかし、このような指揮系統は、男性中心主義という律令官人制の本来の原理とは相容れないはず(4)であり、先行研究でも、女官の詔勅発給過程への関与は「小事」に限られたとする見解が提示されてきた。(5)

一方で律令官僚機構は、行政面では文書主義を前提にしており、書記官であるサカン（主典、史、録、疏、属、令史など）がすべての男性官司に置かれたが、後宮十二司には設置されなかった。女性官司には、口頭伝達による行政運宮が想定されたと考えられるのである。しかしながら、律令制下の文書主義の整備と浸透は女性官司に対しても文書発給を要請するようになり、令外の職である「女史」が置かれることになる。

本章では、女官の宣伝を受けて詔勅を起草した「内記」と、内侍司牒および移を起草した「女史」の二者を検討することにより、内侍司の宣伝機能の本来のあり方と律令制下での変化を明らかにしたいと思う。

一　詔勅作成過程と内侍

後宮十二司は大宝令で成立した官司であり、十二司の第一に内侍司が置かれている。養老令によると、内侍司の職掌は、「尚侍二人。掌。供二奉常侍。奏請。宣伝一。検二校女孺。兼知二内外命婦朝参。及禁内礼式一之事。典侍四人。掌同二尚侍一。唯不レ得二奏請。宣伝。若無二尚侍一者。得二奏請。宣伝一。掌侍四人。掌同二典侍一。唯不レ得二奏請。宣伝一。」である（養老後宮職員令4内侍司条。傍線は筆者。以下同じ）。令文を読む限り、職掌でもっとも重視されていたのが「供二奉常侍。奏請。宣伝一」であり、それを担ったのは長官である尚侍であった。次官である典侍は尚侍が不在時のみ奏請宣伝を許され、判官である掌侍は奏請宣伝を行えない規定であった(6)。

春名宏昭氏によると、内侍司の奏請宣伝の任は、詔勅作成にあたっては、男官である内記(7)を監理するという形で果たされたという(8)。内記は、養老職員令3中務省条のなかに「大内記二人。掌。造二詔勅一。凡御所記録事。中内記二人。掌同二大内記一。少内記二人。掌同二中内記一。」と位置づけられた官人である(9)。相当位階は、大内記正六位上、中内記正七位上、少内記正八位上である（養老官位令）。御所の記録とともに詔勅の起草を担っていた、四等官制には組み込まれない中務省品官である(10)。

養老公式令1詔書式条によると、内記が「詔旨云々。咸聞」までの詔書本文を起草し、天皇の御画日が署されたものが中務省に渡される。[11]中務省はそれを留めて案とし、一通を写し印署を加えて太政官に送り、大納言が覆奏する。つまり、天皇の御画を得たものは留めて案とし、一通を写して施行するのである。一方、公式令2勅旨式条は、「右受レ勅人。宣二送中務省一。中務覆奏。訖依レ式取レ署。留為レ案。更写二一通一。送二太政官一。少弁以上。依レ式連署。留為レ案。更写二一通一施行」とする。「受勅人」が勅旨を中務省に送り、中務が覆奏する。覆奏後、署名済みの文章をつくり省に留めて案とし、一通を写して太政官に送る。弁官が署名したものをまた留めて案とし、一通を写して施行するのである。[12]

実際の詔勅作成過程は不明な部分が多いが、公式令1詔書式条に関する『令義解』が「凡詔書者。内記於二御所一作。訖即給二中務卿一」とするのは、詔書は御所内で内記が起草した後に初めて中務卿に渡されるという経緯、すなわち、「内記の詔書起草は中務省とは無関係であった」ことを示すとされる。[13]では、だれが内記を監督したのか。これに関しては、これまで勅旨式でいう「受勅人」とは誰かという点が議論され、手がかりとして大同元（八〇六）年の太政官謹奏が取り上げられてきた。全文は次の通りである。

大同元年八月二日付太政官謹奏（『類聚三代格』巻一七）

太政官謹奏

応レ行二勅旨幷内侍移文一事

右大内記正六位上山名王等解状云。(ア)謹検二神亀以降案内一、内侍司送二中務省牒一。年月日下或署二内記位姓名一。或署二女史姓名一。(イ)然則牒二送中務一。既乖二令意一。内記署レ名。未レ見二何拠一。望請。(ウ)勅旨以外。准二公式令内外諸司因レ事管隷式一。令三女史作二移文一。即年月日下署二女史位姓名一。各免二僭違一。従守二職務一者。臣等商量。所レ請合レ宜。

伏望。依レ令改行。兼特聴二女史署一。但案二職員令一。掌侍不レ得二奏請宣伝一。准レ此論レ之。不レ聴三掌侍署二名移文一。其内侍司印。行レ之已久。只請移文便令レ印レ之。謹以申聞。謹奏。奉　レ勅。依レ奏。

大同元年八月二日

傍線(ア)によると、神亀以降、内侍司から中務省に送る牒を内記・女史が起草・署名していたが、傍線(イ)で、そのことが令意に背くとされ、傍線(ウ)のように、勅旨以外は公式令因事管隷式に準じて女史に移文をつくらせ、年月日下に署名させることとしたのである。ここで問題になるのは、内記が作成した牒の性格である。

坂上康俊氏は、勅旨式に規定された「受勅人」が唐令にはなく、日本令独自のものだと分析したうえで、公式令集解2勅旨式条所引の諸説が「穴云。受レ勅人、不レ明二其色一也。侍従等耳」(穴記)、「跡云。中務覆奏。謂侍従奉レ勅。宣二送中務一」(跡記)などとし「侍従」を指すとする解説を、職員令上の侍従の職掌(「常侍規諫、拾遺補闕」)などからみて否定、前掲の大同元年太政官謹奏をあげて、勅は内侍司から内記に伝えられたとした[14]。一方で、後宮職員令集解4内侍司条所引古記は、「古記云。典侍注。請伝之字若為。答。奏二宣小事一謂二之請伝一耳。少納言一種也」とし、典侍の職掌を「請伝」とする解釈を示している。坂上氏は、この古記の記述を根拠に内侍司の職掌は「小事の奏宣」に留まったとする三星光弘氏の研究[15]を踏まえて、内侍司が伝えた勅命は小事に関するものであり、「大事に関しては宮人と内記との間に別に受勅・宣送人が入る」とした[16]。

これにたいして春名宏昭氏は、古記が典侍の職掌をとくに説明しているという文意からみて、尚侍とは異なっていたとみるのが妥当であり、内侍の職掌全体を小事の奏宣だったとするのは根拠がないとした[17]。春名氏によれば、天皇から詔勅の内容を受けるのは内侍であり、それが内記に示され、詔勅が起草される。内記は内侍の監理下で職務を果たした。「この状況が、中務省に勅旨を宣送する内侍司牒の署名——長官の個所に内侍が、主典(=書記官)の個所に内記が署名する――に端的に表れている」のである。春名氏は、奈良時代に内侍司牒が勅旨に関係のない用件にも汎用されるようになっていたと推定し、大同元年太政官謹奏で問われたのは、内記が署名した内侍司牒のうち内侍司が中務省の因事管隷下に入る場合であり、勅旨を中務省に送る場合に添える文書は、内記が署名した内侍司牒で問題がなかったと結論した(18)。

謹奏を読み解くうえで重視すべきは、傍線(イ)の「既乖二令意一。内記署レ名、未レ見二何拠一」である。つまり、前半の文脈からみて、勅旨を中務省に送るにあたっての内侍の監理は認めつつも、それ以外の文書――謹奏が「移」とすべきと判断した文書――の作成にあたって内侍司の監理下に内記を置くのは、法的な根拠がなく、令意にそむくものだという趣旨である。したがって、以後は、勅旨送致には内記署名の内侍司牒が添えられ、それ以外の中務省への送付文書は女史署名の内侍司移を用いることとされた。

つまり、天皇→内侍・内記→中務→太政官というルートをたどる宣伝（「天皇の意志が法として定立する過程」(19)）では、内記が内侍司牒をつくったが、それ以外の日常的伝達業務では、女史が内侍司移を作成することとしたのである。後宮職員令義解4内侍司条は、尚侍の職掌である「奏請」を説明して「謂。奏而請二其報一。凡此為二女司一。不レ渉二男官一。若須レ渉者、自依二勅旨式一也」とする。尚侍の奏請がもし男官にわたる場合には勅旨式によるべきだとするこの説(20)は、大同元年太政官謹奏による「牒」「移」の作成者の区分けをへての解釈なのである(21)。

春名氏によると、平安時代になると上卿制の定着と蔵人所設置によって詔勅の発給過程に変化が生まれたという。

〔八世紀〕　天皇 → 内侍(内記) → 中務 → 太政官 → 諸司諸国

〔九世紀以降〕　天皇 → 蔵人 → 上卿

というものである。平安時代に天皇と蔵人・上卿が直結したことにより、内侍司は「小事」を扱う官に変化し、「官僚機構内における位置づけは著しく低下」した。[22] ここにおいて、法の定立過程からの女官の排除は決定的になった。しかし、見方を変えれば、唐制を継受したわが国の律令官人制が男性中心主義の理念で構築されたにもかかわらず、成立から一世紀にわたって、法定立過程への女官の関与は続いたのである。

二　官僚機構のなかの内侍司と内記

律令官僚制において、女性が男官を指揮することは理念上はないはずであった。しかし、内侍司に「奏請宣伝」の任を与え、詔勅発給への関与を盛り込んだ以上（その歴史的背景については後述）、その職務遂行を保証するしくみを考慮しなければならない。養老令には、内侍司が内記を監理するための注意深い配慮が施されているようにみえる。その第一は、内記を「品官」としたことであり、第二は、監理・被監理者の位階に整合性・階梯制をともなわせたことである。

まず品官であるが、先述したように、これは四等官には組み込まれない官人を指す用語である。養老令にこの語はない。管見の限りでは、史料上の初見は『続日本紀』和銅二（七〇九）年六月癸丑条であり、『令集解』所引の諸説が、中務省の侍従以下[23]や刑部省の判事・解部[24]らを品官と呼んでいる。中田薫が、卿以下録に至るまでの四等官からなる「本司」にたいして、その司には属するが諸司内で別個の一司を組成し、相当位階を有する高級職員を品官と規定して以来、これが通説になっている。[25] ただ、中田が、品官の用語を唐制からの仮用としたことについては、[26] 論証不足として排したうえで、官制の基本構造や古い組織体系に対する新設の官か、内容的に重複する加重的存在が品官であり、わが国独自の用語だとする見方も示されてきた。[27]

なぜ品官が置かれたのかについては、石井良助の、特殊勤務や技能が必要だったために四等官以外の官吏を置いたという指摘に注目したい。(28) 石井は内記には触れていないが、四等官の指揮監督ルートからはずれ、内侍司の監理下で詔勅を起草するという内記の職務形態から考えると、その指摘は重要だと思われる。内記が四等官ではなく、品官とされたのも、女性の監理下に男官が置かれるという勤務形態に起因する可能性を排除できないからである。(29)

次に、位階の整合性・階梯についてである。春名宏昭氏は、位に着目して律令官制の内部構造を明らかにしようとしたが、(30) 同氏によると、八省の省卿と被管官司である寮の四等官の位階の階梯は、

省卿（四位）―寮頭（五位）―寮助（六位）―寮大少允（七位）―寮大少属（八位）

というように「極めて整合的な構造」をもっているという。春名氏は、諸官の相当位階の改訂史料の分析を通じ、官位上昇は、その官の職務遂行の実行力を増加させる、つまりその官の職務権限の拡大をもたらすとし、「官の位の本質とは、その官の有する権限の指標」だと指摘した。(31)

一方で律令制下の政務構造については、五位以上の官人が六位以下を指揮して政務を行うというのが通説である。(32) 佐藤全敏氏は、先行研究の成果の上に立って、政務運営にあたっては、大蔵省で重要物品を出納するさいには諸司の五位以上が立ち会うこととされ（延喜太政官式53出納条）、告朔儀でも当該官司の五位以上官人不在の場合には、弁官に報告したうえで他司の五位以上が告朔文を朝廷の机上に進める（延喜式部式上41進告朔文条）ことなどを分析し、「長官・次官の別よりも、まずは五位以上であること」を重視するという行政運営の原則を明らかにした。(33)

わが国の律令では女性に官位相当規定が適用されず、禄令で准位が規定されただけである。(34) しかし、これまでの先行研究の成果をふまえて内侍司と内記の帯位に目を向けると、そこには整合性が存在する。宣伝を担う内侍の令制上の准位は次の通りである。(35)

尚侍従五位　典侍従六位

監理される内記の位階は次の通りである。

大内記正六位上　中内記正七位上　少内記正八位上

以上の位階を監理・被監理の関係で並べ直すと、以下のようになる。

尚侍（従五位）―大内記（正六位上）―中内記（正七位上）―少内記（正八位上）

典侍（従六位）―中内記（正七位上）―少内記（正八位上）

つまり、尚侍はすべての内記の上位に位置することになり、これを男官になぞらえれば、問題なく指揮監督権限を有する存在であるといえる。典侍は、大内記（正六位上）の下位に位階が置かれ、中内記、少内記の上位となっている。典侍の任は尚侍不在時の奏請宣伝であったことからみて、典侍には大内記の監理は想定されていなかったと推測できよう。このように考えると、内記は内侍の監理下に置かれたために、中務省の官人でありながら四等官制に位置づけられるサカン（録）ではなく品官とされたとみることが可能なのではないだろうか。同時に、位階では尚侍が内記の上位に位置するように整えられ、女性官司と男官が矛盾なく位置づけられたのである。

ではなぜ、内侍司が男官を監理するしくみが律令制下に成立し得たのだろうか。現時点でこの問題を全面的に解くことはできない。ただ、大宝令に先立つ七世紀後半の官制における女性の位置は、これまで考察されることが少なかったテーマであり、采女についての別章[36]をふまえた見通しを、ここに付言しておきたい。

青木和夫は、『日本書紀』朱鳥元（六八六）年九月甲子条から同月丁卯条までの四日間にわたる天武にたいする誄に着目し、天武末期には六官が成立し、浄御原令で宮内・中務が加わり八官となり、大宝令で八省へ至ったと推定した[37]。天武朝官制と大宝令官制の対応関係のうち、男官については、研究史でもおおむね見解が一致していると思われるが、女性については検討されることなく見過ごされてきた。朱鳥元年九月甲子条の「直大肆采女朝臣竺羅、誄二内命婦事一」という記載の検討が十分に行われてこなかったのである。この記事に対する従来の理解は、「内命婦事」はのちの中務省縫殿寮に管される後宮十二司につながるものであり[38]、采女臣竺羅が誄したのは、采女を管掌した氏だったからというものである[39]。

しかし、采女氏ゆえの奉誄であれば、誄のなかに采女に関することも含まれるはずであるが、はたしてそうかは疑問である。ここで考えたいのは、采女に関する誄を膳職の長官が行った可能性である。『日本書紀』持統元（六八七）年正月丙寅条に、次のような記載があるからである。

『日本書紀』持統元年正月丙寅条

元年春正月丙寅朔、皇太子率二公卿百寮人等一、適二殯宮一而慟哭焉。納言布勢朝臣御主人誄之。礼也。誄畢衆庶発哀。次梵衆発哀。於是、奉膳紀朝臣真人等奉レ奠。々畢、膳部采女等発哀。

ここでは奉奠とあるが、奉膳紀朝臣真人が膳部だけではなく、采女も率いているのである。ここに采女が登場するのは、采女が食膳奉仕という職掌を男官である膳部とともに担い、それを統括したのが奉膳の紀朝臣真人であったからであり、この奉奠のあり方からみて、朱鳥元年九月甲子条の誄のさいも、膳職のことを誄した紀朝臣真人の誄に采女も含まれていたと考えるのが妥当だろう。伝統的な管掌氏族である膳朝臣ではなく紀朝臣真人が膳部の誄に立ったのは、それが当時の官人機構の役職に対応していたからである[40]。采女朝臣ゆえに「内命婦事」を誄したという通説は、説得力に乏しい。

また、大舎人は河内王、兵衛は当麻真人国見というように誄が分化されているが、これは、天武二（六七三）年五月乙酉条と同五年四月辛亥条で中央豪族と畿外豪族の出身法が定められたことと対応していよう。女性についても、天武二年五月乙酉条と同八年八月己酉条で氏女制が整備され、采女との区分けが行われた。それと誄の関係は左掲のようになろう。

トネリ ┬ 大舎人（中央豪族層）………河内王が誄
　　　 └ 兵　衛（畿外豪族層）………当麻真人国見が誄
宮人 ┬ 内命婦（氏女出身者か）……采女朝臣竺羅が誄
　　 └ 采　女（郡〈評〉司層）……紀朝臣真人が率いて奉奠

以上の考え方が認められるとすれば、「内命婦事」に采女は含まれない。

また、誄が「宮人事」とはされずに「内命婦事」とされたことも、留意すべきである。これは大宝令用語による文飾の可能性が高いが、内命婦は天武紀では小錦以上の大夫に対応する身位として記されており[41]、令制で自身が五位以上を帯びる女官を意味したことと対応する。「宮人事」ならば、位の低い女官全体を含むが、「内命婦事」となると、大夫クラスに対応する身位の女性に限定されてくるのである。『日本書紀』には、王命を伝達し、臣下との間に立つ女性として、青海夫人（欽明元年九月己卯条）や、栗下女王・八口采女鮪女らが登場する（舒明即位前紀）。前述のように、天武朝には氏女の制をはじめ男女別の出身法が整備されていった。他の官司の誄者がその官司の長官または次官に類する立場にあったとすれば、大宝令によって女性出仕者が後宮十二司に吸収される直前の職務のあり方が、天武殯宮の誄に反映しているとみることもあながち不当ではないだろう。采女朝臣竺羅は「采女氏」ではなく、浄御原朝庭「大弁官」として内命婦と何らかの職務上の統属関係があったという可能性を指摘しておきたい[42]。のちの令制で固定される男官と女官の職務区分・統属関係を、無前提にさかのぼらせてはならないのである。

三　内侍司の日常業務と女史

第一節で、内侍司発給文書として「牒」と「移」があったことを確認した。本節では、律令で後宮十二司の日常業務のあり方がどのように想定され、現実にはどのように遂行されたのかをみたうえで、令外の職である「女史」成立の意義を考察したい。

律令制では行政運営が文書主義によって貫かれていることは周知の事実であり、このため日本においても、四等官制をとる大司はもちろん、二等官制の小司でも必ずサカンは置かれた[43]。ところがこれは男性官司だけに貫かれた原則であり、後宮十二司にはサカンが置かれなかったのである。この点は、後宮六局すべてに女史が配置された唐制との大きな違いである。では、サカンのいないわが国の女性官司において、行政伝達がどのように行われたのかを、内侍司にみていきたい。

内侍司の職掌と他官司への伝達方法について本格的に検討を加えたのは、土田直鎮の「内侍宣について[44]」であった。土田によると、令規では天皇の勅旨伝宣機能は尚侍・典侍のみに限られていたが、奈良時代に宣を下した女性は、内侍のほか内典司尚書、命婦、采女、女孺にまでおよび、平安初期に入ると、漢文体、宣命体の混在や個人名の有無など形式が一様ではないものの、後世には類をみない大事を宣するようになり、平安中期以降には、内侍宣の実質が蔵人の宣に変化していったという。

吉川真司氏は「奈良時代の宣[45]」で、正倉院に残る写経事業関係の文書を対象に考察を加え、女官が関与する宣は、内裏（天皇・上皇・皇后ほか）から女官に下される宣も、女官から僧や造東大寺司官人に下される宣もすべて口頭伝達によるものであり、女官・尼の口頭伝達が官人によって記録・文書化されたこと、女性の宣の大部分は勅旨・令旨の伝宣であったことを明らかにした(46)。

以上の先行研究の成果をふまえれば、大宝令制定時に後宮十二司に想定された行政伝達方法は、口頭伝達だったといえるであろう。内侍は天皇の宣を受け、それを口頭で内記に伝えた。後宮十二司にのみ書記官・文書起草官であるサカンが置かれなかったのは、このためである。

ところが、口頭伝達が命令伝達法として想定されていたにもかかわらず、正倉院文書には、内侍司から発給された内侍司牒が三通残っている。令外の官である主薪所と「市原王所」に充てた牒である。

①天平八(七三六)年七月二十九日付内侍司牒(47)

内侍司　牒主薪所　　「治」

「受海犬養豊島」

薪壱拾束

右物進、奉レ勅如レ件、故牒、

天平八年七月廿九日別君千万

従五位上大宅朝臣諸姉　　従八位上志我采女槻本連若子

②天平八年八月二十六日付内侍司牒(48)

内侍司　牒主薪所　　「治」

「直丁足人」

薪参拾弐束

右、充二主殿寮一、奉　レ勅如レ件、故牒、

天平八年八月廿六日錦部連川内

従五位上典侍大宅朝臣諸姉　　従八位上粟太采女小槻山君広虫

③天平勝宝三（七五一）年七月十五日付内侍司牒[49]

内侍司　牒市原王所

今、奉写法華経幷疏、随レ写得レ奉二請副本一、奉　レ勅如レ件、故牒、

天平勝宝三年七月十五日

③は後半部分が欠如しているため、起草者と命令者である内侍の名は不明だが、①②は日下に署名している女性が起草者である。大同元（八〇六）年太政官謹奏にあるように、年月日下に置かれた署名が「女史姓名」であることは、先学の指摘の通りである。別君千万、錦部連川内は女史なのである[50]。

女史は養老後宮職員令の規定にはないが、『令義解』は内侍司の職掌を説くにあたって、「謂。後宮礼式也。此司以下無二女史一者。皆取二女孺堪レ任者一為之也」とし、内侍司以下の十二司にはサカンがいないので、内侍司に配属された女孺のなかから任に堪えうる者を選んで女史とするとしている。「女史は、内侍司の主典に当たり、激化した業務を処理するために設けられた令外官[51]」であるとされ、内侍司の記録を掌る[52]。しかし、その重要性にかかわらず専論は僅少で、これまでは平安期の内侍所成立の論文中で触れられるか、女房奉書の前段階の記録官として取り上げられるぐらいであった[53]。

女史は弘仁十二（八二一）年成立の『内裏式』に官名と職務がみえ[54]、『侍中群要』では女房の上日を月奏し、儀式に供奉するとされている[55]。平安期の諸史料にみえるように、中期には博士命婦と呼ばれ[56]、掌侍に次ぐ地位を占めるよう

になっていた。

先にみた大同元年太政官謹奏は、勅旨以外で内侍司から中務省に送る文書は養老公式令12移式条の因事管隷式に准じ、「移」として女史が作成することとした。つまり女史は、大同元年以後は因事管隷式に基づいて移を起草したわけで、月奏などもこの方式で作成したと思われる。さらに『延喜式』では、女官の季禄支給にさいしての上日を本司が中務省に申し送ることとなっているが（延喜中務式19女官季禄条）、おそらくこれも内侍司移の形式をとったであろう。事実、『延喜式』には、平野祭の物忌装束料を内侍司移でもらいうけること（延喜中務式35平野物忌条）や、節会に供奉する東豎子の装束料も内侍司移によって請け充てること（延喜中務式81女官衣服条）が記されている。これらの文書が女史によって作成されたのである。

これまで、律令の行政運営が文書主義だったと述べてきたが、実は、日常的な連絡事項の域に留まらない重要事項の伝達にさいして、男官も含めて口宣が活用されていた。たとえば、大宝令施行まもない和銅四（七一一）年には僧綱死闕などの名簿上の処理(57)、養老四（七二〇）年には祥瑞の申送(58)に関する口宣が下され、史料に遺されている。早川庄八によると、文書行政という原則は大宝令で定められたが、実現には数年から十数年かかったという(59)。女史の設置もこの流れと無関係とみることはできない。

女史の成立は、大同元年太政官謹奏によれば神亀年間（七二四～七二九）と考えられるが、ここで、女史を置かない司と内侍司との関係が変化した可能性をみておきたい。先にみた内侍司牒は、薪の進上を主薪所に指示するものであったが、薪の管理は、養老後宮職員令10殿司条に「掌。供二奉輿繖。膏。沐。灯油。火燭。薪炭一之事」と規定されているように、もともと殿司の職掌である。殿司は、後宮職員令集解10殿司条所引朱説で「朱云。殿司与二男官一共預知耳」とされているように、男官である主殿寮と日常的共労関係にあった官司である(60)。ところが、天平八年八月二十六日付内侍司牒では、内侍司をへて必要事項が伝達されており、殿司→内侍司→主薪所という伝達過程をたどった可能性が考えられるのである。

もともと後宮十二司のなかでは、蔵司の長官である尚蔵の准位が正三位、膳司と縫司の長官である尚膳、尚縫が正四位と地位が突出していた。三位は大納言、四位は八省の長に匹敵する高位である。とはいえ、養老令でみる限り十二司は横並びであり、内侍司が他司を指揮するという関係は想定できない。ところが古記は、尚侍の職掌として「古記云。尚侍。兼二知諸司事幷妃以下宮人礼式一也」（後宮職員令集解4内侍司条）とするのである。「兼知諸司事」は、養老令文にはない。すなわち、古記が成立した天平十年ごろにはすでに、内侍司が他の後宮諸司を「知る」、つまり統括する地位にあるという認識が生まれていたのである。

従来、内侍司の職事に県犬養橘三千代ら有力な女官があいついで就任し、天皇への常侍供奉という職掌ともあいまって内侍司の地位が向上したとみられてきたが、それだけではなく、女史の設置による律令行政運営上の内侍司の優位が、本来横並びだったはずの官に上下関係を生んだという可能性も否定できないのである。

おわりに

内侍司の重要所管事項である奏請宣伝のなかの、とくに宣伝が実行される過程での男官との監理関係が律令官司の運営に持ち込まれた結果、官僚機構にどのような特質が付与されたのか。第一・二節では、詔勅発給過程での内侍司と内記の監理関係を再確認したうえで、律令本来の女性排除の理念に反する指揮系統を保証するシステムとしての品官制と位階の整合性・階梯性を検討した。さらに、女官が法の定立過程に関与するしくみが大宝令下に盛り込まれた背景として、令制直前に天武殯宮で行われた「内命婦」の誄の性格を検討した。第三節では、大宝令施行後の、遅くとも八世紀の第1四半期末（神亀年間）には、令外の職である女史が設置され、日常業務遂行にあたり律令で想定された口頭伝達だけでなく、文書行政にも対応していった実態をみてきた。

政事の場における伝達方法について、かつて早川庄八は「口頭あるいは音声のもつ特殊な機能」に着目し、八世紀の「マツリゴト」において文書以上に重要だったのが口頭伝達だったと指摘した。[61]この見解について鐘江宏之氏は、口頭伝達の諸要素を前代的な国家運営の特徴としてとらえるものだという疑念を呈したうえで、文書と口頭伝達は同時代的に利用され、場面によって機能が使い分けられていたとした。[62]

先に、天皇から女官に下される宣も口頭伝達であったとする吉川真司氏の研究に触れたが、この天皇↓女官という口頭伝達ルートは、『日本書紀』の記載などによって大化前代にさかのぼることが考えられる。一方で律令国家は、天皇の意思を法とし、あまねく周知する必要があり、文書主義をとらざるを得なかった。詔勅発給過程において、この口頭伝達と文書主義をつなぐのが内侍司と内記であったのである。

内侍司は、口頭伝達による職掌を想定されて設置された官でありながら、諸官司の運営が口頭伝達と文書行政の相互補完によって遂行されるなかで変化を遂げていった。男官である内記の監理という、行政システムに位置づけられた役割からは、蔵人の導入と上卿制の成立によって排除されていった。しかし、女史の設置と文書行政への対応によって、内侍司のもつ宣伝機能は行政システムのなかに新しい位置を得ることになったのであり、それは平安以降にも形を変えて続いていくのである。

註

（1）　八木充「太政官制の成立」（『律令国家成立過程の研究』塙書房、一九六八年。初出一九六三年）、井上光貞「太政官成立

過程における唐制と固有法との交渉」（『井上光貞著作集』二、岩波書店、一九八六年。初出一九六七年）、黛弘道「続・中務省に関する一考察――律令官制の研究（二）――」（『律令国家成立史の研究』吉川弘文館、一九八二年。初出一九七五年）、直木孝次郎「大蔵省と宮内省の成立」（『飛鳥奈良時代の考察』高科書店、一九九六年。初出一九七六年）、福原栄太郎「「中務省の成立」をめぐって」（『ヒストリア』七七、一九七七年）、石上英一「大蔵省成立史考」（弥永貞三先生還暦記念会編『日本古代の社会と経済』上、吉川弘文館、一九七八年）、熊谷公男「治部省の成立」（『史学雑誌』八八―四、一九七九年）、吉川真司「律令太政官制と合議制――早川庄八著『日本古代官僚制の研究』をめぐって――」（『律令官僚制の研究』塙書房、一九九八年。初出一九八八年）、荊木美行『初期律令官制の研究』（和泉書院、一九九一年）、吉川聡「律令官司制の構造とその成立――八省を中心に――」（『日本史研究』四四四、一九九九年）など。

（2）後述する天武期の「氏女」規定は、令制前の女性の出仕の特徴を示すものといえる。

（3）春名宏昭「内侍考――宣伝機能をめぐって――」（『律令国家官制の研究』吉川弘文館、一九九七年）。

（4）野村忠夫『律令官人制の研究』増訂版（吉川弘文館、一九七〇年）五二五頁。

（5）坂上康俊「詔書・勅旨と天皇」（池田温編『中国礼法と日本律令制』東方書店、一九九二年）。

（6）大同二年十二月十八日付太政官謹奏によると、「臨時処分」による宣伝だけは可能だった（『類聚国史』四〇内侍司、『類聚三代格』巻五、定官員并官位事）。

（7）内記の専論には、藤原茂樹「撰善言司研究――内記への道――」（慶応義塾大学国文学研究会編『折口信夫　論文・作品の研究　国文学論叢新集』六、桜楓社、一九八三年）、中野高行「八・九世紀における内記の特質」（『続日本紀研究』二五七、一九八八年）、請田正幸「内記と能書」（『続日本紀研究』二七八、一九九二年）、細井浩志「記録官司としての内記局の研究――国史原史料の問題と日唐の月食比較――」（『延喜式研究』二〇、二〇〇四年）があるが、史料上の初見が天平勝宝年間（七四九～七五七）であることなどから、制定時の内記への言及はきわめて少ない。品官の本質については、中田薫「養老令官制の研究」（『法制史論集』第三巻上、岩波書店、一九七一年。初刊一九四三年）、曾我部静雄「日唐の番官と品官」（『律令を中心とした日中関係史の研究』吉川弘文館、一九六八年）、黛弘道前掲註（1）論文、嵐義人「律令制継受期における品官の意義」（時野谷滋博士還暦記念論集刊行会編・刊『制度史論集』一九八六年）、水本浩典「「品官」の解釈と律令官僚制」(『ヒストリア』一二七、一九九〇年)などがある。

(8) 春名宏昭前掲註(3)論文。

(9) 内記の定員は、中内記廃止(『日本後紀』大同元年七月壬子条)、史生四員設置(同月庚申条)、内記二員減(大同四年三月己未条)などの変遷をたどる。『類聚三代格』巻五、定官員并官位事の大同元年七月二十一日付太政官符(令㆑定㆓内記四人㆒事)も参照されたい。『倭名類聚抄』によると訓は宇知乃之流須豆加佐(ウチノシルスツカサ)であり、史料上は、天平勝宝二年に「中内記」の官名がみえ(『大日本古文書』一一—一七八)、天平勝宝七年には「少内記正八位下林連広野」の人名がみえる(『大日本古文書』四—六六)。平安期には延長八(九三〇)年十一月十五日付の左大臣宣(『類聚符宣抄』第十「応㆑令佐伯音行直㆓内記所㆒事」)にあるような内記所の語が現れる。

(10) 黛弘道前掲註(1)論文。

(11) 『律令』六四〇〜六四一頁、補注1e、早川庄八「律令太政官制の成立」(『日本古代官僚制の研究』岩波書店、一九八六年、四一〜五〇頁および八九頁の註(22)。初出一九七二年)は、詔旨云々から中務少輔位臣姓名行までを内記起草部分とし、太政大臣位姓から年月日までを外記起草部分とする。

(12) 『律令』六四一頁、補注2b、早川庄八前掲註(11)論文、四一〜五〇頁および九〇頁の註(26)は、勅旨云々から少輔位臣姓名までを内記起草部分とし、奉勅旨如右から少弁位姓名までを史起草部分とする。

(13) 春名宏昭前掲註(3)論文、二五三頁。

(14) 坂上康俊前掲註(5)論文、三三九〜三四九頁。

(15) 三星光弘「詔勅の起草について」(『中央史学』六、一九八三年)四〜九頁。

(16) 坂上康俊前掲註(5)論文、三四八〜三五三頁。

(17) 春名宏昭前掲註(3)論文、二六二頁、志水正司「古代尚侍の一考察」(『日本古代史の検証』東京堂出版、一九九四年。初出一九六三年)は、大宝後宮官員令では尚侍と典侍の職掌に小異があったとする。

(18) 春名宏昭前掲註(3)論文、二五八〜二六七頁。

(19) 同右、二七二頁。

(20) 律令研究会編『訳註日本律令』一〇（東京堂出版、一九八九年）六三〇頁。

(21) 石井良助『日本法制史概説』（創文社、一九七六年改版。初刊一九四八年）は、『令義解』の公的註釈書としての位置づけを指摘し、『令義解』によって令本文の意味を変えた箇所さえあるとして『令義解』はたんなる解釈ではなく九世紀時点で拘束力をもっていたとした（六四〜六五頁）。内侍司の職掌も九世紀には法的に変化していたのである。

(22) 春名宏昭前掲註(3)論文、二八六頁。

(23) 職員令集解3中務省条所引穴記。

(24) 職員令集解30刑部省条所引一説。

(25) 中田薫前掲註(7)論文、六一七〜六二二頁。前掲註(7)の諸論文も参照されたい。

(26) 中田薫前掲註(7)論文、六二一頁。

(27) 嵐義人前掲註(7)論文、七〜一七頁。

(28) 石井良助前掲註(21)書、八八頁。

(29) 公式令集解2勅旨式条所引古記は、「古記云。問。年月日中務筆不。答。従レ内署出。問。无二丞署一而有二録署一。若為其意。答。文誤也。於レ理署二丞名一後。乃可レ署二録名一」としており、大宝令では日下に「録位姓名」と記載され、養老令で削除されたことがわかるという（早川庄八前掲註(11)論文、四九頁）。『律令』五一八頁、補注3d内記も「大宝の勅旨式では内記の代りに中務省主典が起草することになってい」たとする。これについて早川庄八は、「内記の成立が新しかった」ことを指摘し「内記の職掌と中務録の職掌が交錯したということは、官員令文の上ではともかく、事実問題として両者の分掌が曖昧であったことを示している。そして大宝勅旨式条が不用意に録の位署を記したのは、一方では主典の通則的職掌にひかれ、他方では令文の作成時に内記の機能がいまだかたまっていなかったからだと思われる」とした（早川庄八前掲註(11)論文、四九〜五〇頁）。私見だが、録であれば書記官として四等官制に位置づけられることになり、女司である内侍司が男官を指揮するルートが形成されることになるので回避された可能性があろう。

(30) 春名宏昭「律令官制の内部構造——八省体制の成立——」（前掲註(3)書収載）。

(31) 同右、二一〜五頁。

（32）関晃「律令国家の展開」（『関晃著作集』四、吉川弘文館、一九九七年。初出一九五二年）、同「律令貴族論」（同書。初出一九七六年）、虎尾達哉「律令官人社会における二つの秩序」（『律令官人社会の研究』塙書房、二〇〇六年。初出一九八四年）、大隅清陽「儀制令と律令国家――古代国家の支配秩序――」（『律令官制と礼秩序の研究』吉川弘文館、二〇一一年。初出一九九二年）など参照。

（33）佐藤全敏「古代日本の四等官制」（『平安時代の天皇と官僚制』東京大学出版会、二〇〇八年、三七〜四三頁。初出二〇〇七年）、同「正倉院文書からみた令制官司の四等官制」（同書）。

（34）女官に官位相当制は適用されなかったものの、考課や五位昇叙などについて男官との共通性が確認できることは、第二部第三章「令制女官考課についての一試案――「舎人之最」「諸官之最」をめぐって――」、第四章「女官の五位昇叙と氏――内階・外階コースの検討を中心に――」で検討した。

（35）宝亀八（七七七）年に尚侍の位階を尚蔵（正三位）に、典侍の位階を典蔵（従四位）に准じ（『続日本紀』宝亀八年九月乙丑条）、さらに大同二（八〇七）年十二月十八日にも、尚侍の准位を従三位、典侍を従四位、掌侍を従五位と改訂した（『類聚国史』四〇内侍司）。

（36）第一部第三章「采女論再考」参照。

（37）青木和夫「浄御原令と古代官僚制」（『日本律令国家論攷』岩波書店、一九九二年。初出一九五四年）。天武殯に関する研究は、和田萃「殯の基礎的考察」（『日本古代の儀礼と祭祀・信仰』上、塙書房、一九九五年。初出一九六九年）、同「飛鳥・奈良時代の喪葬儀礼」（同書。初出一九八二年）がある。官制との関係では、倉本一宏「天武天皇殯宮に誄した官人」（『日本古代国家成立期の政権構造』吉川弘文館、一九九七年。初出一九八四年）、同「律令制成立期の政治体制」（同書）、森公章「倭国から日本へ」（森公章編『日本の時代史3　倭国から日本へ』吉川弘文館、二〇〇二年）など膨大な蓄積がある。天武朝官制と大宝令の対応はおおむね青木説が踏襲されており、本章でも参照したい。

（38）「内命婦事」と大宝令官司との関係について、青木和夫は宮内を大宝令の「宮内省」「後宮内侍司」に、内命婦を「中務省縫殿寮」「宮内省采女司」「後宮内侍司」に断定はしなかったものの擬し、初日に誄した諸官は、翌日以降の太政官とは異なる「天皇氏一族の家政機関的」な官司だとした（青木和夫前掲註(37)論文、九六〜九九頁）。石母田正は、大王・王室の家産制的組織が、省という国家の一行政組織に編成されたものが宮内・中務省であると行政機関の構成原理を分析したうえで、青木の研究を踏まえて「内命婦」の後身を中務省縫殿寮と判断した（『日本の古代国家』岩波書店、一九七一年、二四三、二五七頁）。井上光貞は、太政官とは別日に宮内のことが誄されたのは、太政官――六官とは別に宮内の役所があったからだとし、「総誄宮内事」を行った県犬養宿禰大伴を宮内の長とし、その下に左右大舎人・左右兵衛・内命婦・膳職などの司があったとした（「律令体制の成立」『井上光貞著作集』一、岩波書店、一九八五年、四九八頁。初出一九六二年）。野村忠夫は大舎人と氏女、兵衛と采女が対応し、彼女たちは内廷的なグループに位置づけられていたが、しくみは未整備だったとした（『後宮と女官』教育社歴史新書、一九七八年、三八〜四一頁）。

(39) 磯貝正義『郡司及び采女制度の研究』（吉川弘文館、一九七八年）一九七〜一九八頁、倉本一宏前掲註(37)「天武天皇殯宮に誄した官人」九八頁、註記(58)も同様の立場。

(40) 青木和夫前掲註(37)論文、九八頁。

(41) 『日本書紀』天武五年八月丁酉条「親王以下、小錦以上大夫、及皇女・姫王・内命婦等、給㆓食封㆒、各有㆑差」。

(42) 采女朝臣竺羅は、采女氏塋域碑によると「飛鳥浄原大朝庭大弁官」であり（『寧楽遺文』下、九六五頁。持統三年）、『日本書紀』朱鳥元年三月乙丑条に死亡記事がみえる大弁官羽田真人八国の後任だった可能性がある。

(43) 主鷹司は長官の正一人と令史一人を置く。国司も、下国は守一人と目一人を置いた。

(44) 土田直鎮「内侍宣について」（『奈良平安時代史研究』吉川弘文館、一九九二年。初出一九五九年）。

(45) 吉川真司「奈良時代の宣」（前掲註(1)書収載。初出一九八八年）。

(46) 同右、一八七頁。

(47) 『大日本古文書』二―四。

(48) 『大日本古文書』二―八。

(49) 『大日本古文書』三―五一二。

(50) 野村忠夫前掲註(38)書、一一二頁、春名宏昭前掲註(3)論文、二五九〜二六一頁、吉川真司「女房奉書の発生」（前掲註(1)書収載、四七二〜四七三頁。初出一九九七年）。

(51)『訳註日本律令』一〇、六四二頁。

(52) 史料上の初見は前掲の大同元年八月二日付太政官謹奏。延長元（九二三）年には定員を一削減（『別聚符宣抄』延長元年五月四日付太政官符）。

(53) 須田春子『平安時代後宮及び女司の研究』（千代田書房、一九八二年）、所京子「平安時代の内侍所」（『平安朝「所・後院・俗別当」の研究』勉誠出版、二〇〇四年。初出一九六九年）、吉川真司前掲註(50)論文。

(54)『内裏式』元正受群臣朝賀式、八日賜女王禄式、十六日踏歌式。『内裏式』は神道大系による。

(55)『侍中群要』六、月奏。同七、御幣褁所事。

(56)『朝野群載』五、永承二（一〇四七）年十一月五日付内侍所月奏に「博士命婦　得選五位三疋六位二疋女史謂㆓之博士命婦㆒」とある。

(57) 僧尼令集解14任僧綱条所引の和銅四年十月十日大外記口宣参照。

(58) 儀制令集解8祥瑞条所引令釈引用治部省例中の養老四年正月一日弁官口宣参照。

(59) 早川庄八「前期難波宮と古代官僚制」（前掲註(11)書収載。初出一九八三年）三〇九頁。

(60) 文珠正子「令制宮人の一特質について――「与男官共預知」の宮人たち――」（関西大学博物館学課程創設三十周年記念論集『阡陵』一九九二年）など参照。

(61) 早川庄八前掲註(59)論文、三〇九〜三一四頁。

(62) 鐘江宏之「口頭伝達と文書・記録」（『列島の古代史　ひと・もの・こと　六　言語と文学』岩波書店、二〇〇六年）一一八〜一一九頁、東野治之「太宝令成立前後の公文書制度」（『長屋王家木簡の研究』塙書房、一九九六年。初出一九八九年）。

第三章　令制女官考課についての一試案

――「舎人之最」「諸官之最」をめぐって――

はじめに

位階が、律令官人の基本的な身分秩序の標識であることは、野村忠夫の指摘するところである。(1)したがって、授位の前提である男官の考選については、律令官僚制研究のなかに位置づけられ、重要な成果が蓄積されてきた。(2)女官についても、令制下における女官考叙の理念と授位の実態、男官と切り離された女叙位の成立などが明らかにされてきた。(3)ところが、女官の考叙が男官の内長上に準じて実施されるという点は知られているものの、授位にいたる考課の過程については不明の部分が多い。これまでに筆者は、後宮十二司女官は、養老令制下で「恪勤匪懈善」と「諸官之最」を与えられると判断されたことを『令集解』各説から指摘したが、(4)大宝令制下の考課については課題として残されていた。

大宝考仕令には、大舎人・東宮舎人・中宮舎人を対象とする「舎人之最」があったが、本来、「最」規定は内長上の考課基準であり内分番である大舎人らに適用すべき規定ではなかった。このため、「舎人之最」は養老考課令で削除されることになる。一方、大宝考仕令には、内長上でありながら「最」規定のない官職が存在した。この法制上の欠陥を補うために、養老考課令に「諸官之最」が新設され、内長上の考課規定が整備された。(5)こうした考課における欠陥の整備と是正は、女官も無縁ではなかった。大宝令制下では女孺は「舎人之最」を準用されるとする法解釈が存在し、養老令制下では『令集解』諸説によると後宮十二司職事・女孺ともに「諸官之最」を与えられると考えられていたようである。では、大宝令制下で後宮十二司職事はどのような考課基準を与えられていたのか。本章では、史料的制約のためにこれまで検討されることのなかった大宝令制下での後宮十二司職事の考課について試案を提示したい。その手掛かりは、大宝令制下における女孺への「舎人之最」準用であり、その準用理念を明らかにすることによって、女官考課の実態に迫ることができると考える[6]。そのうえで、養老考課令で新設された「諸官之最」取得に至る経過を明らかにしたいと思う。

一　大宝令制下の「舎人之最」と女孺の考課

1　大宝令・養老令の規定と女官考課の存否

男官の考課は、考課令（大宝令は考仕令）に規定されるが、一律の法式ではなく、①内長上（長上官）、②内分番（分番官）、③外長上、④外散位の「四科」[7]に分かれ、選限、評定基準、最高結階数に差異があったことは、野村忠夫の詳細な研究によって知られている[8]。一方、女官考課を規定するのは後宮職員令15縫司条である（傍線は筆者による。以下同じ）。

後宮職員令15縫司条

縫司

尚縫一人。掌。裁二縫衣服一。纂組之事。兼知二女功及朝参一。典縫二人。掌同二尚縫一。掌縫四人。掌。命婦参見。朝会引導之事。

右諸司掌以上。皆為二職事一。自余為二散事一。各毎二半月一。給二沐仮三日一。其考叙法式。一准二長上之例一。東宮宮人。及嬪以上女豎准レ此。

傍線の通り、女官の考叙方式は、東宮や嬪以上のキサキに仕える女豎も含め、男官の長上（内長上）と同じようにせよというのが養老令の定めである。大宝令の文言は、「考叙」ではなく「考選」であったことをのぞけば同様だったという[9]。

内長上の考課方法は、年間上日二四〇日以上を満たしたうえで（考課令59内外初位条）、徳目的基準である「四善」（徳義有レ聞、清慎顕著、公平可レ称、恪勤匪レ懈。考課令3〜6善条）のいずれかと、職掌に対する達成度評価ともいうべき「最」（考課令8〜49最条）を得て、獲得した「善」「最」の数に応じて九段階（上上〜下下）に評定され（考課令50一最以上条）、六年（大宝令制下の慶雲格で四年に短縮され、養老令施行後も一時期をのぞき四年で実施された）の選限を満たせば成選し、昇叙が判断される（選叙令9遷代条）というしくみである。以上は養老令の規定であるが、大宝令も細部の相違はあったものの、基本的にはほとんど同一であったとされている[10]。

令に基づき女官にも考課と授位が実施されていたことは、『続日本紀』慶雲四（七〇七）年二月甲午条に「天皇御二大極殿一、詔授二成選人等位一。親王已下五位已上男女一百十人、各有レ差」とあることで明らかである。近世の安永三（一七七四）年に因幡国法美郡で出土した伊福吉部徳足墓誌が、「因幡国法美郡伊福吉部徳足比売臣　藤原大宮御宇大行天皇御世慶雲四年歳次丁未春二月二十五日従七位下被賜仕奉矣」として、右記の『続日本紀』記載記事と同日の徳足の従七位下叙位を記しており、六位以下の女官についても考課と成選叙位が実施されたことが確認できる。

2　大宝令制下の女孺の考課基準

では実際に、上日数を満たした女官には、どのような「善」と「最」が与えられたのだろうか。それを示す史料は、管見の限りでは『令義解』と『令集解』諸説である。後宮職員令集解15縫司条は、先にあげた後宮職員令の「其考叙法式。一准㆓長上之例㆒」について、次のように解説する。

謂。考者考課之年限。叙者選叙之階級。(ア)既称㆑准㆓長上之例㆒。明可㆑与㆓公勤不㆑怠。職掌无㆑闕之最㆒。(イ)古記云。一准㆓長上之例㆒。謂㆘散事考選与㆓長上㆒同㆖也。(ウ)伴云。古記云。問。散事。女孺。既无㆓職掌㆒。未㆑知。与㆓誰最㆒。答。一准㆓大舎人㆒耳（此云無㆓於古記㆒。）(エ)釈云。案。宮人以上。一准㆓長上之例㆒者。而者可㆑与㆓公勤不㆑怠。職掌无㆑闕之最㆒。掌以上及宮人散位以上並同也。（中略）(オ)伴云。古記云。一准㆓長上之例㆒者。未㆑知。准㆑考解官以否。答。掌以上者。解官及除免官当者。如㆓男官㆒。准㆓女孺㆒者。不㆓解官㆒也。此云无㆓於古記㆒。

古記を除いては養老令に対する解釈であり、それらについては後に触れるとして、ここでは、大宝令制下の法式について検討したい。

『令集解』は、古記と伴記所引古記を引き、女孺の考についてのべる。傍線(イ)古記は、散事の考選は内長上と同様だとしており、職事については言及していない。職事が内長上と同じ考選を受けることを前提にしているからである。続いて伴所引古記が引用されるが、そこでは、散事と女孺は職掌がないが、どの「最」を与えるのかという疑問が提示され、大舎人に准じるという解答が示される（ウ）。さらにもう一つの伴所引古記は、後宮十二司の職事は、解官と除免・官当についても男官と同じだとし、女孺は解官規定は該当しないとした（オ）。

伴氏は、『令義解』の注釈を根拠にして自身の注釈を展開していることから、『令義解』撰述以後の人であり、讃岐永直の論敵・伴良田連宗かと比定されてきた。伴良田連宗は、『日本文徳天皇実録』斉衡二（八五五）年正月己酉条に卒伝があり、大判事兼明法博士備後介従五位下で卒している。伴記は、『令集解』では職員令・後宮職員令・東宮職員令注釈のみで引用され、他の巻にはみえないため、宗は官職の権威者であったのだろうと考えられている。[11]伴所引古記は、職員令（九例）・後宮職員令（二例）のみでみとめられる。ところで、傍線（ウ）（オ）の伴所引古記は、いずれも「此云无二於古記一」と注されている。これは、『令集解』編者の惟宗直本の注記で、直本が手元の古記を調査したところ、伴所引部分は記載がなかったという意味である。[12]松原弘宣氏は、伴記のあとに「此云无二於古記一」がみられるのは、直本所有の古記（単独古記）以外に、伴記所引古記説があったからだと推定する。[13]ここでは、松原氏の結論に従い、『令集解』編纂にあたって直本が収集し得た古記のほかに、宗執筆の伴記に引かれた古記が存在し、伴所引古記として取り入れられたとみておきたい。

3　大舎人の「最」と出自・考課

伴所引古記は、女孺に「大舎人之最」を与えるべしと解釈した。この「大舎人之最」は、養老令には規定がない。もともと大宝令には、「内舎人之最」「舎人之最」が規定されており、「舎人之最」は、大舎人、東宮舎人らが対象だと考えられていた（古記）。古記が大舎人の「最」とするのは、この「舎人之最」である。「舎人之最」は、「恭慎无愆。容止合礼。為二舎人之最一」と規定されており、この令文について古記は次のように記す（養老考課令集解「舎人之最」条所引古記）。

古記云。（中略）問。文称二舎人一。未レ知其限。答。（ア）軍防令云。五位以上子孫。性識聡敏。儀容可レ取。充二内舎人一。（イ）以外。随レ状充二大舎人及東宮舎人一。又条云。（ウ）八位以上嫡子。儀容端正。工二於書筭一為二大舎人一也。即知。中宮舎人合レ取二白丁一。不レ在二得レ最之例一。問。舎人。此分番。若為得レ最。答。未レ詳二其理一。此条。新令除而不レ取。仍為レ不レ用。[14]

ここで古記は、二つの点で「舎人之最」の存在に疑問を呈する。第一は、軍防令の規定により、大舎人に任じられるのは蔭子孫および位子だが、中宮舎人には、蔭子孫・位子以外の出身者（白丁）も採用されるため、内長上に与えられるべき「最」の対象者となるのは不審だというのである（イ）。第二に、舎人は長上ではなく分番であり、この点でも「最」の対象となることに疑問を呈し、その理は未詳だとしている（ウ）。

これは、出身規定と官途の想定が、考課基準と分かちがたく結びついていたことに由来する疑問である。そこで、内舎人と大舎人の出身法について確認しておきたい。

内舎人の出身については、軍防令46五位子孫条に次の規定がある。

凡五位以上子孫。年廿一以上。見無二役任一者。毎レ年京国官司。勘検知レ実。限二十二月一日一。并身送二式部一。申二太政官一。検二簡性識聡敏。儀容可レ取。充二内舎人一。三位以上子。不レ在二簡限一。以外式部随レ状充二大舎人及東宮舎人一。

右の規定により出身した内舎人は、中務省に配属される（職員令3中務省条）。

中務省管二職一。寮六。司三一。

卿一人。掌。侍従。献替。賛二相礼儀一。審二署詔勅文案一。受レ事覆奏。宣旨。労問。受二納上表一。監二修国史一。及女王内外命婦宮人等名帳。考叙。位記。諸国戸籍。租調帳。僧尼名籍事。大輔一人。掌同レ卿。唯規諫。不二献替一。少輔一人。掌同二大輔一。大丞一人。掌。宮人考課。余准二神祇大祐一。少丞二人。掌同二大丞一。大録一人。少録三人。史生二十人。侍従八人。掌。常侍。規諫。拾レ遺補レ闕。内舎人九十人。掌。帯レ刀宿衛。供二奉雑使一。若駕行分二衛前後一。（以下略）

対して、大舎人は、軍防令47内六位条に次の規定がある。

凡内六位以下。八位以上嫡子。年廿一以上。見無二役任一者。毎レ年京国官司。勘検知レ実。責レ状簡試。分為二三等一。儀容端正。工二於書算一。為二上等一。身材強幹。便二於弓馬一。為二中等一。身材劣弱。不レ識二文算一。為二下等一。十二月三十日以前。上等下等。送二式部一簡試。上等為二大舎人一。下等為二使部一。中等送二兵部一。試練為二兵衛一。如不レ足者。通取二庶子一。

大舎人となった蔭子孫・位子は、左右大舎人寮に配属される（職員令5左大舎人寮条）。

左大舎人寮右大舎人寮准レ此。

頭一人。掌。左大舎人名帳。分番。宿直。仮使。容儀事。助一人。大允一人。少允一人。大属一人。少属一人。大舎人八百人。使部二十人。直丁二人。

内舎人は、三位以上の官僚の子と、「性識聡敏。儀容可レ取」だと認められた四位・五位の官僚の子孫がとくに任じられる、いわば〝エリートコース〟である。(15)彼らが内長上に准じ「最」の対象とされたのは当然ともいえる。

一方で大舎人と東宮舎人は、四位・五位の官僚の子や孫のほか、六位以下八位以上の官僚の嫡子で、儀容端正で書算に巧みな者が任じられた官職であり、一般的な官僚の男子の初任官である。内舎人と大舎人・東宮舎人の間の、内長上と内分番という官僚身分上の差異は、少数エリートと一般官人層の出身時における明確な区別を反映したものである。表6にあるように、内長上である内舎人の選限は六年であるが、大舎人は分番であり、選限は八年で他の内分番と同様である。にもかかわらず、大舎人・東宮舎人らのために「舎人之最」が規定され、実際に与えられた。(16)古記が疑問を呈したのは当然だろう。

このような矛盾は、野村忠夫によると、飛鳥浄御原令制の名残だという。七世紀末までは、貴族の男子が官人として歩み始めるときに、内舎人と大舎人の区分はなかった。大宝令で蔭位制が導入され、内舎人と大舎人の別が設けられたにもかかわらず、それ以前のあり方が勤務評定法に残され「舎人之最」が大宝考仕令に記載されたのだという。(17)

職掌と「最」規定のあり方が、大宝令制以前の官司構成の影響を受けているらしいことは、たとえば内膳司と大膳

表6　官僚の四科区分と勤務評定の最低基準＊1

区　分	対　象	年間上日数	評定基準	選限＊2 下段は慶雲格制
内長上	中央諸司・大宰府・国司の四等官．品官，別勅・才技長上．内舎人，女官	240日以上	九等評価	6年 (4年)
内分番	中央・地方の史生，トネリ一般，雑任．大舎人を含む	140日以上＊3	三等評価＊4	8年 (6年)
外長上	郡司の四等官など	240日以上	四等評価＊5	10年 (8年)
外散位	地方の国衙に籍を置く交替勤務の散位	140日以上	三等評価	12年 (10年)

＊1　野村忠夫前掲註（2）『古代官僚の世界』104頁，同『律令官人制の研究』増訂版，113，121頁の「四科区分の対象表」「四科区分表」を参照し，一部に手を加えた．

＊2　選限は選叙令9遷代条・11散位条・14叙舎人史生条・15叙郡司軍団条による．慶雲格制は選叙令集解9遷代条など上掲4条所引慶雲三年二月十六日格による．

＊3　帳内・資人は200日以上（考課令59内外初位条）．

＊4　内分番は，上・中・下の三等評価（考課令51分番条）だが，大舎人は大宝令では九等評価で，養老令で改訂された．

＊5　外長上は，上・中・下・下下の四等評価（考課令67考郡司条）だが，国博士・医師は，上・中・下の三等評価（同68国博士条）．

職の「最」からもうかがえる。養老考課令では大膳職の亮・典膳以上の「最」を「監二造御膳一。浄戒無レ誤。為二主膳之最一」とし、考課令集解22最条所引令釈は、「大内二膳。同得二此最一」とするのである。内膳と大膳がもとは一つの官司だったことは、『日本書紀』朱鳥元（六八六）年九月甲子条の天武天皇の殯儀礼での紀朝臣真人による「誄二膳職事一」という記載から想定できる。(18) もとは膳職だった内膳司と大膳職は、大宝令制で官司としては分離したにもかかわらず、同一の評定基準を与えられ、養老令制下にも引き継がれたのである。

4　女孺と大舎人

では、女孺の評定基準が大舎人と同じだと解釈された理由はどこにあるのだろうか。

もともと豪族女性は、原初的な官司制のなかで男性とともに氏の仕奉の一端を担っていた。(19) ところが、壬申の乱を勝ち抜いて即位した天武天皇のもとで律令国家形成の歩みが進行すると、女性の仕奉のしくみも律令官僚機構の理念に即した形態に改められざるを得なくなった。この流れのなかで、大化改新詔（六四六年）による采女の出身規定に続く、男女別の官人任用制度が導入されることになる。[20] その最初の施策が、『日本書紀』天武二（六七三）年五月乙酉朔条にみえる畿内豪族層の出仕規定の公布である。

　五月乙酉朔、詔二公卿大夫及諸臣連幷伴造等一曰、夫初出身者、先令レ仕二大舎人一。然後、選二簡其才能一、以充二当職一。又婦女者、無レ問二有レ夫無レ夫及長幼一、欲二進仕一者聴矣。其考選准二官人之例一。

さらに天武八（六七九）年、諸氏からの女性の出仕が定められた（『日本書紀』天武八年八月己酉朔条）。

　八月己酉朔、詔曰、諸氏貢二女人一。

天武二年詔は、「公卿大夫及諸臣連幷伴造」という畿内豪族層から男女が出身した場合の処遇を定めたものである。男性は大舎人とされ、その後、各人の能力に応じて配属が決められた。この詔によって大舎人は、畿内豪族層男性が出身のさいに必ず任じられる職となり、律令制下で官人として出身するさいの一つの重要なコースとなっていった。その意味でこの規定は、令制舎人の出発点というべきものである。[21] この時点での大舎人に対応する女性の官職名は不明だが、夫の有無や年齢を問うことなく出仕が認められ、考選も男官に準じられた（傍線）。この規定による女性の出仕が、天武八年詔の「諸氏貢二女人一」となり、令制の氏女に展開していくのである。[22] 氏女制度は大宝後宮官員令に盛り込まれ、出仕後は「女孺」として後宮各司に配属される（古記）。ここにようやく、男性の大舎人に対応する女性の令制上の職名が明らかになるのである。氏女を出す氏は別式で定められたが、姓でいえば忌寸以上、官位では錦位（大宝令制下では五位）以上に到達できる畿内豪族だという。[23]「其考選准二官人之例一」という規定も、大宝令に引き継がれた。

つまり、律令官僚制における大舎人と女孺の淵源をたどっていくと、天武二年詔に行き着く。大舎人と女孺が同じ「最」を適用されると伴所引古記が判断した理由の第一は、このような天武朝の遺制によると考えられる。具体的には、①出身基盤の共通性、②考選方法の男女官人の同一規定——である。大舎人は大宝令で内舎人と分離したものの、内分番でありながら「最」の対象とされた。女孺の「最」が大舎人と同一だと考えられたのは、このような遺制に基づくものであり、一面では説明がつくしくみといえよう。

しかし、ここで一つの疑問が生じる。内舎人は五位以上の貴族子孫のうち、官人見習いの少数エリートである。一方で大舎人には位子も含まれており、五位以上の氏からの出身を想定された氏女が任じられた女孺とは出自に若干のズレが生じるのである。[24] 氏女として出仕した女孺の考課が内長上に准じられたことから考えても、大舎人ではなく内舎人の「最」(勤二於宿衛一。進退合レ礼)が該当するのではないだろうか。なぜ大舎人に准じるとされたのか。その理由として検討すべきは、官人としての職掌規定である。内舎人には「掌。帯レ刀守衛。供二奉雑使一。若駕行分二衛前後一」という職掌があるが(養老職員令3中務条)、大舎人にはないのである(養老職員令5左大舎人寮条)[25]。伴所引古記は、「職掌がない女孺の考課はいかに」という問題意識から出発して、女孺には大舎人の「最」を準用すると結論したのである[26]。女孺の「最」が大舎人に準じられるとする理由の第二は、職掌規定の有無にあったのではないだろうか。女孺の「最」は、内舎人の「最」に准じるという選択肢があったかもしれないが、結局、伴所引古記は、内舎人の「最」適当論は採らなかった。それは、内舎人は職掌規定があるが、令文上、女孺にはないためである。このため、女孺の考課基準は、同じく職掌規定を欠く大舎人に准じるしかなかったのである。

二　大宝令制下の男女官人の考課

伴所引古記は、散事・女孺は職掌がないが、どの「最」を得るのかと問題提起した。職掌のある職事について疑問を呈さないのは、職事の考課基準は疑問の余地がないからだと考えられる。では、大宝令制下で後宮十二司の職事はどのような「最」を得たのだろうか。まず男官の「最」を検討し、続いて後宮十二司職事の「最」を考察したい。

1　男官の「最」

「最」は、大宝令・養老令とも四十二最であるが、内容には異動がある（後述）。野村忠夫の整理による大宝令の「最」規定と対象者は、以下の通りである。[27]

①神祇官（少副以上）、②大納言、③少納言、④弁官（少弁以上）、⑤中務（少輔以上。以下、八省は同じ）、⑥式部、⑦治部、⑧民部、⑨兵部、⑩刑部（少輔以上に加えて判事）、⑪大蔵、⑫宮内、⑬弾正（巡察以上）、⑭京職（亮以上）、⑮主膳（亮及典膳以上）、⑯衛府（尉以上）、⑰雅楽（助以上。兵庫まで同じ）、⑱玄蕃、⑲主計、⑳主税、㉑馬寮、㉒兵庫、㉓侍従、㉔監物、㉕内舎人、㉖舎人、㉗次官以上、㉘考問（式兵部丞）、㉙判官、㉚主典、㉛文史、㉜内記、㉝博士、㉞方術、㉟暦師、㊱市司（佑以上）、㊲解部、㊳大宰（少弐以上）、㊴国司（介以上）、㊵国掾、㊶防司（佑以上）、㊷関司

内長上に下される評定は、「最」と、先にみた「善」の獲得数により、上上（一最以上＋四善）、上中（一最以上＋三善、無最＋四善）、上下（一最以上＋二善、無最＋三善）、中上（一最以上＋一善、無最＋二善）、中中（一最以上、無最＋一善）、中下（職事粗理、善最弗ㇾ聞）、下上（愛憎任ㇾ情、処断乖ㇾ理）、下中（背ㇾ公向ㇾ私、職務廃闕）、下下（居ㇾ官諂詐、貪濁有ㇾ状）の九等となる（考課令50一最以上条）。

なお、内分番には「善」「最」規定はなく、上（小ㇾ心謹卓。執当幹了）、中（番上無ㇾ違。供承得ㇾ済）、下（逋違不ㇾ上。執当虧失）の三等に評定される（考課令51分番条）。

男官も、内長上といえどもすべてが個別の「最」の対象ではなく、むしろ個別の「最」規定をもたない官僚のほうが多い。その場合に、どのような「最」を適用したのだろうか。考察の一助になるのは、中納言の場合である。時代は降るが、中納言に「大納言之最」を準用した平安時代中期の例が残されているのである（『政事要略』二五、天暦五年十月一日付太政官符）。当該期には官僚の昇叙制度はすでに年労制に移行していたと考えられるため、(28) 実態については要検討であるが、職掌が類似した官については同じ「最」を準用した事例としてみておきたい。これは、先述した内膳司・大膳職の「最」の共通性にも通じる施行例である。

2　個別の「最」なき内長上の場合

男官内長上には、①個別の「最」がある男官、②個別の「最」がない四等官、③個別の「最」がなく、四等官でもない男官（才技長上・品官を含む）、④令外の官――の類型があるが、それぞれがなんらかの「最」を獲得していたことは、八世紀の考文・選文から確認できる。

皇后宮舎人・才伎長上の場合

皇后宮舎人をへて才伎長上となった路虫麻呂の選文が『大日本古文書』二五―一一五〜一一六頁にみえる。

長上正八位上路虫麻呂 年五十七 大倭国添上郡人

右人、元皇后宮舎人、天平十六年成選、十七年四月廿五日叙少初位上、十八年三月七日動上一階、十九年
二月十五日特授三階、廿一年四「月一日動上二階、」

天平十七年中上　上日弐伯玖拾壱

恪勤匪懈善、　恭慎无愆、容止合礼最、

十八年中上　　上日弐伯捌拾壱
恪勤匪懈善、　恭慎无愆、容止合礼最、
十九年中上　　上日参伯肆拾
恪勤匪懈善、　恭慎无愆、容止合礼最、
廿年中上　　上日参伯拾弐
恪勤匪懈善、　恭慎无愆、容止合礼最、
右、四年舎人考、
天平勝宝元年中上　上日弐伯柒拾伍
恪勤匪懈善、　　職脩事理最、
右、一年才長上考、
前件一人、五考、日惣壱仟肆伯玖拾玖、一□

路虫麻呂は、天平二十（七四八）年までは皇后宮舎人として「恪勤匪懈善」「恭慎无愆容止合礼最」の一善一最を得、「中上」の評定を得ている。「恭慎无愆容止合礼最」は「舎人之最」である。皇后宮舎人は令外の官であるが、古記が「舎人之最」対象者とする大舎人・東宮舎人・中宮舎人のうち、中宮舎人に准じて同一の「最」を得たのであろう。

虫麻呂は、「才長上」として造東大寺司に転じた。この「才長上」は「才伎長上」である。[29] 養老選叙令11散位条は「其以二別勅及伎術一。直二諸司長上一者。考限叙法。並同二職事一」として、才伎長上の考叙を職事官と同じだと規定した。この規定は大宝選任令にさかのぼることができるようである。[30] 虫麻呂が天平勝宝（七四九）元年に獲得した「職脩事理最」は、考課令33の「次官以上之最」（職事修理。昇降必当）の上半句が二字目と三字目の順序を誤記して適用され

たものだという。(31)

漏剋博士の場合

続いて、個別の「最」の有無による違いを『大日本古文書』二四—五五二〜五五四頁にみえる考文断簡にみておこう。

「陰陽師

中上

正七位下行陰陽師高金蔵年五十八右京

能太一遁甲天文六壬式笇術相地　日参佰玖

恪勤匪懈善、占卜効験多者最、

従七位下守陰陽師文忌寸広麻呂年五十右京

能五行占相地　日弐佰玖拾肆

恪勤匪懈善、占卜効験多者最

陰陽博士

従六位下行陰陽博士觮兄麻呂年卌三右京」

「能周易経及楪筮太一遁甲六壬式笇術相地　日弐佰捌拾玖

恪勤匪懈善、占卜効験多者最、

天文博士

従六位下行天文博士王中文年卌五右京

能（太一　遁甲　天文　六壬式／筭術　相地）　日弐佰柒拾
恪勤匪懈善、　占卜効験多者最、

漏刻博士
正七位上行漏刻博士池辺史大嶋（年五十七／右京）
能（匠）　日参佰拾壱
恪勤匪懈善、　訪察精審、庶事兼挙最、」

「大初位下守大属守部連豊前（年卌九／右京）
恪勤匪懈善、　勤於記事、稽失无隠最、
日参佰拾玖

大初位下守少属大宅岡田臣末足（年五十一／右京）
日弐佰玖拾捌
恪勤匪懈善、　勤於記事、稽失无隠最、
□従駕人□□□□之、[32]　」

右の考文断簡は、慶雲～和銅間のもので、[33] 大宝令制下での実態を示すものである。陰陽師・陰陽博士・天文博士が獲得した「占卜効験多者最」は、養老考課令では「方術之最」（占候医卜。効㆑験多者。為㆓方術之最㆒。十得㆑七為㆑多。[34]）とされるものである。考課令集解41最条所引古記は、「古記云。問。占候医卜。答。占謂㆓陰陽師㆒也。候謂㆓天文師㆒也。医謂㆓薬師㆒也。卜謂㆓卜部長上㆒也。在㆓卜部之中㆒也」とし、大宝考仕令にも「方術之最」が存在したことを示すが、右掲の考文はそれを証明する。[35] 陰陽師らは個別の「最」を有して考課された官人たちである。

一方で漏剋（刻）博士は、陰陽・天文・暦博士と同じく陰陽寮に属する官人で相当位階もあり、職掌も「率二守辰丁一。伺二漏剋之節一」（養老職員令9陰陽寮条）と明記されているが、個別の「最」はない。池辺大嶋が得た「訪察精審、庶事兼挙最」は、大宝令・養老令同一の「判官之最」である。池辺大嶋は、考文で「能匠」とされたため、「方術之最」「暦師之最」が不適当とみられ、「判官之最」が与えられたという[36]。ただ、養老考課令には「博士之最」（訓導有レ方。生徒充レ業）があり、大宝考仕令にも同規定があった。古記は、「博士之最」に関して「有レ生博士皆得二此最一。无レ生者得レ善不レ得レ最也。別勅才技長上亦同」とする（考課令集解40最条所引古記）。漏剋博士は、守辰丁を配下に置き、日常的には教えることがあったと思われるが、法規定では「生」をもたない。このため、「博士之最」には該当しなかったのであろう。

大属・少属が獲得した「勤於記事、稽失无隠最」は「主典之最」（考課令37最条）であり、これも大宝令・養老令同文である。法規定そのままの「最」を与えられていることが確認できる。

3　内長上の「最」獲得類型と女官職事の「最」

右の考文・選文から、内長上の「最」獲得形態は次のように分類できる。

① 個別の「最」を有する内長上は、個別の「最」を取得（陰陽師〈高金蔵〉ら）。

② 個別の「最」がない男官。

(a) 「次官以上之最」「判官之最」「主典之最」を取得（四等官である陰陽寮大属〈守部連豊前〉、同少属〈大宅岡田臣末足〉のほか、才技長上〈路虫麻呂〉、漏刻博士〈池辺史大島〉も）。

(b) 類似職掌の「最」を取得（皇后宮舎人〈路虫麻呂〉）。

表7　男女官司の職掌と該当「最」（養老考課令）

	女官 官司	女官 職掌	男官 官司	男官 職掌	男官 最
1	内侍司	供奉常侍。奏請。宣伝。検校女孺。兼知内外命婦朝参。及禁内礼式之事。	大納言	参議庶事。敷奏。宣旨。侍従。献替。	献替奏宣。議務合理。為大納言之最。
			少納言	奏宣小事。請進鈴印伝符。進付飛駅函鈴。兼監官印。	承旨無違。吐納明敏。為少納言之最。
			侍従	常侍。規諫。拾遺補闕。	朝夕常侍。拾遺補闕。為侍従之最。
			内礼司	宮内礼儀。禁察非違。	＊
2	蔵司	神璽。関契。供御衣服。巾櫛。服翫。及珍宝。綵帛。賞賜之事。	内蔵寮	金銀。珠玉。宝器。錦綾。雑綵。氈褥。諸蕃貢献奇瑋之物。年料供進御服。及別勅用物事。	＊
			三関国	又掌関剗及関契事。	譏察有方。行人無擁。為関司之最。
3	書司	供奉内典。経籍。及紙。墨。筆。几案。糸竹之事。	図書寮	経籍図書。修撰国史。内典。仏像。宮内礼仏。校写。装潢。功程。給紙筆墨事。	詳録典正。詞理兼挙。為文史之最。（『律令』二九〇頁頭注）
4	薬司	供奉医薬之事。	内薬司	供奉薬香。和合御薬事。	＊
			侍医	供奉診候。医薬事。	＊
5	兵司	供奉兵器之事。	内兵庫	准兵庫頭（左兵庫儀仗兵器。安置得所。出納。曝涼。及受事覆奏事。）	慎於曝涼。明於出納。為兵庫之最。（左右兵庫）
6	闈司	宮閤管鑰。及出納之事。	監物	監察出納。請進管鑰。	監察不怠。出納明密。為監物之最。
			典鎰	出納管鎰。	＊
7	殿司	供奉輿繖。膏。沐。灯油。火燭。薪炭之事。	主殿寮	供御輿輦。蓋笠。繖扇。帷帳。湯沐。洒掃殿庭。及灯燭。松柴。炭燎等事。	＊
8	掃司	供奉牀席。灑掃。鋪設之事。	内掃部司	供御牀狭畳席薦簀簾苫鋪設。及蒲藺葦等事。	＊
9	水司	進漿水。雑粥之事。	主水司	樽水。饘。粥。及氷室事。	＊

10	膳司	知御膳。進食先嘗。惣摂膳羞。酒醴。諸餅蔬菓之事。	内膳司	惣知御膳。進食先嘗事。	監造御膳。浄戒無誤。為主膳之最。（大膳・内膳は同じ「最」）
			典膳	造供御膳。調和庶味寒温之節。	
11	酒司	醸酒之事。	造酒司	醸酒醴酢事。	*
12	縫司	裁縫衣服。纂組之事。兼知女功及朝参。	縫殿寮	女王。及内外命婦。宮人名帳。考課。及裁縫衣服。纂組事。	*
			縫部司	裁縫衣服事。	*

*は個別の「最」規定のない官。職掌は後宮職員令と職員令の長官の職掌を挙げた。

令外官である造東大寺司判官が、「判官之最」を得たとみられる例があるので[37]、四等官の場合は、「次官以上之最」〜「主典之最」を取得したと想定できる。

令制下において女官には個別の「最」は設定されなかった。ただ、それは女官のみの特色ではなく、男官も同様だったことは、みてきた通りである。表7は、職掌が類似する後宮十二司と男性官司の対応表である。この表は養老令によるが、大宝令でもおおむね同じだったとすると[38]、男官でも個別の「最」なき官司が多数にのぼるのである。しかし表内のすべての男官内長上は、本節一、二項でみたように、個別の「最」があればそれを、もし、なくとも、類似する職掌の「最」もしくは「次官以上之最」「判官之最」「主典之最」のいずれかを取得したのである。

前節で、伴所引古記の問題意識が〝職掌がない女孺にはどの「最」を与えるのか〟だったことを述べた。伴所引古記は、職掌がある職事には与えるべき「最」があるということを前提にしているのである。その場合に考えられるのは、①「次官以上之最」「判官之最」を付与、②類似職掌の男官の個別の「最」を準用――の二つの可能性である。

まず、女官職事が「次官以上之最」（職事修理。昇降必当。次官以上之最）、「判官之最」（訪察精審、庶事兼挙、為判官之

最）を得た可能性はどうだろうか。後宮十二司は、内侍司・蔵司・膳司・縫司が尚（長官）・典（次官）・掌（判官）の三等官制、そのほかの官司は尚・典の二等官制をとり、その下に女孺または釆女が配属された。[39]法規定では掌以上が職事であり、以下は散事である（後宮職員令15縫司条）。この規定は大宝令にもさかのぼるとみてよい。[40]すると、大宝令制下で、職掌規定のない女孺が同じく職掌規定のない大舎人が得る「舎人之最」を準用すべしと考えられたことから勘案して、職事には男官の職事官が得る「次官以上之最」「判官之最」が適用されたと考えるのが蓋然性が高いのではないだろうか。

ただし、「次官以上之最」には、考課（昇降必当）も含まれており、大宝令にもこの文言は規定されていた（考課令集解33最条所引古記）。ところが、時代は降るが『令義解』は、養老職員令8縫殿寮条で縫殿寮が女官考課を管掌する法意を「謂。内侍以下十二司之考課。即本司録二上日行事一。送二於此寮一。寮定二考第一。申二中務省一。以三内侍司無二男官一故也」とする。後宮十二司には男官が不在なので、縫殿寮が考課を担当する、つまり、女官の「典」（次官）以上には考課の権限はないというのが『令義解』時点での法意である。[41]女官に考課権限がないという法意がどこまでさかのぼりうるかは不明だが、大宝令も同様であったと仮定すると、後宮十二司の「尚」「典」に「次官以上之最」を適用することに疑問が生じざるを得ないのである。

ここでふたたび、先述した選文に戻ろう（『大日本古文書』二五―一一五～一一六頁）。選文にみえる路虫麻呂の「最」は、「次官以上之最」（職事修理。昇降必当）の前半（「職事修理」を「職脩事理」と誤記）のみが記載されている。才伎長上である虫麻呂には、官人に対する考課権限はなかったが、自身の職掌は果たしたことを認められ、「次官以上之最」の前半部分を獲得したようなのである。これは、大宝令の令文そのままではない選文が作成され、官人の職務の実態に即して「最」が与えられたことを示している。

女官の考課については不明部分が多く、類似職掌の男官の「最」を準用された可能性も捨てきれない。内膳司と大膳職が同じ「監二造御膳一。浄戒無レ誤」という「主膳之最」を得たことは、女官の尚膳・典膳も同じ「最」を得た可能性を示唆する。天武朝において采女も同じ官司に属していたらしいことを考え合わせると(42)、あながち全面的に否定はできないのである。膳司の職掌には「監二造御膳一」は含まれず、そのまま同じ「最」を得たとは考えにくいが、男官への「最」の柔軟な措置をみると、可能性としては残されるだろう。筆者は、令制前の原初的な官人機構が、律令制導入によって系統的な二官八省に編成されていくなかで男女官司が分離され職掌も整理されたとみているが(43)、この想定が成り立つとすれば、女孺と大舎人の「最」を同一としたような遺制が、ほかの十二司職事にも行われた可能性も、また、あるものと考える。

とはいえ、表7にみえるように、対応する男官さえ個別の「最」をもたない場合が多かった点からすると、職事は「次官以上之最」「判官之最」を適用された可能性がより高いだろうと推定しておきたい。「職事修理。昇降必当」（次官以上之最）、「訪察精審。庶事兼挙」（判官之最）という管理職として普遍的で、いってみればどのような職掌でもカバーできる「最」が与えられたのではないか。男女官ともに、これが大宝考仕令下の法的欠陥への対処法だったのだろう。

三　養老考課令における考課基準の整備

第二節で大宝考仕令の「四十二最」を列挙した。このうち、「舎人之最」は、養老考課令にはみえない。養老考課令では「舎人之最」を削除して一般舎人の考課を内分番と同じ方法に統一し、内分番でありながら内長上と同じ評定

基準を有する官人の存在という大宝考仕令の矛盾の解決をはかったのである。(44)

一方で、養老令では、「諸官之最」（公勤不怠。職掌無レ闕）が追加された。(45)「諸官之最」の対象について『令義解』は次のように規定する（考課令義解36最条）。

謂。諸無レ最官。皆得二此最一。如二主鈴典鎰及諸長上一之類也。

「最」規定のない官はすべて「諸官之最」を得るとし、具体的に主鈴以下の品官と諸長上を例示する。職掌のない五位以上の散位も含むとする説もある。(46) 大宝令制下で、造東大寺司の才技長上でありながら「次官以上之最」を準用され、上半句の「最」を与えられた路虫麻呂は、養老令制下では「諸官之最」を適用されることになるのである。(47)

なお、この改定で、個別の「最」なき四等官の考課基準についても整理がされたようである。考課令33最条（次官以上之最）に関して、『令集解』諸説は次のように解釈する。

・釈云。此条。為下无二最名一諸司上立耳。昇降。謂レ考也。
・跡云。此条為二不レ称レ最諸司一而立レ条。
・朱云。不レ称レ最司。仮如。諸陵司。散位寮。贓贖司等之類。不レ可二勝計一也。

令釈、跡記ともに「次官以上之最」の対象を「最」規定がない「諸司」だとする。品官・才伎長上には適用しないと認識しているのである。朱記は、跡記を補ったものと理解しうるが、「最」なき「司」の具体例として諸陵司以下を例示する。いずれも、個別の「最」をもたない官司である。つまり、「次官以上之最」の適用は、長官・次官・判官・主典という四等官で構成される官司（三等官・二等官制も含む）のみに収斂されたのである。この理念は「判官之最」にも適用されただろう。「諸官之最」新設にともなう当然の整理であるが、確認しておきたい。

「諸官之最」新設は、女官が得る「最」に変化をもたらした。「諸官之最」の対象である諸長上に女官が含まれることは、第一節に提示した後宮職員令15縫司条についての『令義解』と『令集解』所引令釈に明らかである。令釈は、「案。宮人以上。一准二長上之例一者。而者可レ与二公勤不レ怠。職掌无レ闕之最一。掌以上及宮人散位以上並同也」とし、「諸官之最」の対象を掌以上、つまり、尚・典・掌の職事、宮人（六位以下の女孺・采女）、散位（職事ではない命婦）だとする。その法意解釈は『令義解』に継承された。

大宝令制下では、四等官官司はもとより、品官・才伎長上・令外官を含めて個別の「最」をもたない内長上のほうが多く存在した。四等官であれば、「次官以上之最」「判官之最」「主典之最」でカバーできたが、それ以外の内長上の考課は、「次官以上之最」以下の四等官の「最」適用と、類似職掌の個別の「最」適用の二方策で柔軟に対処したようである。

こうした矛盾の解決をめざしたのが、養老考課令の「諸官之最」であった。

個別の「最」をもたない内長上のうち、四等官制の構造を有する官司の職事官は「次官以上之最」以下、四等官の「最」の対象となり、品官・諸長上は「諸官之最」の対象とされた。四等官とそれ以外の官が、「次官以上之最」「判官之最」「主典之最」を得るグループと、「諸官之最」を得るグループに明確に整理されたのである(48)。この法整備のなかで、後宮十二司の職事と女孺も「諸官之最」適用で一本化されることとなった。その理由の第一は、いうまでもなく個別の「最」を有しないからであった。

ただ、ここでも、後宮十二司が尚（長官）・典（次官）・掌（判官）という構成を取ることを考えると、女孺と散事が「諸官之最」適用となったのはともかく、職事がなぜ四等官の「最」の適用外とされたのかの疑問が残る。その理由は、おそらく、後宮十二司が長官・次官・判官の構成から成るにもかかわらず、主典を配置しない官司構造を有していたことと関連しているだろう。官位相当制から排除されていたこととあわせて、これは、最小の官司でもカミ（長官）＋サカンから成り、官位相当制の枠内にあった男官の官司と、後宮十二司の根本的な相違である。現実には女史を置き、サカンの職掌の一部を果たしていたにしても、それはあくまで令外の措置であった。このため、後宮十二司は、四等官制の枠内の官司とはみなされず、職事官に与えられる「次官以上之最」以下の適用対象外とされたのではないだろうか(49)。これが、職事・女孺ともに「諸官之最」適用とされた第二の理由であろう。

おわりに

大宝令制下では、個別の「最」なき官人には、①「次官以上之最」以下の四等官の「最」、②類似職掌の個別の「最」——のいずれかを与えた。

養老令では「諸官之最」が新設され、品官と才伎長上、職掌のない官（散五位以上）が対象とされた。こうして、①個別の「最」を有する官は個別の「最」を取得、②個別の「最」がない四等官は「次官以上之最」以下を取得、③その他の品官・諸長上は「諸官之最」を取得——とし、内長上の「最」取得形態を三種に整備し大宝令の矛盾を解決したのである。

この改定によって後宮十二司は、職事・女孺ともに「諸官之最」の対象とされた。その理由は、男官であれば必ず置かれるサカンを欠くことによって四等官制の枠内の官司とはみなされなかったことによるものと考えられる。

本章では、これまで検討されることのなかった大宝令・養老令制下での後宮十二司職事の考課について考察した。史料的制約の下で、推察を重ねる結果となったが、あくまでも試案を提示したものであり、大方のご叱正を賜りたいと思う。

職事と女孺の「最」については基本的な方向はみえてきたと思うが、采女の「最」はいかなるものだったのか。出自からいえば兵衛と同じだが、内長上扱いという矛盾を抱えての考課の実態の解明は、今後の課題である。

註

(1) 野村忠夫『官人制論』（雄山閣出版、一九七五年）二四〜二五頁。

(2) 野村忠夫『古代官僚の世界』（塙新書、一九六九年）、同『律令官人制の研究』増訂版（吉川弘文館、一九七〇年）、同『律令政治と官人制』（吉川弘文館、一九九三年）、同前掲註(1)書、寺崎保広『古代日本の都城と木簡』（吉川弘文館、二〇〇六年）など。

(3) 野村忠夫前掲註(1)(2)の諸著作のほか、野村忠夫『後宮と女官』（教育社歴史新書、一九七八年）、玉井力「天平期における女官の動向について」（『名古屋大学文学部二十周年記念論集』一九六九年）、同「光仁朝における女官の動向について」（『名古屋大学文学部研究論集』五〇、一九七〇年）、西野悠紀子「桓武朝と後宮——女性授位による一考察——」（総合女性史研究会編『日本女性史論集2　政治と女性』吉川弘文館、一九九七年。初出一九九二年）、岡村幸子「女叙位に関する基礎的考察」（『日本歴史』五四一、一九九三年）。

(4) 伊集院葉子『古代の女性官僚』（吉川弘文館、二〇一四年）七〇〜八八頁。なお、滝川政次郎「女孺と女竪」（『歴史と地理　日本史の研究』六五、一九六九年）も女官に与えられるのは「公勤不レ怠。職掌無レ闕」の「最」だとした（一九頁）。

(5) 野村忠夫前掲註(2)『律令官人制の研究』増訂版、一四一〜一四二頁。

(6) 考課制度は、平安時代には律令で規定された考選方式が変化し、位階または官職の在位在官年数を昇進の要素とする年労制に移行する。以下の研究を参照されたい。福井俊彦「労および労帳についての覚書」（『日本歴史』二八三、一九七一年）、高田淳「「年労加階制」以前」（『国史学』一五〇、一九九三年）、玉井力『平安時代の貴族と天皇』（岩波書店、二〇〇〇年）。吉川真司氏は「律令官人制の再編過程」（『律令官僚制の研究』塙書房、一九九八年。初出一九八九年）で〈位階の上日・成選から官職の年労へ〉とする見通しを示した（三六七〜三六九頁）。年労制成立以前の八世紀における「労」については、畑中彩子「労の基礎的考察」（笹山晴生編『日本律令制の構造』吉川弘文館、二〇〇三年）を参照されたい。女性も、『西宮記』の「女叙位」に「隔年。近代、外記兼進二勘文一。預二叙位一者、親王・女御・更衣・内侍・乳母・女蔵人・女史・采女・大臣妻・内教坊。所々有レ労者、一院三宮御給。御即位時、執翳一者、幷褰帳等叙レ之」（神道大系　朝儀祭祀編二『西宮記』）とあるように、所々の「労」ある者が院宮の御給によって叙位されるしくみに変化した。『朝野群載』四所収康和二（一一〇〇）年女官申文には、典侍労二一年＋正四位下三年により進階を請願する例がみえており、正四位下に二、三年在位すると加階される慣例をうかがわせる。平安中期以降には、官司間の順番による叙爵（大小の輪転）や、母子の年労を合計して叙爵を請う「切杭」が行われるようになる。岡村幸子氏は前掲註(3)論文で、九世紀前半を端緒に、五位以上と無位の二極分解が起き、六位以下での昇叙は減少していったとする（二四〜二八頁）。

(7)　選叙令義解11散位条。

(8)　野村忠夫前掲註(2)『古代官僚の世界』、同『律令官人制の研究』増訂版。

(9)　林紀昭・砂川和義他「大宝令復原研究の現段階（一）」（『法制史研究』三〇、一九八〇年）一八八頁、野村忠夫前掲註(2)『古代官僚の世界』、同『律令官人制の研究』増訂版、五二一〜五二二頁、同前掲註(3)『後宮と女官』六四頁。

(10)　野村忠夫前掲註(2)『律令官人制の研究』増訂版、一八四頁。

(11)　三浦周行・滝川政次郎編『令集解釈義』（国書刊行会、一九八二年、三〇頁。初刊一九三一年）、松原弘宣「『令集解』における大宝令」（荊木美行編『令集解私記の研究』汲古書院、一九九七年、三〇六頁。初出一九七四年）。

(12)　『令集解』では、伴所引跡記・伴所引古記の末尾に「无二於跡記一」「此云無二於古記一」とする割注がみえる。滝川政次郎は、職員令集解にある「抑可求此記。無於跡記」について、伴氏が先人の説に名をかりて自説を述べた可能性を指摘し、割注を後人の注記であって直本の筆ではないとした（前掲註(11)『令集解釈義』三八〜三九頁）。しかし、松原弘宣氏は、滝川説には根拠がないことを批判し直本の注記とする（松原弘宣前掲註(11)論文、三〇七〜三〇八頁）。松原氏の説に従いたい。

(13)　松原弘宣前掲註(11)論文、三〇八頁。

(14)　「此条。新令除而不レ取。仍為レ不レ用」は後人の追記の可能性をなしとしないが、中田薫「養老令の施行期に就て」（『法制史論集』第一巻、岩波書店、一九七〇年。初刊一九二六年）以来、古記の論究は養老令を踏まえたものだとする通説があり、野村忠夫前掲註(2)『律令官人制の研究』増訂版（一四一頁）も古記の解釈としているので、本章でも掲示しておきたい。

(15) 仁藤敦史「トネリと采女」(『古代王権と支配構造』吉川弘文館、二〇一二年。初出二〇〇五年)。
(16) 造東大寺司選文案では、舎人監舎人(東宮舎人)であった佐伯宿禰今蝦夷が「恭慎无愆、容止□礼最」を得ているが、これは「舎人之最」である(『大日本古文書』二五―八八頁)。
(17) 野村忠夫前掲註(2)『古代官僚の世界』一四二〜一四四頁。
(18) 青木和夫「浄御原令と古代官僚制」(『日本律令国家論攷』岩波書店、一九九二年、九六〜九七頁。初出一九五四年)。
(19) 第一部第一章「臣のヲトメ――記紀・万葉の「宮人」たち――」、第二章「髪長媛伝承の「喚」――地方豪族の仕奉と王権――」、第三章「采女論再考」参照。
(20) 序章第一節「女性の「排除」と「包摂」――古代の行政システムのなかの女官――」参照。
(21) 井上薫「舎人制度の一考察」(『日本古代の政治と宗教』吉川弘文館、一九六一年、七〇〜七一頁。初出一九六〇年)、西宮秀紀「令制トネリ成立過程の研究」(『信大史学』三、一九七七年)。
(22) 磯貝正義「氏女制度の研究」(『郡司及び采女制度の研究』吉川弘文館、一九七八年。初出一九六〇年)。
(23) 磯貝正義前掲註(22)論文、阿部武彦「天武朝の族姓改革について」(『日本古代の氏族と祭祀』吉川弘文館、一九八四年。初出一九五九年)。
(24) 実際には、氏女を出す資格のない氏からも希望すれば出仕できたことは、麻野絵里佳「奈良時代における畿外出身女孺に関する一考察」(『史観』一三一、一九九四年)に詳しい。
(25) 黛弘道「中務省に関する一考察」(『律令国家成立史の研究』吉川弘文館、一九八二年、五四〇〜五四四頁。初出一九七一年)によると、内舎人は唐制の中書省通事舎人と千牛衛の千牛備身の性格を併有するという。とくに、黛氏は、「掌執御刀(千牛刀)宿衛侍従」(『通典』)を職掌とする千牛備身と内舎人は、職掌、出自、相当位階の不在などの点で共通すると指摘した。唐令の影響を強く受けた大宝令において、エリート養成コースとして内舎人が分離したことからすると、大舎人とは異なり内舎人の職掌が規定された蓋然性は高い。「内舎人之最」について「古記」は、管見の限りでは職掌との関連では疑義を呈していない。したがって、内舎人の職掌について大宝令でも規定があったという前提で考察をすすめたい。なお、『続日本紀』には、内舎人の遣使の例がみえ(神亀元年十一月辛未条など)、これらは大宝令の規定に基づいて実施されたとみる。

(26) 内分番でも、たとえば官掌・省掌には職掌がある（養老職員令2太政官条、3中務省条）。
(27) 野村忠夫前掲註(2)『律令官人制の研究』増訂版、一三八〜一五七頁。
(28) 前掲註(6)参照。
(29) 野村忠夫前掲註(2)『律令官人制の研究』増訂版、二一七頁。
(30) 同右。
(31) 同右、二二五頁。
(32) 「□従駕人□□□□之」については、寺崎保広氏の「過従駕人数誤記漏失」とする読みがある（寺崎保広前掲註(2)書、二〇二頁）。
(33) 田中卓「続・還俗」（『田中卓著作集5　壬申の乱とその前後』国書刊行会、一九八五年。初出一九五六年）。
(34) 養老考課令41最条。
(35) 野村忠夫前掲註(2)『律令官人制の研究』増訂版、一六七頁。
(36) 同右。
(37) 同右、二二一、二三一頁。造東大寺司判官の安倍朝臣真道が「判官之最」を得たと推定している。
(38) 監物の「最」は大宝令では「監察不惑。出納明密」だったという（同右、一四一頁）。
(39) 第二部第一章「後宮職員令の構造と特質」、後宮職員令4〜15条参照。酒司のみ、女孺と采女の配属はない（後宮職員令14酒司条）。
(40) 『続日本紀』和銅七年八月乙丑条。
(41) 女官に考課権限がないとする見解は通説となっている（野村忠夫前掲註(2)『律令官人制の研究』増訂版、五二五頁）。
(42) 第一部第三章「采女論再考」参照。
(43) 第二部第一章「後宮職員令の構造と特質」参照。
(44) 滝川政次郎は、養老令で「舎人之最」が削除され、大舎人の「最」が「内舎人之最」に含まれたとしたが（『律令の研究』

刀江書院、一九六六年復刻版、四九八頁。初刊一九三一年）、野村忠夫が批判したように内分番の考課に「最」を適用するのは矛盾する（野村忠夫前掲註（2）『律令官人制の研究』増訂版、一四三頁）。

（45）野村忠夫前掲註（2）『古代官僚の世界』一四四頁、同『律令官人制の研究』増訂版、一四八〜一四九頁。

（46）考課令集解36最条所引穴記。

（47）野村忠夫前掲註（2）『律令官人制の研究』増訂版、一四二、一四七、二二五頁。

（48）中納言については引き続き「大納言之最」が準用され、外記も大少史とともに「主典之最」を与えられている（『政事要略』二五、天暦五年十月一日付太政官符）。外記は令文上の「最」規定はないが、主典の一種（日本思想大系『律令』岩波書店、一九七六年、五一六頁、補注2g）であるため、「主典之最」を得たのであろう。太政官は、大臣が長官、大納言が次官、少納言が判官とされる（獄令25公坐相連条。柳雄太郎「太政官における四等官構成について」『律令制と正倉院の研究』吉川弘文館、二〇一五年。初出一九七五年）。太政官には他の四等官制官司との差異がみられるが、太政官内長上の考課基準も、そのような太政官の性格と関連していると思われる。

（49）律令官僚制で「四等官制」というときには、そのなかに三等官官司、二等官官司も含まれ、最小でもカミとサカンの配置を要件とすると考えるが、後宮十二司はサカンを欠き、その意味で律令四等官制官司とはいえない構造を有する。その理由については、令制前の官司が律令官僚機構に編成される過程で、後宮十二司がサカンを配置しない官司構造を継承した可能性も考察すべきであろう。これについては、東野治之氏が「四等官制成立以前における我国の職官制度」（『長屋王家木簡の研究』塙書房、一九九六年。初出一九七一年）で四等官制の系譜をたどり、六世紀末から天武初年にかけての長官（カミ）、次官（スケ）、実務官人（マツリゴトヒト・フビト）からなる三等官制の存在を指摘しており、このような令制前の官司構成が、後宮十二司設置に及ぼした影響も含めて、考察は今後の課題としたい。

第四章　女官の五位昇叙と氏

――内階・外階コースの検討を中心に――

はじめに

女官と位階については、男官の授位と切り離された女叙位の成立過程の解明や、時期区分ごとの特徴分析などの成果が蓄積されてきた(1)。そのなかで、律令制下の官人考課制を踏まえた、もっとも基本的な検討を加えたのは野村忠夫である(2)。野村による女官考叙の特徴を整理すると以下のようになる(3)。

(1)　官位相当規定の不在
(2)　内長上に准じた考叙方法の適用
(3)　男官による評定権の掌握
(4)　キサキ、乳母など女性特有の諸条件による五位直叙の存在

野村の指摘は、女官の授位に関する通説となってきたが、その強調点は、女官の位階昇叙を男性官人一般とは異なる特殊なものとして位置づけるところにあった。

一方で野村は、神亀五（七二八）年に導入された内階・外階コースの意義と実態を検討したさいには、神亀五年から大同末（八一〇）年までの女官の五位昇叙状況も網羅的に調査し、女官が「厳然として内階・外階両コースを区別

する基本的な氏姓＝門地の区分」のもとに置かれていたことを指摘した[4]。律令制下、男性は、律令官僚機構の成立にともない、個人単位の出仕制度に移行したが、女性は、郡領の姉妹または女であることを出仕要件とした采女も、氏から貢された氏女も、すべて構成員として属する基盤からの「貢」により初めて出仕が可能だった[5]。このもとでは、諸氏の序列という枠が、女性に対して強固に働いたことは間違いないだろう。野村が、女官の内階・外階コースの分析にあたって「一般官人との差異点に焦点をあてて考察してみたい」としながら、女性も基本的な氏姓の区分下に置かれていたという結論に至らざるを得なかったのは当然である。

律令官僚制で五位ラインが大きな意味をもつことは女官にとっても同様であった。本章では、貴族階級につながる五位への昇叙が、女官に対してどのように実施されたのかを、内階・外階コースの検討を中心に、『日本後紀』以降の国史に記載された女官も考察の対象として検討していきたい。

なお、古代史における史料的制約は周知の事実であり、とりわけ、女性に関する位階や任官の記録は、正史でさえも略される場合が多く、女官研究のネックともなってきた。今回、文献史料で抽出した女孺や采女に関する位階の記録も、男官全体の記録に較べれば、きわめてわずかなものである。しかし、その僅少さを理由に考察を諦めるのではなく、その記録から何が考えられるかという立場で検討を進めていきたい。

一　氏の内階・外階コースと女官

1　女官の位階と神亀五年格

大宝元（七〇一）年の大宝令で内位三〇階、外位二〇階の位階制度が定められたのち、神亀五（七二八）年三月二十八日の太政官謹奏（以後、神亀五年格と記す）によって五位への昇叙にさいしての新たなシステムが導入され、以後、官人の五位昇叙にあたっての法的規制となっていった。(6) 次に示すのは、神亀五年格のうち、五位昇叙に関する部分である（『類聚三代格』巻五、定内外五位等級事より抜粋）。

定㆓内外五位等級㆒事

太政官謹奏

内外五位不㆑合㆓同等㆒事

右謹案㆓官位令㆒。外名之興者。自㆓正五位上階㆒訖㆓従五位下階㆒。於㆑内相当惣是四階。又拠㆓選叙令㆒云。凡内外五位以上勅授者。准㆓禄令㆒云。五位以上不㆑在㆓食封之例㆒。直称㆓疋屯之数㆒。則知内外之目旧来殊㆑号。禄料之色未㆑有㆓処分㆒。礼数等級豈合㆓同科㆒。自今以後。随㆑名異㆑秩。以㆑外則別㆓姓高下㆒。以㆑内則択㆓家門地㆒。其五位以上子孫歴代相襲冠蓋相望。幷明経秀才堪㆑為㆓国家大儒後生袖領㆒者。即選㆓内位㆒。余選㆓外位㆒。（中略）

神亀五年三月廿八日

この神亀五年格によってもたらされたものが、内階・外階コースの別である。「姓高下」「家門地」を基準とし、野村によれば「歴代相襲の門地貴族の子孫」と、「国家の大儒として政治理念を指導しうる才幹」のある者というきわめて限定的な官人を内位に叙し、その他を外位に叙するとしたのである。この結果、多治比真人、藤原朝臣、石川朝臣、橘宿禰、百済王などが内階コースをたどり、同一氏族の構成員中に内階コース・外階コースの両方を含んだ氏が、阿倍朝臣、巨勢朝臣、大伴宿禰などわずかながら存在したものの、上記以外の氏は、外階コース氏となった。

六国史においては、外五位女性は神亀五年格の後に初めて登場する。初見は天平元（七二九）年七月辛亥の大隅隼人への叙位であり、佐須岐君夜麻等久久売が外従七位上から外従五位下に叙された。女官の外位の初見は、天平六年正月己卯の叙位記事で、秦忌寸大宅が従七位上から外従五位下に叙された。[7] 神亀五年格による改定が女官にも適用されたことは確実である。

神亀五年格に基づく内階・外階コースの別は、天平十五年から変化の兆しをみせはじめ、天平十八年までには外階コースの真人・朝臣は内階コースに戻り、一部の宿禰姓も内階コースに転換した。しかし、中央貴族層の多くを内階コースに戻したとはいえ、それは旧態への単純な回帰ではなかった。こののち、朝臣以上と、外階コースに残された宿禰・忌寸以下の差等が定着することとなり、とくに壬申功臣の「卑姓」氏が、外位に留まる階層に下降・固定されてしまったのである。

天平十八年以降、六国史末年までの各氏のコース変化については、大塚徳郎の研究があるが、[8] 大塚は、女性の昇叙は「特別の個人的なものが多い」として検討対象から除外した。[9] 本節では、天平十八年以降、六国史の最終年である仁和三（八八七）年までのコース変化の具体例を、氏と女官という視点から確認したい（表8〜12参照。表中のゴシックは女性、点線はコース変更時点〈神亀五年および天平十五〜十八年以降の時期〉を示す。出典は『続日本紀』『日本後紀』『続日本後紀』『日本文徳天皇実録』『日本三代実録』『類聚国史』『日本紀略』）。

2　天平十八年以降の諸氏のコースと女官の五位昇叙

県犬養氏

県犬養宿禰氏（表8）は、周知のように光明皇后の母である県犬養橘三千代の一族である。県犬養氏の男女で、六国史上、六位以下（および無位）から五位に昇叙された経緯が確認できる人物を抽出したのが表8である。

大宝令施行後、筑紫、石足、石次、大唐ら『続日本紀』で五位昇叙状況が判明する官人は、すべて六位以下から従

表 8　県犬養宿禰

年月日	西暦	名前	位階	昇叙
慶雲 2 年 12 月癸酉	705	県犬養宿禰筑紫	従六位下	従五位下
養老 2 年正月庚子	718	県犬養宿禰石足	正六位上	従五位下
養老 4 年正月甲子	720	県犬養宿禰石次	正六位上	従五位下
神亀 3 年正月庚子	726	県犬養宿禰大唐	従六位上	従五位下
……………	…	……………	……	……
天平 9 年 9 月己亥	737	県犬養宿禰大国	従七位上	外従五位下
天平 14 年 2 月丙子	742	**県犬養宿禰八重**	正八位上	外従五位下
……………	…	……………	……	……
天平 17 年正月乙丑	745	県犬養宿禰須奈保	正六位上	従五位下
天平 18 年 4 月癸卯	746	県犬養宿禰古麻呂	正六位上	従五位下
天平 19 年正月丙申	747	県犬養宿禰小山守	正六位上	従五位下
天平宝字元年 7 月辛亥	757	県犬養宿禰佐美麻呂	正七位下	従五位下
天平宝字 2 年 8 月庚子	758	県犬養宿禰吉男	正六位上	従五位下
天平宝字 7 年正月壬子	763	**県犬養宿禰姉女**＊1	従六位下	従五位下
天平宝字 8 年 12 月戊辰	764	県犬養大宿禰内麻呂	正七位上	従五位下
宝亀元年 4 月癸巳	770	県犬養宿禰真伯	正六位下	従五位下
宝亀元年 10 月癸丑	770	**県犬養宿禰道女**	正七位下	従五位下
宝亀 3 年正月辛卯	772	**県犬養宿禰竈屋**	正六位下	従五位下
宝亀 8 年正月庚申	777	県犬養宿禰伯	正六位上	従五位下
宝亀 8 年 2 月庚寅	777	県犬養宿禰虎子	正六位上	従五位下
宝亀 9 年正月丁卯	778	**県犬養宿禰安提女**	無位	従五位下
宝亀 10 年正月甲子	779	県犬養宿禰堅魚麻呂	正六位上	従五位下
天応元年正月庚午	781	**県犬養宿禰勇耳**	無位	従五位下
延暦 4 年正月癸卯	785	県犬養宿禰継麻呂	正六位上	従五位下
延暦 10 年正月庚午	791	**県犬養宿禰額子**	無位	従五位下
延暦 24 年 8 月癸卯	805	**県犬養宿禰浄浜**	従六位上	従五位下
弘仁元年 11 月戊午	810	県犬養宿禰清継	正六位上	従五位下
弘仁 14 年正月癸亥	823	県犬養宿禰浄人	正六位上	従五位下
天長 10 年 3 月癸巳	833	県犬養宿禰広浜	正六位上	従五位下
嘉祥 2 年正月壬戌	849	県犬養宿禰氏河	正六位上	従五位下
仁寿元年 11 月甲午	851	県犬養宿禰小成	正六位上	従五位下
斉衡 2 年正月戊子	855	県犬養大宿禰貞守	正六位上	従五位下
貞観 11 年正月 8 日	869	**県犬養宿禰阿野子**	無位	従五位下

＊1　姉女は冤罪で無位とされた後，復位の経過をたどる（宝亀 3 年正月辛卯条）．

五位下に昇った。ところが、神亀五年格の後、最初に五位に昇った大国は外従五位下に叙された。県犬養宿禰氏が外階コースに振り分けられたためである。大国の入内は六年後であった[10]。

県犬養宿禰氏のコースが再び転換するきっかけとなったのは、天平十七年正月の須奈保の授位である。このとき須奈保は内階コースで五位昇叙を果たし、以後、県犬養宿禰氏は、男女ともに内階コースをたどることとなった。

表9　飯高氏（君，宿禰，朝臣）

年月日	西暦	名前	位階	昇叙
天平17年正月乙丑	745	**飯高君笠目（諸高）**	正六位下	外従五位下
弘仁2年閏12月乙卯	811	**飯高宿禰姉綱**	正六位下	外従五位下
弘仁14年11月庚午	823	飯高宿禰全雄	正六位上	外従五位下
承和3年正月庚申	836	**飯高宿禰全継子**	従七位上	外従五位下
承和3年正月壬戌	836	**飯高宿禰永刀自**	無位	外従五位下
承和5年正月丙寅	838	（飯高公常比麻呂）	正六位上	外従五位下
…………	…	…………	……	……
承和11年正月庚寅	844	飯高朝臣永雄	正六位上	従五位下
仁寿2年正月甲午	852	**飯高朝臣在世**	従七位上	従五位下
貞観15年5月29日	873	飯高朝臣貞宗	外従五位下	従五位下

県犬養宿禰氏が内階コースへと回帰した時期に活躍した女官に、県犬養宿禰八重がいる。八重の系譜は不詳であるが、天平十四年二月に聖武が皇后宮に行幸したさいに授位されたことなどから、光明皇后の女官であったと考えられる。八重は、天平十四年に正八位上から外従五位下に叙され、天平十七年正月乙丑に従五位下に昇って入内した。天平十四年の外従五位下への叙位は、当時、県犬養宿禰氏が外階コースにあったためである。その後、八重は入内を果たすが、注目すべきは、その日付である。天平十七年正月乙丑とは、先に触れたように、同族の須奈保が内階コースで従五位下に叙された日であった。同じ日に、八重も入内を果たしたのである。すでに天平十五年に入内していた大国に続いての八重の入内で、おそらく県犬養氏の外五位の官人はいなくなったであろう。以後、県犬養宿禰氏の官人は男女ともに内階コースをたどることとなった。女性の叙位が氏の動向とリンクしている様子がよくわかる例である。

飯高氏

飯高氏（表9）は、県造[11]から君、宿禰、朝臣へと姓が上昇し、九世紀の朝臣賜姓後、外階コースから内階コースに転換した。飯高氏については、これまでも大塚徳郎や野村忠夫らが言及している[12]。伊勢国飯高郡の一地方豪族にすぎなかった飯高氏の姓上昇の推移を六国史から抜粋すると、次のようになる。

天平十四年四月甲申　　飯高君笠目の親族県造らに飯高君賜姓
天平十七年正月乙丑　　笠目が正六位下から外従五位下に昇叙（外階コース）
神護景雲三年二月辛酉　伊勢国飯高郡人正八位上飯高公家継ら三人に宿禰賜姓
弘仁三年　　　　　　　飯高氏の女性が嵯峨の皇子（源常）を出産[13]
承和三年三月丙午　　　左京人従五位下飯高宿禰全雄ら五烟に朝臣賜姓
承和七年八月辛亥　　　源常、右大臣就任
承和九年六月丙寅　　　伊勢国人飯高公常比麻呂ら二七人に朝臣賜姓、左京に編す
承和十一年正月庚寅　　飯高永雄が正六位上から従五位下に昇叙（内階コース）
承和十一年七月癸未　　源常、左大臣昇進

飯高氏が中央へ進出するきっかけは、一族の飯高君諸高（笠目）[14]が元正から光仁までの歴代天皇に仕え厚い信任を得て、典侍従三位に至ったことにあった[15]。ただし、諸高以後、管見の限りでは八世紀に五位に至った官人は男女ともにみえない[16]。九世紀に入って姉綱が五位に至り、以後、全雄、全継子、永刀自と相次いで五位に昇ったが、いずれも外階コースをたどった。飯高氏が内階コースに転じるのは、承和十一（八四四）年に従五位下に叙された永雄からである。このコース転換について、先述した大塚らは、飯高氏の女性が嵯峨のキサキの一人となり、所生の源常が左大

臣にまで昇進したことによるとした[17]。さらにもう一人、承和九年に公から一気に朝臣を賜姓された常比麻呂の存在も見逃せない。承和三年に朝臣を賜姓された全雄は、その時点ですでに京貫されており、おそらく飯高氏の本宗であっただろうと思われる。常比麻呂は、神護景雲三（七六九）年に諸高の親族が宿禰姓を与えられたときの範囲からは漏れた系統で、伊勢国を本貫とし、公姓を帯びていたと思われるが、嵯峨の東宮時代からそば近くに仕えていたらしい武人である[18]。その常比麻呂の朝臣賜姓後、承和十一年の永雄の従五位下昇叙によって飯高氏は内階コースに転換したようである。この飯高氏においても、女性の五位昇叙は氏のコースと符合していた。

和氏

和史氏（表10）は、桓武の母・高野新笠の父の氏である。『新撰姓氏録』によると左京諸番に貫された、百済武寧王の後裔を自称する渡来系氏族である。五位に昇った和史氏官人の初見は和史国守で、桓武即位儀当日（天応元年）の叙位で正六位上から外従五位下に叙された。翌々年、女孺の家吉（最終身位は尚殿従四位下[19]）も無位から外従五位下に叙された。光仁・桓武朝は、その王統の正統性表明のために父系祖先だけではなく外戚への尊崇も打ち出された時期であったとされる[20]。この時期においても、史という姓を帯びていたあいだは、天皇にきわめて近い血縁関係を有する外戚といえども、外階コースをたどらざるを得なかったのである。

和史氏は、延暦二（七八三）年四月丙寅、和史国守ら三五人に朝臣が賜

表10　和史（朝臣）

年月日	西暦	名前	位階	昇叙
天応元年４月癸卯	781	和史国守	正六位上	外従五位下
延暦２年正月戊子	783	**和史家吉**	無位	外従五位下
…………	…	……	……	……
延暦３年正月己卯	784	和朝臣三具足	正六位上	従五位下
延暦５年正月戊戌	786	和朝臣家麻呂	従七位上	従五位下
延暦16年正月甲午	797	和朝臣建男	正六位上	従五位下
弘仁３年正月丙寅	812	和朝臣縄継	正六位上	従五位下
弘仁７年正月癸酉	816	和朝臣家主	従六位上	従五位下
承和４年３月丙子	837	和朝臣豊永	正六位上	従五位下
天安元年正月丁未	857	**和朝臣安子**	従六位下	従五位下
貞観９年正月８日	867	**和朝臣宜子**	無位	従五位下
仁和３年正月７日	887	和朝臣好道	正六位下	従五位下

表11　佐味朝臣

年月日	西暦	名前	位階	昇叙
慶雲 2 年 12 月癸酉	705	佐味朝臣笠麻呂	正六位下	従五位下
神亀 2 年 11 月己丑	725	佐味朝臣虫麻呂	従六位上	従五位下
……………	…	…………	……	……
天平 3 年正月丙子	731	佐味朝臣足人	正六位上	外従五位下
天平 17 年正月乙丑	745	**佐味朝臣稲敷** ＊1	外従五位上	従五位下
……………	…	…………	……	……
天平 20 年 2 月己未	748	佐味朝臣広麻呂	正六位上	従五位下
天平勝宝 2 年 4 月戊午	750	佐味朝臣乙麻呂	正六位上	贈従五位下
天平宝字元年 7 月辛亥	757	佐味朝臣宮守	従八位上	従五位下
天平宝字 5 年正月戊子	761	佐味朝臣伊与麻呂	正六位上	従五位下
宝亀 3 年正月辛卯	772	**佐味朝臣真宮**	正六位上	従五位下
宝亀 7 年正月丙申	776	佐味朝臣継人	正六位上	従五位下
宝亀 8 年正月庚申	777	佐味朝臣山守	正六位上	従五位下
宝亀 10 年 9 月甲午	779	佐味朝臣比奈麻呂	正六位上	従五位下
延暦 18 年 2 月丙子	799	**佐味朝臣枚女**	従八位下	従五位下
弘仁 11 年 5 月辛亥	820	佐味朝臣葛餝麿	正六位上	従五位下
天長 8 年正月癸卯	831	佐味朝臣継成	正六位上	従五位下
貞観 6 年正月 7 日	864	佐味朝臣人上	正六位上	従五位下

＊1　五位への昇叙記事ではないが論考上の必要から掲載した.

姓された。同年八月壬申、まず外従五位下の家吉が従五位下に叙され入内し、翌年正月己卯の叙位で国守が従五位下に叙されて入内した。同日、正六位上の三具足が従五位下に昇叙され、和氏の官人として初めて内階コースで五位に昇った。以後、和朝臣氏の男女は内階コースで五位昇叙を果たす。朝臣への改賜姓によって、ようやくコース転換が実現したのである。

佐味氏

佐味朝臣氏（表11）は、もとは君姓で、天武朝における八色姓制定時に朝臣の姓を与えられた。[21]『新撰姓氏録』では右京皇別に編され、上毛野朝臣と同祖とされている。一族の官人で五位に昇った初見は、慶雲二（七〇五）年に正六位下から従五位下に叙された笠麻呂である。続いて神亀二年、中務少丞であった虫麻呂が従六位上から従五位下に叙された。しかし、神亀五年格の後、正六位上足人が外従五位下に叙され、氏は外階コースに転換した。

神亀五年格ののち、六位以下から外五位への佐味朝臣氏の男女の昇叙記事は足人のほかにはみえないが、確実に外五位を帯びたことが確認できる女官は存在する。天平十七年正月の叙位で外従五位上から従五位下に叙された佐味朝臣稲敷である。[22]氏が外階コースであったために、稲敷も外位に叙されたことは明らかである。さらに、稲敷が外従五位上を帯びていたことは注目に値する。おそらく、正六位以下から外従五位下をへて外従五位上に至ったと思われる。

佐味朝臣氏は、天平二十年の広麻呂の昇叙で内階コースに戻った。以後、同氏の男女はすべて内階コースをたどる。

表12　黄文連

年月日	西暦	名前	位階	昇叙
和銅3年正月甲子	710	黄文連益	正六位上	従五位下
和銅4年4月壬午	711	黄文連備	正六位上	従五位下
…………	…	……	……	……
天平9年2月戊午	737	**黄文連許志**	従六位上	外従五位下
天平19年正月丙申	747	黄文伊加麻呂＊1	正六位上	外従五位下
天平勝宝6年正月壬子	754	黄文連水分	正六位上	外従五位下
天平宝字2年8月庚子	758	**黄文連真白女**	外大初位上	外従五位下
宝亀元年7月丙寅	770	黄文連牟禰	正六位上	外従五位下

＊1　天平9年度和泉監正税帳に黄文連伊加麻呂とあり（『大日本古文書』2—97）.

黄文氏

これまでは、神亀五年格の後は外階コースをたどったものの、天平末年のコース変換や賜姓によって内階コースに回帰・上昇した例をみてきた。しかし、神亀五年格によって外階コース氏に下降したまま、天平末年の変化の時期にも内階コースに回帰できずに固定化された氏もみられる。とくに、壬申功臣の子孫である、いわゆる「卑姓」氏の転落は著しいものがある。その一例として、神亀五年格前後に氏から女性が出仕していたことを確認できる黄文連氏（表12）をみていきたい。

黄文連氏はもと造姓で、一族の黄文造大伴が壬申の乱で功をあげ、天武十二（六八三）年に造から連へ改姓された。[23]大伴は、和銅三（七一〇）年に卒したさいには正四位下を贈られた。[24]和銅年間には、同族の益、備が相次いで従五位下に昇叙された。

神亀五年以後、最初に五位昇叙が確認できる一族の官人は、女官の許志で、従六位上から外従五位下に叙された。許志はその後、天平十七年正月乙丑の叙位で、県犬養八重、佐味稲敷らとともに昇叙され、外従五位上から外正五位下に昇った

表13　天平十八年〜仁和三年の女官と氏の五位昇叙（男女ともに『続日本紀』以降の国史に五位昇叙状況が記録された氏*1）

	姓	氏
内階	真人	百済王　多治比　当麻　内　息長　文室　為奈　大原　国見　大宅　甘南備　三国　吉野
	朝臣	紀　大宅　藤原　鴨（賀茂）　大神　川辺　佐味　大中臣　穂積　石上　久米　阿倍　粟田*2　雀部　布勢　車持　大野　石川　和気　巨勢　若桜部　笠　伴田　平群　小野　小治田　田中　安倍小殿　菅生　角　池田　秋篠　永原　坂本　菅野*2　滋野　田口　菅原*2　源　大枝　平　島田　春原　良岑　林　八多　高橋　御春
	宿禰	県犬養　橘（のち朝臣）　安曇　大伴　佐伯　忌部
	忌寸	坂上（大忌寸）
	その他	皇甫
外階	朝臣	宗形　御使　賀陽
	宿禰	武蔵　尾張*3　若湯坐　伊福部　丹比　真神　鴈高　百済　朝宗　葛木
	忌寸	山口
	連	黄文　桑原　美努　神服　栗前　岡上　葛井　道田　村国　船　尾張*3　麻績
	直	丈部*4　壬生　刑部*4　久米　佐伯　凡　海　海上国造他田日奉
	臣	紀　江沼　丸部　三野　神門
	公（君）	壬生　佐佐貴山　大網
	その他	大秦公宿禰　桑原毗登　酒部造　金刺舎人　因幡国造　物部*4　春日部　刑部*4　田辺史
改氏・改姓による内階コース転換で男女一致		飯高（君→宿禰→朝臣）　和（史→朝臣）　弓削宿禰（→弓削御浄朝臣）
不一致	複数系統*5	春日（大春日）朝臣　上毛野朝臣　太朝臣
	その他	秦忌寸　大養徳（大和）宿禰　山田*6　錦部連　三善宿禰　上道臣　安都宿禰　朝妻造　津守宿禰　伊勢朝臣*7　蕃良朝臣　三島宿禰　山宿禰　大津連　武生連　朝原忌寸　朝野宿禰　宍人朝臣*8　葉栗臣　水取連　長岑宿禰　丈部*4　久米連　葛井宿禰　清科朝臣

＊1朝臣・宿禰がおおむね内階コースに戻った天平十八年を起点とした。天平十七年以前に五位以上の女官がいても、天平十八年以降の女官の五位昇叙状況が確認できない氏は除いた（茨田宿禰、粟凡直など）。
＊2粟田朝臣、菅野朝臣、菅原朝臣には、内階・外階両コースの系統がある。それぞれの氏姓をもつ女官のうち、粟田朝臣直子（『三代実録』元慶八年二月二十六日条）、菅野朝臣栄子（同貞観十七年正月二十一日条）以外は内階コース系出自と判断した。
＊3内階昇叙の尾張架古刀自（『続日本紀』延暦十年七月庚申条）がいるが、姓不詳。
＊4物部、刑部、丈部は、部姓のほか、直姓および姓不詳の女官がいる。
＊5春日朝臣、上毛野朝臣、太朝臣は、複数系統があり、内階・外階コースが併存しているため、女官の系譜は弁別不能。
＊6山田史・山田御井宿禰・山田連・山田宿禰と変遷し、氏としてはいずれの時点でも外階コースだが、男女ともに内階昇叙あり。
＊7伊勢朝臣は、外階コース氏だった時代から男女ともに内階あり。弘仁以降は内階コースに転じたとみられる。
＊8宍人朝臣は、外階コース時代に男官の内階昇叙あり。九世紀なかばに内階コースに転じたとみられる（大塚徳郎前掲註(8)論文、一九二頁）。

のを最後に、『続日本紀』の記載にはみえなくなる。以後、黄文連の男女は外階コースをたどった。

許志の記事は、黄文連が外階コースに下降したことを示すだけではなく、神亀五年格ののちの最初の氏の五位昇叙者が女性であった場合にも、氏の「姓高下」「家門地」に即した検討が行われ、内外コースの振り分けが実施されたことを教える事例である。女性が氏のコースに応じて遇されただけではなく、女性への内外階コースの判断がその後の氏のコースとして定まった例としても、注目に値すると思われる。

黄文連氏は、天平十八年以後も外階コースに留まり、以後、六国史でみる限り男女ともに入内者もいなくなる。壬申功臣子孫の外階コースへの下降と固定化である。

3　女性への内・外階コースの適用

右記の方法で、天平十八年から仁和三（八八七）年まで、男女ともに五位昇叙状況が記録されている氏について、内階・外階コースと女官の昇叙の対応関係をまとめた（表13）。内階・外階コースの別は、平安期に入ってもなお、官人たちの重要な関心事であり、外階コース各氏は内階コースへの上昇を図っていた。(25)女官もその渦中にあり、当事者だったことは、右記の考察結果や、『日本三代実録』仁和二年正月八日の女叙位に至るまで、女官の外五位授位が確認できることから明らかである。神亀五年格によってもたらされた支配層内の新しい諸氏の秩序のなかに、女官も組み込まれ処遇されたのである。

六国史から抽出した氏の数は一五一である。内階コースで男女ともに一致する氏は六九、外階コースで男女とも一致する氏は五一、改賜氏姓によって男女ともに内階コースに転じた氏は三である。

氏のコースと女官の昇叙状況が異なる例は二八氏（表13中「不一致」とした部分）である。(26)このうち、外階コース氏で女性のみが内階昇叙した例がある氏は一三、逆に男官のみ内階昇叙の例がある氏は六。男女とも内階昇叙の特例がある氏は六。同氏姓で複数系統があるなどの理由で判別できないものが三（春日〈大春日〉朝臣、上毛野朝臣、太朝臣）である。内訳は次のようになる。

i　氏は外階コースだが、女性のみ内階昇叙あり（錦部連、久米連、安都宿禰、朝妻造、津守宿禰、蕃良朝臣、三島宿禰、山宿禰、武生連、朝原忌寸、葉栗臣、水取連、葛井宿禰）。(27)計一三氏。

ii　氏は外階コースだが、男性のみ内階昇叙あり（秦忌寸、上道臣、大津連、朝野宿禰、宍人朝臣、丈部）。計六氏。

iii　氏は外階コースだが、男女ともに内階昇叙あり（大養徳宿禰、山田史、清科朝臣、長岑宿禰、三善宿禰、伊勢朝臣）。計六氏。(28)

以上から、iとiiiに該当する女性たちが、野村忠夫が〝女性ゆえの特例昇叙〟とした事例に含まれるといえよう。その割合は全体の一割強である。このようにみてくると、無位からの五位直叙の事例など、男官に比べて女性授位の特殊性は否定できない。しかし、神亀五年格によって導入された「姓高下」と「家門地」による氏の差別は、五位昇叙にあたっては内階・外階コースの別として定着し、男官と同様に女官にも適用されていたことは明らかである。内階・外階コースに関しては、女性授位の特殊性のなかにも、官人全体を貫くルールは存在していたのだということを改めて確認したい。

二　采女の外五位昇叙

1　女孺と采女の昇叙の差異

前節で、階層性をともなった氏のランク付けが定着し、内外コースの別として機能するなかで、女官の五位昇叙にあたってもそれが適用されたことをみた。

ところで、これまで一括りに女官と記述してきたが、養老後宮職員令による後宮十二司の定員は職事五七人、女孺一五二人、采女六六人である。出仕条件は、後宮職員令18氏女采女条に次のように規定された(29)。

凡諸氏。氏別貢レ女。皆限二年三十以下十三以上一。雖レ非二氏名一。欲二自進仕一者聴。其貢二采女一者。郡少領以上姉妹及女。形容端正者。皆申二中務省一奏聞。

氏ごとに貢される女性が「氏女」であるが、後宮十二司の職名にはみえない。それは出身のさいの資格であり、出仕したのちには、女孺の職名を帯びたからである(30)。また、後宮職員令集解4内侍司条所引の古記は、女孺は采女・氏女から補されるとし、伴記も同様の解釈をしているように(31)、采女も女孺に任じられる場合があった。

氏女は、『日本書紀』天武八（六七九）年八月己酉条の「詔曰、諸氏貢二女人一」に直接の淵源を有する制度である。右掲の氏女采女条「雖レ非二氏名一。欲二自進仕一者聴」の「自進仕」は、大宝令では「自進事」であり、その意味を後宮職員令集解18氏女采女条所引古記は「自進事。謂レ不レ限二内外一也」とする。おそらく五位以上の氏が氏女を貢する氏族とされ、氏名を記載した「別式」があったが、それに未登載の畿内・畿外の氏でも「自進事」、つまりとくに出仕を望めば許されたのである。(32)一つの氏から一人という枠を超えて出仕する場合や、「別式」に登載されていない氏の女性が出仕する場合でも、氏を基盤とする点は揺るがない。(33)

一方、采女は、先の氏女采女条に加え、次の軍防令38兵衛条で規定された女官である。

凡兵衛者。国司簡下郡司子弟。強幹便二於弓馬一者上。郡別一人貢之。若貢二采女一郡者。不レ在下貢二兵衛一之例上。三二分一国。二分兵衛。一分采女。

つまり、後宮十二司の女官の供給源として想定されていたのは氏女と采女であり、氏女は諸氏から、采女は郡領の一族から貢じることとされた女性たちだったのである。

ところが、氏女と采女という二つの出仕ルートをみていくと、五位昇叙のあり方に差があることに気づかされる。まず、采女である。表14は、『続日本紀』以下の国史や『類聚国史』で「采女」の肩書を明記され、かつ、五位の授位状況がわかる女官を抽出したものである。六位以下から五位に昇叙したさいの位階が確認できるのは、一四例である。五位昇叙直前の位階は不明であるものの、五位に昇ったさいに叙された位階がわかるものは七例である。合わせて二一例である。

その特徴の第一は、六位以下から内階コースで五位に昇叙された例は、原則的にはみられないということである。采女の考課は他の女官と同様に内長上扱いであり、(34)六位までは内位を叙されたことが確認できる。にもかかわらず、五位に昇る時点で必ず外五位をへているのである。例外は、宝亀二（七七一）年に正六位下から従五位下に叙された国造浄成女だけである。(35)

表14　采女の五位昇叙（七〇一～八八七年）

No.	人名	五位昇叙前の位階	内外五位の別	年月日	西暦	出典／備考
1	小槻山君広虫	正八位下	外従五位下	天平九年二月戊午	七三七	『続日本紀』／采女の肩書＝『大日本古文書』二―八内侍司牒に栗太采女
2	飯高君笠目（飯高宿禰諸高）	正六位下	外従五位下	天平十七年正月乙丑	七四五	『続日本紀』／采女の肩書＝天平十四年四月甲申条に伊勢国飯高郡采女
3	槻本連若子	正六位上	外従五位下	天平十七年正月乙丑	七四五	『続日本紀』／采女の肩書＝『大日本古文書』二―四内侍司牒に志我采女
4	熊野直広浜	正六位下	外従五位下	天平十七年正月乙丑	七四五	『続日本紀』／采女の肩書＝天平神護元年十月庚辰条に牟婁采女
5	粟凡直若子	正六位下	外従五位下	天平十七年正月乙丑	七四五	『続日本紀』／采女の肩書＝『大日本古文書』一二―二六五に板野采女国造粟直若子
6	壬生直小家主女	正七位下	外従五位下	天平宝字五年正月戊子	七六一	『続日本紀』／采女の肩書＝神護景雲二年六月戊寅条に筑波采女
7	賀陽臣小玉女＊1	従七位上	外従五位下	天平神護元正月己亥	七六五	『続日本紀』／『大日本古文書』四―一九三双倉北雑物出用帳に賀陽采女あり
8	檜前部老刀自（檜前君老刀自／上野佐位朝臣老刀自）	不明	外従五位下	天平神護二年十二月癸巳＊2	七六六	『続日本紀』／采女の肩書＝神護景雲二年六月戊寅条に佐位采女
9	武蔵宿禰家刀自	不明	外従五位下	宝亀元年十月癸丑＊3	七七〇	『続日本紀』／采女の肩書＝延暦六年四月乙丑条卒伝に武蔵国足立郡采女
10	国造浄成女	正六位下	従五位下	宝亀二年正月庚申	七七一	『続日本紀』／采女の肩書＝宝亀二年二月丙申条に因幡国高草采女。『日本後紀』延暦十五年十月壬申条卒伝に元因幡国高草郡之采女

11	伊豆直乎美奈	不明	外従五位下	宝亀二年閏三月己酉*4	七七一	『続日本紀』／采女の肩書＝静岡県史資料編4所収「伊豆宿禰系図」
12	阿岐采女粟	不明	外従五位下	宝亀三年	七七二	『公卿補任』宝亀三年藤原楓麿尻付／『尊卑分脈』（一―三四）では阿波采女
13	牟義都公真依	従六位上	外従五位下	天応元年三月庚申	七八一	『続日本紀』
14	安那公御室	正七位上	外従五位下	天応元年三月庚申	七八一	『続日本紀』
15	久米直麻奈保	正八位上	外従五位下	天応元年三月庚申	七八一	『続日本紀』
16	三野臣浄日女	正六位上	外従五位下	延暦五年十月庚辰	七八六	『続日本紀』
17	佐佐貴山公賀比	従七位下	外従五位下	延暦六年四月戊寅	七八七	『続日本紀』
18	佐伯直那賀女	不明	外従五位下	延暦十五年十一月己酉	七九六	『日本後紀』
19	服部三船	正六位下	外従五位下	延暦二十四年八月癸卯	八〇五	『日本後紀』／采女の肩書＝延暦二十四年十一月壬申条
20	勝部公真上	不明	外従五位下	大同二年五月庚子*5	八〇七	『類聚国史』巻四〇采女、巻七八賞賜
21	神門臣当継	不明	外従五位下	承和十五年正月己巳	八四八	『続日本後紀』／采女の肩書＝『類聚国史』巻七八賞賜

＊1『大日本古文書』で賀陽采女の記載がみえるのが天平宝字八年で、『続日本紀』の小玉女の叙位記事は翌年にあたるという時期的な要素と、賀陽臣氏が賀陽郡を本拠地とする豪族であることなどから、賀陽采女と小玉女を同一人と判断した。
＊2、＊3、＊4はいずれも外従五位下からの昇叙の記載であり、外従五位下授位の年月と直前の位階は不明。
＊5『類史』は大同二年五月庚子時点の位階を示すもの。外従五位下授位の年月については、本章第二節参照。

第二は、無位からの五位直叙の例がないということである。

五位昇叙直前の位階が不明の七人のうち勝部公真上（表14―20）は、病によって出雲に帰郷したさいに外従五位下であった。同時期の女官に勝部造真上がおり、『日本後紀』延暦二十四（八〇五）年八月癸卯条で従七位上から外従五位下に叙されている。勝部公真上と勝部造真上は同一人物とする見解がある[36]。であるとすれば、真上の五位昇叙前の位階は従七位上だったことになる。阿岐采女粟（14―12）は、藤原房前の妻で楓麻呂の母である。[37]この采女も、粟凡直若子（14―5）と同一人と比定できれば、[38]阿岐采女粟の五位昇叙直前の位階は正六位下だったことになる（その場合、表14の采女は二〇例に減）。

七人のなかに、外五位を数階へたことがわかる采女が二人いる。檜前部老刀自（表14―8）[39]は、天平神護二（七六六）年十二月癸巳に外従五位下から外従五位上に叙され、宝亀二年正月庚申に外従五位上から従五位下となった。神門臣当継（14―21）は、承和十五（八四八）年正月己巳に外従五位下に叙位され、嘉祥三（八五〇）年七月辛丑に外正五位下となった。

この二人が無位からの直叙ではなかったと判断してよいかどうかを、無位から外五位に叙された女性との比較でみてみたい。六国史には、無位から外従五位下に直叙された女性は、管見の限りでは三四人みえる。このうち、外従五位下授位以後の昇叙がわかるものは、廬郡君、[40]古仁虫名、[41]茨田宿禰弓束、[42]栗原勝乙女、[43]足羽臣黒葛、[44]和史家吉、[45]飯高宿禰永刀自、[46]錦部浄刀自子、[47]大春日朝臣氏子、[48]大和朝臣仲子、[49]紀朝臣全子、[50]賀陽朝臣乙三野[51]の一二人である。

この一二人のうち、茨田宿禰弓束、栗原勝乙女、足羽臣黒葛、和史家吉、飯高宿禰永刀自、錦部浄刀自子、紀朝臣全子、賀陽朝臣乙三野の八人が、次の叙位で入内している。大春日朝臣氏子は内階に改授されている。古仁虫名は、入内記事が欠落しており、経緯は不明である。外位とはいえ五位直叙の特典を得たにもかかわらず外五位を二階にわたってへたことを確認できるのは、廬郡君と大和朝臣仲子の二人のみである。廬郡君の場合は、神亀五年格に近い時期であり、外五位を数段階へるコースを適用されたためと考えられる。大和朝臣仲子が外五位を二階へた理由は不明である。[52]

このようにみてくると、無位から外五位へ直叙された女性のなかには、外戚一族（和史家吉、飯高宿禰永刀自）や天皇乳母（紀朝臣全子）などが含まれており、次の授位がある場合には入内するのが通例だったと考えられる。すると、外五位を数階たどらざるを得なかった檜前部老刀自、神門臣当継らは、いずれも直叙に与ったのではなく、コツコツと下から登りつめてきたと考えた方が蓋然性が高いだろう。

2　女孺の構成と昇叙の特徴

続いて、氏女出身者が任じられた女孺の構成と昇叙の特徴をみていきたい。表15は、六国史をはじめとする文献史料に肩書を「女孺」（女豎、豎子も含む）と記載され、かつ、五位を授されたときの状況がわかる女官を抽出したものである。采女とは異なり、女孺には内階・外階コースの別が存在するので、コース別に分類した。なお、女孺には、采女として出仕したものの水司、膳司に配属されず、他司の女孺に補される采女もいた。(53) しかし、文献史料においては、出自の弁別と配属官司の判断は難しい。このため、後宮十二司以外の女孺（女豎）や、采女として出仕した女官が含まれている可能性もある。(54) 采女の場合には出自は厳格に規定されていたが、女孺の場合は、構成自体が複雑なので、その特徴も含めて検討していきたい。

表15から明らかな特徴の第一は、女孺には、大原真人や多治比真人らの皇親氏族や、藤原朝臣、百済王氏らの大貴族からも出仕していたということである。

特徴の第二は、子部宿禰、下村主ら畿内中小豪族のほか、畿外豪族からも出仕していたということである。とくに、畿外豪族は、名草直、金刺舎人、足羽臣、江沼臣ら郡領クラスからの出仕が目立ち、采女の出身階層と同じであることが確認できる。(55)

特徴の第三は、畿内・畿外出身女孺ともに、五位昇叙にあたっては、基本的には出身母体の氏の内階・外階コース

表15　女孺の五位昇叙（七〇一～八八七年）

	No.	人名	五位昇叙前の位階	昇叙後の位階	年月日	西暦	出典／備考
内階 直叙	1	藤原朝臣児従	無位	従五位下	天平勝宝四年五月庚戌	七五二	『続日本紀』＊
	2	藤原朝臣薬子	無位	従五位下	天平宝字四年正月丙寅	七六〇	『続日本紀』
	3	橘宿禰御笠	無位	従五位下	天平宝字八年正月乙巳	七六四	『続日本紀』
	4	箭口朝臣真弟	無位	従五位下	天平宝字八年二月辛巳	七六四	『続日本紀』
	5	沙宅万福	無位	従五位下	神護景雲二年七月壬午	七六八	『続日本紀』
	6	文室真人布登吉	無位	従五位下	神護景雲二年十月戊申	七六八	『続日本紀』
	7	国見真人川曲	無位	従五位下	宝亀九年四月辛卯	七七八	『続日本紀』
	8	紀朝臣世根	無位	従五位下	宝亀九年七月戊申	七七八	『続日本紀』
	9	甘南備真人久部	無位	従五位下	宝亀十年四月乙未	七七九	『続日本紀』
	10	大伴宿禰義久	無位	従五位下	宝亀十一年正月辛未	七八〇	『続日本紀』
	11	県犬養宿禰勇耳	無位	従五位下	天応元年正月庚午	七八一	『続日本紀』／女孺＝『新撰姓氏録』左京皇別上廣根朝臣条
	12	藤原朝臣宇都都古	無位	従五位下	延暦三年正月辛巳	七八四	『続日本紀』
	13	大原真人明	無位	従五位下	延暦三年正月辛巳	七八四	『続日本紀』
	14	百済王真徳	無位	従五位下	延暦三年二月辛巳	七八四	『続日本紀』
	15	多治比真人豊継	無位	従五位下	延暦四年正月乙巳	七八五	『続日本紀』／女孺＝『新撰姓氏録』左京皇別上長岡朝臣条
内階 昇叙	16	鴨朝臣子鯽	従六位下	従五位下	天平勝宝四年五月壬子	七五二	『続日本紀』＊
	17	大伴宿禰真身	正六位上	従五位下	天平宝字四年正月丙寅	七六〇	『続日本紀』
	18	雀部朝臣東女	正六位上	従五位下	天平宝字四年正月丙寅	七六〇	『続日本紀』
	19	布勢朝臣小野	従六位下	従五位下	天平宝字四年正月丙寅	七六〇	『続日本紀』
	20	大神朝臣妹	正七位上	従五位下	天平宝字四年正月丙寅	七六〇	『続日本紀』
	21	阿倍朝臣豆余理	従六位下	従五位下	天平宝字八年正月乙巳	七六四	『続日本紀』
	22	藤野別真人虫女（和気朝臣広虫）	従七位下	従五位下	天平神護元年正月己亥	七六五	『続日本紀』／女孺の肩書＝『大日本古文書』一五―一八五
	23	百済王清仁	正六位下	従五位下	神護景雲二年四月戊寅	七六八	『続日本紀』
	24	賀茂朝臣御笠	正六位上	従五位下	宝亀十年五月辛酉	七七九	『続日本紀』

外階	直叙	25	刑部勝麻呂	無位	外従五位下	天平勝宝三年七月丁亥　七五一	『続日本紀』
		26	足羽臣黒葛	無位	外従五位上	宝亀五年七月己亥　七七四	『続日本紀』／復位
		27	物部得麻呂	無位	外従五位下	宝亀九年正月壬申　七七八	『続日本紀』
		28	和史家吉	無位	外従五位下	延暦二年正月戊子　七八三	『続日本紀』
	昇叙	29	忍海伊太須	不明	外従五位下	天平勝宝三年正月庚子　七五一	『続日本紀』
		30	錦部河内	不明	外従五位下	天平勝宝三年正月庚子　七五一	『続日本紀』
		31	金刺舎人若嶋	正七位下	外従五位下	宝亀元年十月癸丑　七七〇	『続日本紀』
		32	江沼臣麻蘇比	正八位下	外従五位下	宝亀九年十二月丁亥　七七八	『続日本紀』
		33	山口忌寸家足	従七位上	外従五位下	延暦元年七月丁未　七八二	『続日本紀』
		34	於保磐城臣御炊	従八位上	外従五位下	延暦元年七月丁未　七八二	『続日本紀』
		35	物部海連飯主	従七位上	外従五位下	延暦九年十月丁巳　七九〇	『続日本紀』

*新日本古典文学大系『続日本紀』三、一二〇頁、脚注四、六参照。上掲底本は「女」とし「孺」の文字を欠き「女无位藤原朝臣児従」「女従六位下鴨朝臣子鯽」とするが、意味が通らない。他の女孺への叙位記載から考えて「孺」の欠落とみるほうが自然だと考える。

の別に則して昇叙していたということである。ただし、第四の特徴として、女孺の場合は、内階コースをたどるにしても、外階コースをたどるにしても、ともに無位から五位への直叙の例がみえる。とくに、刑部勝麻呂、物部得麻呂、和史家吉らのような無位から外五位への直叙は、采女にはみられない特徴といえる。(56)

ここで、二つの疑問が浮上する。一つは、女孺には無位から五位への直叙があり、采女にはないのはなぜか。二つめは、なぜ采女は必ず外位をへるのかという問題である。

3　女孺（氏女）と采女の考課

女孺を含む女官の授位が考課・成選をへてのものであることは、前章（「令制女官考課についての一試案」）で詳述した。采女と女孺の六位以下からの昇叙は、こうした女官にたいする考課の反映であろう。

とはいえ、采女と女孺（氏女出身者）の考課のあり方には、若干の相違点が存在する。大宝令制下では、後宮十二司の女孺の考課は本司（十二司）が上日行事を録して中務省に送り、評定は中務卿が下した。采女の考課は、采女司の上級官司の長である宮内卿が実施したという。[57]

養老令では、女孺の考課は本司が上日行事を録して縫殿寮に送る。縫殿頭は考第を定めて中務省に送り（職員令義解8縫殿寮条）、中務省の担当官である大丞が考課の当否を審査し（職員令3中務省条）[58]、その結論に基づいて中務卿が考叙を決した。[59]

一方で采女は、後宮十二司の水司に六人、膳司に六〇人の定員があるが、令制では一国の三分の一の郡から貢される規定となっており、さらに天平十四（七四二）年には郡毎に一人に拡大された。[60]このため、後宮十二司の定数以上の采女が出仕し、水司、膳司以外の部署に女孺として配属されていたわけで、その考課がどこで行われたのかが問題になる。縫殿寮なのか、采女司なのか。

養老職員令52采女司条は、「正一人。掌。検㆓校采女等㆒事」とし、采女の検校を采女司の職務と規定している。この令文に関して『令集解』は、采女の名帳はどの官が管理するのかと所在を問う。そして、采女司にあるとする説（穴記）、後宮十二司の縫司にあるとする説（後案）、「検㆓校采女等㆒。謂此司為㆓本司㆒。可㆑分㆓配後宮十二司㆒等也。惣名帳可㆑有㆓此司㆒者」とし、采女を検校するとは、采女司が本司となって後宮十二司への配属を行うことであり、名帳は采女司にあるべきだとする朱説を記している。さらに、後宮職員令集解15縫司条所引跡記は、女官の考叙方式について、「此司之采女等考者。本司注㆓上日功過㆒。送㆓采女司㆒。考送㆓中務㆒」とし、評定は采女司が行うと解釈する。跡記が正鵠を得ているとすれば、采女として出仕した女官の考課は、たとえ女孺に任じられていたとしても、その配属

先である本司が上日功過を注して采女司に送り、采女司が考して中務省に送ったと考えられるのである。(61)

これを簡略に示すと次のようになろう。

女孺　後宮十二司→縫殿寮→中務省
采女　後宮十二司→采女司→中務省

最終的には、女官の名帳や考叙を管轄する中務省が考叙案を決し、天皇、太政官の判断を仰ぐのであるが、実務的には、十二司女孺は縫殿寮、采女は采女司が評定するしくみである。

4　女孺の五位直叙と采女の考叙

ここで、先に提示した疑問に立ち戻り、女孺には無位から五位への直叙があり、采女にはないのはなぜかを考えたい。

表15の女孺一覧では、畿外出身女孺であったと考えられる和気広虫(62)（表15―22）が従七位下の位階を帯びていただけではなく、持統紀に墓記上進を記録された伝統氏族(63)である大伴・雀部・大神・阿倍各氏の出身女孺たちも、六位、七位の位階を帯びている。畿外出身者であっても、畿内の伝統氏族の女性であっても、日常の考課・成選をへて授位を重ねていったのである。

ただし、表15では、藤原氏、橘氏などの有力貴族や、文室氏など真人姓の皇親氏族の女孺が五位に直叙されている。これは女孺と明記された女性に限らず、八世紀を通じて国史からうかがうことができる大貴族女性の叙位の一つの特徴である。(64)藤原氏の場合、天平九年二月戊午に藤原吉日が無位から従五位下に叙されたのを史料上の初見として、八世紀を通じて同氏の女性は五位直叙に与っており、藤原児従（表15―1）らの直叙も、そうした特権によるものだと考えられる。

また、県犬養氏は、延暦年間にも六位以下から五位に昇った女官がみられる（表8の浄浜）ように、五位直叙の特権を有した氏族とは考えられないが、県犬養宿禰勇耳（表15―11）は従五位下に直叙されている。勇耳は、『新撰姓氏録』左京皇別広根朝臣条に「光仁天皇龍潜之時」に侍して広根諸勝を生んだと記載されている女官である。光仁・桓武期の女性の従五位上直叙者は、「女御」などキサキの身位にあったとされる。(65) 県犬養勇耳は「女御」ではないが、所生皇子があったために五位直叙に与った例であろう。(66)

次に、外五位に直叙された女性たちをみると、刑部勝麻呂（表15―25）は七夕の宴当日の叙位であり、宴に関連しての褒賞だった可能性が高い。足羽臣黒葛（15―26）は復位であった。和史家吉（15―28）が桓武外戚であることは先述した。物部得麻呂（15―27）のみ理由は不明である。

このようにみてくると、女孺への五位直叙理由は、大貴族、キサキ、外戚らのほか、優れた技術・才能への褒賞などが想定できる。

一方で采女は、大貴族のような直叙の特権に無縁であり、水司や膳司などの配属先で奉仕し、考課・成選をへて位階の階梯を昇らざるを得なかった。その点では畿外出身女孺や畿内の中小豪族出身の女孺も同様である。

さらに加えて、令制前の遺制という角度から采女の考課を考えたい。

延喜宮内式6大斎条は、「内膳司十四人。並膳部。采女司廿八人。官人二人。采部六人。采女廿人」として采女司二八人の供奉者のなかに采女をカウントし、采女司の男官との職務上の結びつきを明示する。采女については、トモの一つの出仕形態（＝近侍のトモ）であり、畿内諸氏だけではなく地方国造の子弟・一族から構成された独立、個別のトモの一つであることがすでに平野邦雄によって指摘されてきた。(67) 先にみた采女司による名簿管理も、采女臣による統括という令制前の遺制である[68]。また、『延喜式』に明記されている采女の解任規定[69]も、采女の性質に由来する可能性があり、女孺との差異が生まれた要因として検討が必要である。

采女への五位直叙が確認できないことへの回答を現時点で提示することは難しいが、そのなかでも、大貴族出身女性には適用された五位直叙システムの不在という女孺との相違点や、令制前の遺制との関係で考えられる要因を提示しておきたい[補註]。

5　采女の外位の意味するもの

最後に、采女が外五位をへるのはなぜなのかを考えたい。采女の考叙が内長上に准じて実施されたことはすでにみた。六位までは内位を授されたことも表14から明らかである。しかし、五位昇叙にあたっては、外五位に叙されているのである。この疑問を考えるうえでみておきたいのは、郡領の姉妹または女という采女の出自との関係である。

采女の特質は、終始、出身地方との結びつきを免れ得なかったということである。それは、呼称が出身郡名を冠して呼ばれていたことに留まらない[70]。たとえば『延喜式』によると、采女の解任にあたっては、同じ郡の氏女をもって代わりにせよとしており[71]、采女を媒介とした当該郡と王権との結びつきの保持が求められているのである。このような、采女を貢じた郡は、代替の采女貢進にも責任を負い、采女自身もまた、郡からの貢以外の出仕はあり得なかったという出身郡と采女との一体性は、采女の五位昇叙にあたってもなんらかの規制をもたらしたと考えられる。

もともと、郡領は、養老選叙令13郡司条によって、就任にさいして大領は外従八位上、少領は外従八位下に叙されることが規定されていた。考課令67考郡司条が「考外位」の標題のもとに置かれていたことからも明らかなように、郡領は外位に叙されるべき存在なのである。

にもかかわらず、郡領の一族であることを出仕資格とされた采女は、兵衛が内考を得て内位に叙されたのと同じく（ただし兵衛は内分番ではあるが）、内長上として考され内位に叙されたのである。ところが、六位以下では内位に叙された采女は、五位に昇る段階に至っていったん外位を経由した。[73] これは、外五位が、外位の最高位にあたることと無関係ではないと思われる。[74] つまり、本来外位に叙されるべき郡領の一族であることを出仕の資格としていたために、五位以上に昇るにしても、五位に留まるにしても、外位の極位をへる必要があったのではないかと考えられるのである。[75]

おわりに

律令制において位階は、職責への貢献や能力に応じ個人に対して与えられるものであった。しかし、その律令のたてまえにもかかわらず、氏のランクによる規制が女官の五位昇叙にあたっても強く働いていた。女性の授位については、男官とは異なる女性ゆえの特殊性が通説とされてきたために、位階昇叙のルールを考察するさいに検討対象から除外されることが多かったが、女性の昇叙が氏の序列を超越する特殊なしくみに依拠するのではなく、まさに諸氏の秩序の枠組みそのものに規制されていたことを確認できた。

さらに、女官の二大供給源である氏女（女孺に補任）と采女の考課と、五位昇叙方式の特徴をみると、女孺に対しては一部分ではあるが、外階コース氏出身であっても内階昇叙や五位直叙が実施された一方で、采女には五位直叙はみられないことを提示できた。采女は、五位に昇るさいにも、いったん外五位に達してから次の昇叙に与った。それらの理由としては、①女孺には大貴族女性やキサキ、外戚も含まれ、五位直叙特権による恩恵を受ける機会があったと考えられる一方で、采女にはそのような特権はなく、本来の女官の授位の原則である考課・成選をへざるを得なかったこと。②采女の出仕要件が郡領一族であるために、郡領を外位に叙する規定（養老選叙令13郡司条）に準拠されたこと——の二点が考えられる。采女への外五位の叙位は、たんに氏の「姓の高下」「門地」によるだけではなく、外位に叙されるべき郡領の一族であることを出仕資格としていたためではないだろうか。郡領層と王権との関係に、采女の外階コースの理由があったと考えられるのである。

註

（1）玉井力「天平期における女官の動向について」（『名古屋大学文学部二十周年記念論集』一九六九年）、同「光仁朝における女官の動向について」（『名古屋大学文学部研究論集』五〇、一九七〇年）、西野悠紀子「桓武朝と後宮——女性授位による一考察——」（総合女性史研究会編『日本女性史論集2　政治と女性』吉川弘文館、一九九七年。初出一九九二年）、岡村幸子「女叙位に関する基礎的考察」（『日本歴史』五四一、一九九三年）。
（2）野村忠夫『律令官人制の研究』増訂版（吉川弘文館、一九七〇年）、同『後宮と女官』（教育社歴史新書、一九七八年）。
（3）野村忠夫「女性の考叙についての特殊制」（前掲註（2）『律令官人制の研究』増訂版）五二四〜五二六頁。
（4）野村忠夫「内・外位制と内・外階制」（前掲註（2）『律令官人制の研究』増訂版）三三三〜三四一頁。
（5）古代に支配層女性の地位が「氏の成員」であることに支えられていたことは、義江明子『日本古代の氏の構造』（吉川弘文館、一九八六年）、女性の出仕基盤が「氏を直接の母胎としてい」たことは、西野悠紀子「古代女性生活史の構造」（女性史総合研究会編『日本女性生活史』1、東京大学出版会、一九九〇年、一九頁）参照。
（6）以下、神亀五年格による位階昇叙システムの分析は、野村忠夫前掲註（4）論文、同『官人制論』（雄山閣出版、一九七五年）による。
（7）六国史に記載のある女性が女官かどうかを判断する基準については、第三部第二章「女官から「家夫人」へ——『続日本紀』から『日本三代実録』にみる貴族女性の公的地位——」二四七頁参照。

（8）大塚徳郎「新官人貴族家の成立」（『平安初期政治史研究』吉川弘文館、一九六九年）。

（9）大塚徳郎前掲註（8）論文、一七四頁。

（10）『続日本紀』天平十五年五月癸卯条。

（11）「県造」は人名の可能性もあるが、新日本古典文学大系『続日本紀』二、四〇五頁、脚注一四、および太田亮『姓氏家系大辞典』五五六頁「飯高」項により姓と判断した。飯高氏の姓については宇根俊範氏のご助言をいただいた。

（12）大塚徳郎前掲註（8）論文、野村忠夫前掲註（4）論文。

（13）『日本文徳天皇実録』斉衡元年六月丙寅条、源常薨伝。以下、『文徳実録』と略記する。

（14）天平宝字五年六月己卯条に飯高公笠目がみえ、宝亀元年十月癸丑条に飯高宿禰諸高がみえる。諸高と笠目が同一人物であることは、野村忠夫前掲註（2）の二著作などに依った。

（15）『続日本紀』宝亀八年五月戊寅条、諸高薨伝。

（16）『平安遺文』四、延暦七（七八八）年の「六条令解」には、正六位上行大属勲七等飯高宿禰忍足がみえる。

（17）大塚徳郎前掲註（8）論文、一九一～一九二頁、野村忠夫前掲註（4）論文、三四六～三四八頁。

（18）『文徳実録』嘉祥三年八月己酉条、坂上大宿禰清野卒伝参照。

（19）『日本後紀』大同元年五月戊辰条。

（20）服藤早苗「山陵祭祀より見た家の成立過程――天皇家の成立をめぐって――」（『家成立史の研究』校倉書房、一九九一年。初出一九八七年）。

（21）『日本書紀』天武十三年十一月戊申条。

（22）佐味朝臣稲敷は天平勝宝三年正月己酉の叙位で従五位下から従五位上に進められたのを最後に、管見の限りでは『続日本紀』から姿を消す。一方で、佐味命婦が同時期の天平十九年十二月十一日（『大日本古文書』一〇―二七九）、天平二十年三月一日（同二四―一七五）、天平勝宝三年正月九日（同一一―一五九）、同年正月二十九日（同一一―三六五）の日付で宣を下していることが東大寺写経所の文書中にみえる。須田春子『律令制女性史研究』（千代田書房、一九七八年）は佐味命婦を稲敷と比定した。同時期に五位を帯びた佐味朝臣氏の女官がみえないことからも、私見も同意見である。

(23) 『日本書紀』天武天皇十二年九月丁未条。

(24) 『続日本紀』和銅三年十月辛卯条。

(25) 宇根俊範「律令制下における改賜姓について――朝臣賜姓を中心として――」(『史学研究』一四七、一九八〇年)、同「律令制下における改賜姓について――宿禰賜姓を中心として――」(『ヒストリア』九九、一九八三年)。

(26) 『新訂増補国史大系』のうえでは不一致となる氏に大和真人氏がある。男官の大和真人吉直は内階コースで従五位下に昇る(『続日本後紀』承和十一〈八四四〉年正月庚寅条)が、大和真人継子は外従五位下に叙されている(『文徳実録』天安二〈八五八〉年正月辛丑条)。しかし、『日本三代実録』貞観五(八六三)年八月十七日条には「大和国城下郡人正六位上大和宿禰永胤。典兵外従五位下大和宿禰継子等」の京貫記事があり、この大和宿禰継子は先の大和真人継子と同一人と考えられ、『文徳実録』の「真人」姓は誤記と判断しうる。すると大和真人氏の女性の五位昇叙者は六国史には不在となるので、表13には記載しなかった。

(27) 葛井宿禰氏はもとは葛井連氏で、桓武期に宿禰賜姓。その後、蕃良朝臣、菅野朝臣に改められた。葛井連時代には男女ともに外階コースであったが、葛井宿禰時代以降は女性のみ内階昇叙者がいる。

(28) ⅲ群では、女性たちが特例的に内階で五位昇叙された時期に、同じ氏の男官たちも特例的な昇叙を果たしている。たとえば大養徳(大倭)宿禰麻呂女(『続日本紀』天平十八年六月壬辰条)と水守(天平十九年四月丁卯条)など。

(29) 大宝令は「後宮官員令」であり、古記によれば氏女采女条の「自進仕」は「自進事」であったなど若干の相違があるが、大枠は養老令と同じだとして考察を進めたい。

(30) 後宮十二司に配属された場合は女孺、嬪以上のキサキや親王・二世王の家政機関に配属された場合は女豎と表記された。

(31) 後宮職員令集解4内侍司条所引古記は「古記云。女孺以二采女。氏女。名仕等一。充也」とし、伴記は「伴問。女孺者本従二何処一来女也。答。以二采女幷氏女等一補也。采女者。必令レ仕二主水司。主膳司一耳。氏女者。畢令レ仕二縫殿寮一耳」とする。

(32) 磯貝正義「氏女制度の研究」(『郡司及び采女制度の研究』吉川弘文館、一九七八年、二六三～二六四頁。初出一九六〇年)。

(33) なお、『続日本紀』で、藤原氏、橘氏などから同時期に複数の女性が出仕していたことが確認できる。この点に関連して野村忠夫は、前掲註(2)『後宮と女官』で、上級貴族官僚の妻たちの出身は「自進仕」規定によるものだとした。仁藤敦史氏は、「自進仕」による出身を「第三のルート」とした（「トネリと采女」『古代王権と支配構造』吉川弘文館、二〇一二年。初出二〇〇五年）。

(34) 後宮職員令15縫司条「其考叙法式。一准二長上之例一。東宮宮人。及嬪以上女竪准レ此。」。

(35) 国造浄成女は、宝亀二年正月庚申の叙位で正六位下から従五位下に叙された。翌二月丙申条に「因幡国高草采女従五位下国造浄成女等七人賜二姓因幡国造一」とある。『日本後紀』の卒伝では、「正四位上因幡国造浄成女卒。浄成女。元因幡国高草郡之采女也。天皇特加二寵愛一。終至二顕位一」（延暦十五年十月壬申条）とあり、時期は特定できないが、采女の任を解かれていたことがわかる。浄成女の内階コースでの五位昇叙は、采女の解任と関係していると考える。

(36) 佐伯有清『新撰姓氏録の研究』考證篇第五（吉川弘文館、一九八三年）四〇三頁。

(37) 『公卿補任』宝亀三年の楓麻呂尻付に「母阿岐采女外従五位下粟」とあり、異本に「阿波采女」「粟直」としたものがあることが知られる。『尊卑分脈』の楓麻呂の項には「母阿波采女」とみえる。

(38) 角田文衞「板野命婦」（『角田文衞著作集』五、法蔵館、一九八四年。初出一九六五年）。

(39) 神護景雲元年三月乙卯に上毛野佐位朝臣賜姓。

(40) 天平九年二月戊午に外従五位下。同十九年正月丙申に外従五位上から従四位下昇叙。

(41) 天平十七年正月乙丑に外従五位下。天平神護元年正月己亥に従五位下から正五位上に昇叙。

(42) 天平十七年正月乙丑に外従五位下。天平勝宝元年十月丙子に正五位上昇叙。

(43) 宝亀元年十一月戊寅に外従五位下。同八年六月丙午に従五位下昇叙。

(44) 宝亀五年七月己亥に外従五位下。同八年正月癸亥に従五位下昇叙。

(45) 延暦二年正月戊子に外従五位下。同年八月壬申に従五位下昇叙。

(46) 承和三年正月壬戌に外従五位下。同十二年正月乙卯に従五位下昇叙。

(47) 貞観元年正月二十八日に外従五位下。同三年二月七日に従五位下昇叙。

(48) 貞観二年十一月二十六日に外従五位下。同四年三月二日に内階へ改授。

(49) 貞観四年正月八日に外従五位下。同九年正月八日に外従五位上から従五位下昇叙。

(50) 貞観九年正月八日に外従五位下。同十一年正月八日に従五位下昇叙。

(51) 貞観九年正月八日に外従五位下。仁和三年正月八日に従五位下昇叙。

(52) 大和朝臣氏は、承和七年八月己未に掌侍従四位下大和宿禰舘子とその戸主（大和国人従八位上吉継）が賜姓・京貫された氏で、管見の限り六国史では五位に昇った男官はみえない。

(53) 小槻山君広虫は天平八年八月二十六日付内侍司牒に「従八位上栗太采女小槻山君広虫」（『大日本古文書』二―八）とあり、槻本連若子は同年七月二十九日付内侍司牒に「従八位上志我采女槻本連若子」（同二―四）とある。采女の内侍司配属の例である。

(54) 女豎と女孺の別、令制下における考については、文珠正子「女豎考」（続日本紀研究会編『続日本紀の時代』塙書房、一九九四年）参照。

(55) 畿外出身女孺に関しては、麻野絵里佳「奈良時代における畿外出身女孺に関する一考察」（『史観』一三一、一九九四年）参照。女孺の構成、出身については、浅井由彦氏が「律令制下の女孺について」（舟ケ崎正孝先生退官記念会編『畿内地域史論集』一九八一年）で多角的に検討した。

(56) 表15―26の足羽臣黒葛は復位であり、もとの五位昇叙状況は不明である。

(57) 玉井力前掲註(1)「天平期における女官の動向について」一七頁。

(58) 『令義解』は、養老職員令3中務省条中の大丞の職掌「掌二宮人考課一」の内容は「勘二問宮人考課一。即与二式兵部丞考問義一同也」とし考課の当否を判断することだとする。

(59) 職員令3中務省条の卿の職掌「女王内外命婦宮人等名帳。考叙。位記」参照。

(60) 『続日本紀』天平十四年五月庚午条。

(61) 日本思想大系『律令』一八三頁、采女司条頭注は、「采女考仕。申二中務省一也」とする集解古記と延喜采女式2諸節会日条の「凡諸節会日。正及令史供二奉御膳前一」とする記載を挙げて、「帳簿上だけではなく、采女の勤務も管理し評定したらしい」とする（青木和夫執筆）。

(62) 麻野絵里佳前掲註(55)論文。
(63) 『日本書紀』持統五年八月辛亥条。
(64) 玉井力前掲註(1)「天平期における女官の動向について」、野村忠夫前掲註(2)『律令官人制の研究』増訂版、西野悠紀子前掲註(1)論文。
(65) 玉井力前掲註(1)「光仁朝における女官の動向について」、西野悠紀子前掲註(1)論文。
(66) 県犬養勇耳は光仁の嬪でもなかったとみられている(遠藤みどり「令制キサキ制度の展開」『日本古代の女帝と譲位』塙書房、二〇一五年、二一九頁。初出二〇一〇年)。
(67) 平野邦雄「「部」の本質とその諸類型」(『大化前代社会組織の研究』吉川弘文館、一九六九年)。最近では仁藤敦史氏が前掲註(33)論文で、出身階層や地域・性別による男女の奉仕の区分について考察した。
(68) 磯貝正義「采女貢進制の基礎的研究」(前掲註(32)書、一九五～八頁。初出一九五八年)。
(69) 延喜采女式7采女解任条に、「凡采女無レ故不レ上一百廿日已上者解任。但依二身病及親病一不レ仕者。雖レ過二限日一。臨時聴レ裁。其解任之代。以二当郡氏女一補之」と解任規定が記されている。ただし、この規定がどこまでさかのぼれるかは不明である。
(70) 磯貝正義前掲註(68)論文。
(71) 註(69)参照。
(72) 野村忠夫前掲註(6)『官人制論』一三八頁の四科区分表参照。管見の限りでは、内位の兵衛は、たとえば『続日本紀』では天平宝字五年五月丙申条、天平宝字七年十月乙亥条、宝亀九年二月癸巳条で確認できるが、五位昇叙段階の実例は把握できない。
(73) なお、六国史その他の文献史料において内位を帯びる郡領は多数確認できるが、管見の限りでは『続日本紀』天平十六年八月乙未条の蒲生郡大領正八位上佐佐貴山君親人への従五位下授位を例外として、郡領の五位昇叙は外位であることを付記しておきたい。六位以下で内位を帯びていても、五位に昇る段階で外位を授されたのである。
(74) 大町健氏は「律令制的外位制の特質と展開」(『日本古代の国家と在地首長制』校倉書房、一九八六年。初出一九八三年)

で、外位制は、官位相当制による内位制から除外せざるを得なかった在地首長層を、郡司などの官人として編成し官人秩序に位置づけるためのものであり、彼らを律令官僚機構に組織することが律令国家存立の不可欠の要件であったために成立したとした。渡部育子氏は、『郡司制の成立』（吉川弘文館、一九八九年）で、采女・兵衛の貢進の意義を「郡別に人一人を貢進させるということ以外には考えられ」ないと指摘。それは郡司のみに課せられた特殊な義務だったとし、采女の「郡」単位貢進の意義を強調した。

(75)　采女と同じく郡領層出身の畿外女孺、たとえば和気広虫（表15—22）が内階コースで五位昇叙が可能だったのは、郡領一族の成員であることが出仕要件ではなかったからだと考えられる。

（補註）　旧稿では、采女に五位直叙がみえない理由として、日常的な男性官司との管理・共労関係が、男性の下級官人と同様の着実な考課と成選を得る土台になったからだと考えた。しかし、男女共労は、采女に限らない女官制度全体に通じる特徴であるため、女孺と采女の考課・授位の差異の要因とみることはできない。采女に五位直叙がみえない理由について、現時点では確定的な回答を提示することは難しいことを確認したうえで、今後の課題としたい。

第三部　女官の変容

第一章　第宅とトジ

――八世紀における行幸叙位時の「室」――

はじめに

古代史料において既婚女性が「室」と記された場合、これまでは、高位高官の妻を意味するものだと認識されてきた。しかし、六国史に記録された貴族男女の婚姻事例をみていくと、「室」の用法の特殊性に気づかされる。令制施行以降の六国史の記述において婚姻関係を示す表記は、次の四類型に大別することができる。

i　「某の妻」型……………家原音那(1)、藤原法壱ら(2)
ii　「某の母」（ないしは祖母）型……県犬養橘三千代などの薨伝(3)
iii　「其室」型……………県犬養八重ら(4)
iv　「適某」型……………能登内親王ら(5)

このうち、i ii iv型は、『続日本紀』以降、『日本三代実録』まで現われるが、iiiの「其室」型は、『続日本紀』に集中的に現われ、しかも『日本後紀』以降とは明らかに異なる使われ方をしている。「其室」は、一例を除いて行幸叙位記事にのみ登場するのである。

これまでの婚姻史・家族史の研究では、女性配偶者の呼称として、嫡妻制の成立に関する論争のなかで「妻」「妾」

の別や「正妻」「次妻」の意味が検討され、高官の「正妻」の呼称については「北政所」「北の方」の成立過程などが検討されてきた。[6] しかし、『続日本紀』の「室」記載については踏み込んだ検討はされてこなかった。また、行幸の面からは、奈良時代に始まる臣下第宅への行幸の目的などが考察されてきたが、[7] 行幸叙位のさいの女性配偶者の呼称については言及されなかった。女官の叙位という面からは、野村忠夫が『後宮と女官』[8] のなかで、八世紀に行幸叙位された妻たちの例に触れたが、「夫の地歩に並んで昇進する宮人のパターン」の一形態とみなし、[9] この視点が今日も通説になっている。[10] ところが、『続日本紀』において「其室」は、一例を除いて行幸叙位記事でのみ使われ、薨卒記事で一つの使用例があるほかは、婚姻関係を記す記事においては「継室」「賢室」という言葉が現われることはあっても、「其室」は基本的には使用されないのである。『続日本紀』のこの用法は、「其室」という言葉には、たんなる「妻」には留まらない意味が含まれていることを示唆していると考えられる。

行幸叙位において、なぜ「妻」ではなく「其室」と表記されたのだろうか。逆に、行幸叙位以外で「其室」が使用されないのはなぜなのか。本章では、『続日本紀』における「其室」の意味するところを検討したうえで、八〜九世紀の文献史料にみえる「室」は何を示しているのかを考察していきたい。

一　六国史における「室」

1　『続日本紀』の二つの用例

「室」は、『続日本紀』では、(ア)行幸叙位された既婚女性への呼称、(イ)王族ら貴人の妻への敬称——として使用される。

行幸叙位の「室」＝「其室」

表16は、『続日本紀』に記録された臣下第宅への行幸と叙位をまとめたものである。

行幸叙位は一七例におよぶが、行幸先の官人の妻にあたる女性が叙位された場合、とくに「妾」と明記された一例をのぞいて呼称はすべて「其室」で統一されており、「妻」の語は使用されない。

表16―⑩、⑪に記載のある大野仲智の例は、「其室」と、いわゆる「嫡妻」の関係について示唆を与えるところがあるので、若干、触れておきたい。大野仲智は、最終的に尚侍兼尚蔵正三位に昇った女官[11]で、藤原永手の妻であった。天平神護二（七六六）年と神護景雲三（七六九）年の二度にわたって行幸叙位され、「其室」と記載されたが、薨伝では永手との婚姻関係は記載されなかった。ちなみに、ほぼ一年の間に相前後して死去した高位の女性の『続日本紀』薨伝は、次のようになる（読み下しは新日本古典文学大系『続日本紀』による。以下、同）。

天応元（七八一）年二月丙午条

丙午、三品能登内親王薨。（中略）内親王、天皇之女也。適㆓正五位下市原王㆒、生㆓五百井女王・五百枝王㆒。薨時、年卌九。

天応元年三月己巳条

己巳、尚侍兼尚蔵正三位大野朝臣仲千薨。従三位東人之女也。

延暦元（七八二）年四月己巳条

己巳、尚侍従二位藤原朝臣百能薨。兵部卿従三位麻呂之女也。適㆓右大臣従一位豊成㆒。大臣薨後、守㆑志年久、供㆓奉内職㆒、見㆑称㆓貞固㆒。薨時、年六十三。

能登内親王は、光仁天皇の皇女で桓武天皇の同母姉にあたる。薨伝では、「正五位下市原王に適ひ（て）」と記され

表16 『続日本紀』における臣下第宅への行幸と叙位（○囲み数字は、叙位対象が行幸先の官人の配偶者であることを明記した記事）

	年月日	西暦	記述	行幸先	叙位
1	天平十二年五月乙未	740	天皇幸右大臣相楽別業。宴飲酣暢、授大臣男无位奈良麻呂従五位下。	橘諸兄別業	大臣男
②	天平二十年八月己未	748	車駕幸散位従五位上葛井連広成之宅。延群臣宴飲、日暮留宿。明日、授広成及其室従五位下県犬養宿禰八重並正五位上。是日、還宮。	葛井広成宅	広成、其室
3	天平勝宝元年十月庚午 / 天平勝宝元年十月丙子	749	行幸河内国智識寺。以外従五位下茨田宿禰弓束女之宅為行宮。 / 外従五位下茨田宿禰弓束女授正五位上。是日、車駕還大郡宮。	茨田弓束女宅	弓束女
4	天平勝宝四年四月乙酉	752	盧舎那大仏像成、始開眼。是日、行幸東大寺。（略）是夕、天皇還御大納言藤原朝臣仲麻呂田村第。以為御在所。	藤原仲麻呂田村第	―
5	天平宝字元年五月辛亥	757	天皇移御田村宮。為改修大宮也。	田村宮（仲麻呂第）	―
6	天平宝字四年正月甲子	760	幸大保第、以節部省絁綿、賜五位已上及従官主典已上各有差。	大保第（仲麻呂第）	―
7	天平宝字四年正月丁卯	760	是日、高野天皇及帝幸太師第、授正六位上巨勢朝臣広足従五位下、従三位藤原朝臣袁比良正三位、従五位上池上王正五位上、従五位上賀茂朝臣小鮒・飯高公笠目並正五位下。賜陪従五位已上銭。	太師第（仲麻呂第）	藤原袁比良女ら女官と男官
⑧	天平宝字五年八月甲子	761	高野天皇及帝幸薬師寺礼仏。奏呉楽於庭。施綿一千屯。還幸授刀督従四位上藤原朝臣御楯第宴飲。授御楯正四位上、其室従四位下藤原恵美朝臣児従正四位下。	藤原御楯第	御楯、其室
9	天平宝字五年十月庚午	761	幸近江按察使御楯第。転幸大師第、宴飲。賜従官物有差。極歓而罷。	御楯第→大師第	―
⑩	天平神護二年正月癸酉	766	幸右大臣第、授正二位。其室正五位上大野朝臣仲智従四位下。	藤原永手第	永手、其室
⑪	神護景雲三年二月壬寅	769	幸左大臣第、授従一位。其男従五位上家依・従五位下雄依、其室正四位下大野朝臣仲智、並賜一階。	藤原永手第	永手、其男、其室
12	神護景雲三年二月癸亥	769	幸右大臣第、授正二位。	吉備真備第	真備
⑬	宝亀三年二月戊辰	772	幸右大臣第、授正二位。其室正五位下多治比真人古奈禰正五位上。	大中臣清麻呂第	清麻呂、其室

14	宝亀三年八月甲寅	772	幸難波内親王第。	難波内親王第	―
⑮	宝亀五年十一月甲辰	774	幸坂合部内親王第。授従二位文室真人大市正二位、四品坂合部内親王三品。	坂合部内親王第	大市、坂合内親王
	宝亀五年十一月乙巳		授大市妾无位錦部連針魚女外従五位下。		大市妾
16	宝亀八年三月戊辰	777	幸大納言藤原朝臣魚名曹司。賜従官物有差。授其男従六位上藤原朝臣末茂従五位下。百済箜篌師正六位上難金信外従五位下。	藤原魚名曹司	其男、男官
⑰	宝亀九年四月甲午	778	幸右大臣第。授第六息正六位上今麻呂従五位下。其室従四位下多治比真人古奈禰従四位上。	大中臣清麻呂第	第六息、其室
18	延暦三年閏九月乙卯	784	天皇、幸右大臣田村第宴飲、授其第三男弟友従五位下。	藤原是公第	其第三男
⑲	延暦六年八月甲辰	787	行幸高椅津。還過大納言従二位藤原朝臣継縄第。授其室正四位上百済王明信従三位。	藤原継縄第	其室
20	延暦六年十月丙申	787	天皇、行幸交野、放鷹遊獦。以大納言従二位藤原朝臣継縄別業為行宮矣。	藤原継縄別業	―
	延暦六年十月己亥		主人率百済王等奏種々之楽。授従五位上百済王玄鏡・藤原朝臣乙叡並正五位下。正六位上百済王玄信・善貞・忠信並従五位下、正五位下藤原朝臣明子正五位上、従五位下藤原朝臣家野従五位上、无位百済王明本従五位下。是日、還宮。		乙叡、百済王氏、藤原氏
21	延暦十年四月丁巳	791	車駕、幸弾正尹神王第宴飲。授其女浄庭王従五位下。	神王第	其女
22	延暦十年十月丁酉	791	行幸交野、放鷹遊獦。乃以右大臣別業為行宮。	藤原継縄別業	―
	延暦十年十月己亥		右大臣率百済王等、奏百済楽。授正五位下藤原朝臣乙叡従四位下、従五位下百済王玄風・百済王善貞並従五位上、従五位下藤原朝臣浄子正五位下。正六位上百済王貞孫従五位下。		乙叡、百済王氏、藤原氏

た。『続日本紀』は、内親王の婚姻の表記にさいしては、他の妻たちと区別して、いわゆる「嫡妻」扱いする編集方針を採っていると思われる。(12)「世嗣」「正妻」の意味をもち「嫡」に通じる「適」(13)の使用は、その編集方針のあらわれといえるだろう。(14)以後、「適」は百能薨伝で「右大臣従一位豊成に適けり」と記されて採用されたほか、阿倍古美奈、藤原諸姉の婚姻関係記載で使用された。(15)ところが、仲智は、行幸叙位記事で「其室」と記されながら、薨伝では「適」とされなかった。もちろん、『続日本紀』完成までの作業で薨伝記事の一部が削除されたということや、系図に残る所生子がなかったために婚姻関係が記載されなかったということも考えられるが、一方で、仲智にかんする記事は、「其室」が必ずしも婚姻関係の表記を意図するものではない可能性を示唆するのである。

敬称としての「室」=「継室」「賢室」

養老令は、女性配偶者の呼称を主に「妻」とした。(16)『日本書紀』には「室」呼称はなく、女性配偶者を指す語はおもに「妻」「婦」であり、それは天皇（大王）のキサキにもおよんでいる。(17)『続日本紀』に至って、新たに女性配偶者の呼称として「室」が登場したのである。その初見は、天平元（七二九）年の長屋王事件のさいの吉備内親王自経記事であり、ほかに県犬養橘三千代と渤海王后が室と記載された。次の通りである（傍線は引用者、以下、同）。

天平元年二月癸酉条

癸酉、令二王自尽一。其室二品吉備内親王、男従四位下膳夫王、无位桑田王・葛木王・鉤取王等、同亦自経。（下略）

天平宝字四（七六〇）年八月甲子条

系図2　永手の妻たち

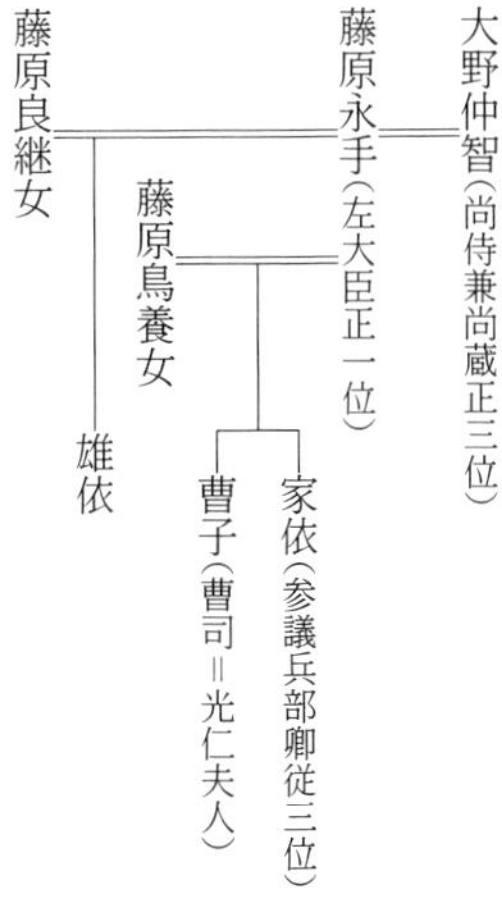

八月甲子、勅曰、子以レ祖為レ尊。祖以レ子亦貴。此則不易之彝式、聖主之善行也。其先朝太政大臣藤原朝臣者、非三唯功高二於天下一、是復皇家之外戚。是以、先朝贈二正一位太政大臣一。斯実雖下依二我令一、已極中官位上、而准二周礼一、猶有レ不レ足。窃思、勲績蓋二於宇宙一、朝賞未レ允二人望一。宜下依二斉太公故事一、追以二近江国十二郡一、封為中淡海公上。余官如レ故。継室従二位県狗養橘宿禰贈二正一位一、以為二大夫人一。（下略）

宝亀八（七七七）年五月癸酉条

癸酉、渤海使史都蒙等帰レ蕃。以二大学少允正六位上高麗朝臣殿継一為二送使一。賜二渤海王書一曰、天皇敬問二渤海国王一。（中略）又弔二彼国王后喪一曰、禍故無レ常、賢室殞逝。聞以惻怛。不淑如何。（下略）

吉備内親王は「其室」、県犬養橘三千代は不比等の「継室」、渤海王后は「賢室」と記載された。王族もしくは「公」に封じられた貴人の妻への敬称として使用されており、『日本後紀』以降に引き継がれる用法である。吉備内親王は、行幸叙位以外で「其室」とされた唯一の例である。

以上の検討をへて表16を見直すと、一つの疑問が浮上する。『古事類苑』は「室」の説明にあたって江戸後期の国学者・小山田与清の『松屋筆記』の記述を引いているが、与清はそのなかで、『有職問答巻四』が室を関白の妻に限るとし、一条兼良の『桃華蘂葉』が大臣の妻を室と呼ぶ例があるとして、「されば室とは必三公の北方ならではいふまじき称也」とした[18]。ここまで用法を限定するかどうかは別として、室を高官の妻とする認識があるのは事実である。ところが『続日本紀』は、散位従五位上の葛井広成の妻である県犬養八重（表16—②）、授刀督従四位上の藤原御楯の妻である藤原児従（表16—⑧）を「其室」と呼び、左大臣の妻である吉備内親王と同列に扱っているのである。

2　『日本後紀』以降の用例

『日本後紀』以降の時期になると、「室」の使用に変化が現われる。

『日本文徳天皇実録』仁寿三（八五三）年三月甲午条

三月甲午。加㆓従三位源朝臣潔姫正三位㆒。授㆓正六位下難波連藼麻呂外従五位下㆒。縁㆔去月遊㆓賞右大臣第㆒而恩及㆓家人㆒也。

源潔姫は、記事中の右大臣、藤原良房の妻である。前月の右大臣第への行幸の恩賞が「家人」におよんだというものであり、行幸叙位記事から「其室」が消えてしまう。代わって現われるのは、次のような記事である。

『類聚国史』巻三一天皇行幸下、天長七（八三〇）年九月壬辰条

九月壬辰。天皇幸㆓大納言清原真人夏野新造山荘㆒。択㆓詞客卅人㆒令㆑賦㆑詩。応㆑製也。賜㆓侍従及文人禄㆒有㆑差。授㆓主人室无位葛井宿禰庭子。第二男正六位上瀧雄従五位下㆒。

『日本三代実録』貞観九（八六七）年十月十日条

十日乙亥。右大臣正二位藤原朝臣良相薨。贈㆓正一位㆒。（中略）室大江氏。臨㆓大臣生年卅余歳㆒卒㆓於旧寝㆒。（下略）

『日本三代実録』貞観十一年十二月七日条

七日庚寅。従四位下行伊予権守当麻真人清雄卒。清雄者。左京人也。祖従五位下吉嶋。父正六位上治田麿。清雄之姉為㆓嵯峨天皇之幸姫㆒。生㆓源朝臣潔姫。全姫二皇女㆒。潔姫。是太政大臣忠仁公之室也。（下略）

大納言清原夏野、右大臣藤原良相、太政大臣忠仁公（藤原良房）の妻が、「主人室」「室」と呼ばれている。清原夏野は行幸時点では大納言だが、最終官位は右大臣従二位であった[19]。貞観年間の二例は、行幸記事ではない記事のなかで「室」が登場する。『日本後紀』以後は、高官の妻としての意味で「室」が使用されているのである。

二　古代史料における「室」

1　『礼記』『春秋左氏伝』の「室」

『大漢和辞典』は、「室」の意の一つを「妻」とし、用例として『礼記』（曲礼上）を引用している（「三十日レ壮、有レ室。有レ室、有レ妻也、妻称レ室」）。『礼記』の記述は、士大夫層の一生の行動を礼によって規定した文脈中のものであり[20]、ここでいう室が、庶人一般ではなく特定の階層の人の妻であることは疑いない。

また、『日本国語大辞典』は、室の意の一つを「貴人の妻。奥方。内室」とし、六国史初見史料などと並べて、『春秋左氏伝』桓公六年の「今以二君命一奔二斉之急一、而受レ室以帰、是以レ師昏也」を引用する。これは、鄭の太子忽（のちの昭公）が、斉の危急を救ったために斉侯に見込まれ、婚姻を求められたのを断ったというエピソード中の文章である。ここでは太子の妻の意味として室が使われている。『春秋左氏伝』は、周王、諸侯、卿・大夫・士、庶人で女性配偶者の呼称を使い分けており、周王は后、諸侯は夫人が主として使用され、卿・大夫以下では妻が多用されている。室は、先の太子の妻のほかは、使用例はわずかであるが[21]、特定の身分を有する人の妻を指して使われている。『礼記』『春秋左氏伝』ともに、養老学令で大学において学ぶべき経典とされており[22]、当時の官人層のなかで「室」という漢語が貴人の妻を指すということ自体は、教養としては知られていたと思われる。

ところが、「室」の音と意味について、現存する最古の漢和辞典である『新撰字鏡』は、「詩質反。宮也。実也。巣也」とし、百科辞典である『倭名類聚抄』は「白虎通云黄帝作室以避寒暑。音七。和名無呂。日本紀云無戸室。和名宇豆無呂」とする。ここには、人の妻、まして貴人の妻の意はない。これらの辞書類の成立は九世紀末から十世紀とされるが、その時期においても、「室」を「シツ」と読んだ場合には、ある空間や場所を示すにすぎず、貴人の妻を「室（シツ）」と呼ぶことが定着していなかったことがうかがわれる。

2 「富豪の室」と「家室」

さて、六国史以外の古代の史料では、「室」はどのように使われているのだろうか。まず、朝廷から発布された公文書での使用を『類聚三代格』にみてみたい。律令は、女性配偶者を示す語として主に「妻」を用いる。[23] 格もまた、律令の改正法令としての性格から、律令に規定されて「妻」を使用している。[24] そのなかにあって、妻ではなく「室」を使用する格が二例ある。一つは、「巻一九禁制事」に収められた延暦十一（七九二）年の太政官符、もう一つは、「巻一七募賞事」に収められた天長七（八三〇）年の太政官符である。

太政官符

応レ禁三断両京借二奢喪儀一事

右被二右大臣宣一偁。奉レ勅。送終之礼必従二省要一。如レ聞。豪富之室。市郭之人。猶競二奢靡一不レ遵二典法一。遂敢妄結二隊伍一假設二幡鐘一。諸如レ此類不レ可二勝言一。貴賤既無二等差一。資財空為二損耗一。既窆之後酣酔而帰。非三唯虧二損風教一。実亦深二蠹公私一。宜レ令下所司一厳加中捉搦上。自今以後勿レ使二更然一。其有二官司相知故縦一者。与二所犯人一並科二違勅罪一。仍於二所在条坊及要路一明加二牓示一。

延暦十一年七月廿七日

太政官符

応下養二活疫病百姓一者預二出身一叙中位階上事

右得二陸奥出羽両国解一偁。自二去年十一月一所部之内。疫病流行。或挙レ家死去。無レ由二葬斂一。或駢レ頭痛苦。無レ人二看養一。雖レ勤二鎮謝一。有レ益無レ損。仍馳レ駅言上者。被二左近衛大将従三位兼守権大納言行民部卿清原真人夏野宣一偁。奉レ勅。如レ聞。郷閭之間。疫病発動。則偁二染着一。曽不二至問一。因レ茲富豪之家積レ穀猶餓。況乎貧乏之輩有二何生理一。夫死生有レ命。脩短稟レ天。嫌避而求レ生。触就以致レ死者。事無レ所レ拠。仁靡レ不レ酬。徳必有レ報。豈行二仁徳一。還罹二其咎一。黎民之愚遂致二斯惑一。宜下仰二国司一。重加二誨諭一。勤令二医療一。酬中彼労効上。其養二活病者一卅人以上。白丁者預二於内考一。自二入色一至二初位一。毎二十人一加二一階一。初位至二八位已上一。毎二廿人一加二一階一。外考入二内考一者減レ半。若養越二此法一者録レ名言上。量二其形迹一授以二五位一。但養二一「年」等以上親一者不レ在二此限一。若富豪之室。異輸二私物一施二飢病人一。亦同報酬。其法白丁輸レ稲一千束者預レ入二於内考一。入色至二初位一。毎レ階二百束。初位至二八位已上一。毎レ階四百束。外考入二内考一者減レ半。若費養之物越二此法一者。量二其形迹一。授以二五位一者。仍須下差二専当官一精加二採訪一。療養既訖具録言上上。至二於仲秋一。惣従二停止一。

天長七年四月廿九日

延暦十一年の太政官符は、京内の「豪富之室」が葬儀にあたって奢侈を競うことを禁じたものである。天長七年の太政官符は、陸奥出羽の疫病流行にさいして、富豪層に飢病人救済のための私財拠出を求め、それにたいする加階を定めたもので、「もし富豪の室、ことに私物をいだして飢病人に施さば、また同じく報酬せよ」とし、とくに富豪とは別にその「室」が私財を投じることを想定し、男性と同様の報酬を定めている点が注目される。

平安初期成立の仏教説話集である『日本霊異記』は、女性配偶者を妻と記し、「室」は登場しない。しかし、三つの話のなかに「家室」が登場する。以下は、その登場場面である（引用と読み下しは中田祝夫校注・訳、新編日本古典文学全集『日本霊異記』による。傍線は引用者）。

上巻二　狐為レ妻令レ生レ子縁

昔欽明天皇是磯城嶋金刺宮食レ国天国押開広庭命也。御世、三乃国大乃郡人応レ為レ妻覓二好嬢一乗レ路而行。時曠野中遇二姝女一。（中略）彼犬之子毎レ向二家室一、而期尅睚皆嘷吠。家室脅惶、告二家長一、「此犬打殺」。雖レ然患告而猶不レ殺。於二二月三月之頃一、設年米舂時、其家室於二稲舂女等一将レ充二間食一入二於碓屋一。即彼犬将レ咋家室而追吠。（以下、略）

中巻一六　依下不二布施一与中放生上而現得二善悪報一縁

聖武天皇御代、讃岐国香川郡坂田里、有二一富人一。夫妻同姓綾君也。（中略）家室告二家長一曰、「此二耆嫗、駈使非レ便。我慈悲故、入二家児数一」。長聞之曰、「採レ飯而養、自レ今已後、各欠二自分一、施二彼耆嫗一。功徳之中、割二自身宍一、施レ他救レ命、最上之行。今我所レ作、称二彼功徳一」。家口応レ語、折二分飯一而養。彼家口中、有二一使人一。不レ随二主語一、厭二於耆姥一。漸諸使人、又厭不レ施。家室窃撫二分飯一而養。（以下、略）

中巻三四　孤嬢女憑二敬観音銅像一示二奇表一得二現報一縁

諾楽右京殖槻寺之辺里、有二一孤嬢一。（中略）爰日申時、急叩レ門喚レ人。出見、有二隣富家乳母一。大櫃具二納百味飲食一、美味芬馥、无二不レ具物一。器皆鋺牒子。即与之言、「聞レ有二客人一故、隣大家、具進二納物一。唯器後給」。嬢大歓喜、不レ勝二幸心一、（中略）嬢往二彼富家一而述二幸心一、以慶貴之。隣家室曰、「痴嬢子哉。若託レ鬼耶。我不レ知也」。（以下、略）

「家室」を論じるさいに繰り返し引用されてきた説話である。上巻二の「狐を妻として子を生ましめし縁」では、三乃国大乃郡の人の妻となり、稲舂女たちへの間食の采配を振るさまが描かれている狐が、夫の「家長」に対して「家室」と呼ばれている。中巻一六の「布施せぬと放生するとに依りて、現に善悪の報を得し縁」では、讃岐国香川郡坂田の里に住む「富める人」、夫妻同姓の綾君が、「家室」「家長」として登場し、「家口」「使人」を「駈ひ使ふ」立場の人間として描かれている。中巻三四の「孤の嬢女の、観音の銅像を憑り敬ひしときに、奇しき表を示して、現報を得し縁」では、孤児の女が住む家の「隣の富める家」にいて、乳母に指示を与える立場の人物が「家室」と呼ばれている。

いずれも、使用人を駆使する富裕層の夫婦を「家長」「家室」と呼ぶ例であり、古代の富裕層における男女一対の経営の実態や、個人の所有権に基づく妻の経営関与、駆使する人々に対する統率権を示すものであることが指摘されてきた[25]。これらの家室は、『類聚三代格』の「室」と比べて、ややスケールが小さくみえるものの、階層としては同じ層に属している。富豪の室、家室ともに、私財の所有権・処分権を有し、経営を担う富裕層の既婚女性であることをひとまず確認しておきたい。

なお、『日本霊異記』の「家室」の訓は、「伊戸乃止之」である[26]。中巻三四話では、「家室」の指示で隣家の孤児に「百味の飲食」を持参した乳母が、「客人有りと聞くが故に、隣の大家、具に物を進り納る。唯し器は後に給へ」と語っている。「家室」その人を、使用人に「大家」[27]と呼ばせている表現からは、「大家」が家室（伊戸乃止之、つまり家刀自）の別称たりうることがうかがえる。この『日本霊異記』の用法を手がかりに、次に、古代の他の文献史料にみえる「大家」を検討してみよう。

3　大家と大刀自

一家を統率する立場にある既婚女性を「大家」と呼ぶ例は、『万葉集』にもみえる。大伴安麻呂の妻で大伴坂上郎女の母である石川邑婆である。邑婆は、石川郎女と呼ばれるほか、次のように複数の呼び名をもつ（読み下しは、新日本古典文学大系『万葉集』による）。

【A】巻三―四六一左注

右、新羅国尼、名曰二理願一也。遠感二王徳一、帰二化聖朝一。於レ時、寄二住大納言大将軍大伴卿家一、既径二数紀一焉。惟以二天平七年乙亥一、忽沈二運病一、既趣二泉界一。於レ是、大家石川命婦依二餌薬事一、往二有間温泉一而、不レ会二此喪一。但郎女独留、葬二送屍柩一既訖。仍作二此歌一、贈二入温泉一。

【B】巻四―五一八題詞

石川郎女歌一首　即佐保大伴大家也

【C】巻二〇―四四三九題詞

冬日幸二于靫負御井一之時、内命婦石川朝臣応レ詔賦レ雪歌一首　諱曰二邑婆一

石川邑婆は、命婦という呼称からも明らかなように五位以上の位階を帯びる女官であるが、『万葉集』では、登場する場面によって呼び名が使い分けられている。【C】は、元正太上天皇が、病気のために参内が途絶えていた水主内親王に贈る歌を詠じるようにと女官たちに下命したのに対し、伺候していた石川邑婆だけが応えてつくったという歌の題詞である。出仕中のできごとであり、呼び名は、

内命婦＋ウヂ名（石川）＋朝臣

となっている。

一方で、【A】は、大伴安麻呂が保護していた新羅の尼理願が死去したときに、石川邑婆が有間温泉に湯治に出かけていたため、娘の坂上郎女が代わって葬儀を取り仕切り、歌に添えて邑婆に経過を報告したというものである。尼理願の保護は安麻呂が始めたものだが、安麻呂自身はすでに和銅七（七一四）年に没している。理願は、大伴氏に保

護されて「数紀を経たり」とされており、滞在は数十年にわたっていた。坂上郎女は挽歌のなかに「頼めりし　人のことごと　草枕　旅なる間に（略）隠りましぬれ」と歌い込み、理願が大家石川命婦を頼りにしていたことを描き出しており、理願保護における石川命婦の役割の重みがうかがわれる。安麻呂死後、大伴氏の公卿には、安麻呂の子息の旅人（天平三〈七三一〉年に大納言従二位で死去）のほか、道足（天平七年時点で右大弁正四位下）らがいるが、とくに触れられていないことからも、作歌当時の天平七年まで邑婆が役割を引き継いだとみてよいと思われる。理願の保護はもともと大伴氏が担っていたことであり、それに関与したさいに、邑婆は、

大家＋ウヂ名（石川）＋命婦

と呼ばれたのである。

【B】の「佐保大伴大家」は、大伴氏の安麻呂との婚姻関係を示す相聞歌の題詞に記された呼称であり、邑婆は、

第の名（佐保）＋夫のウヂ名（大伴）＋大家

と呼ばれている。この呼称は、記載していない写本があるため追記の可能性も否定できないが、夫の安麻呂は『万葉集』のなかで「佐保大納言卿」と呼ばれており、[28]石川邑婆が、大伴氏が担ってきた尼理願の保護に関係して「大家」と呼ばれたことから考えても、「佐保大家」「佐保大伴大家」と呼ばれた可能性は高いと思われる。[29]

この「大家」の読み方について、現在の『万葉集』の注釈書は、新日本古典文学大系を含めて「オホトジ」と訓じており、ここでも「オホトジ」に従いたい。[30]

江戸前期の国学者・契沖は、『万葉代匠記』のなかで巻三―四六一歌の左注に注釈し、「大家ハ、後漢書、曹大家伝云。和帝数〻召入レ宮、令ニ皇后貴人一師中事焉上。号曰ニ大家一」と解説している。曹大家は、班固の妹の班昭で、兄が未完で遺した『漢書』を後漢・和帝の命を受けて完成させ、鄧太后の執政を助けた儒学者である。曹は早世した夫の姓

であり、

　夫の姓＋大家

と呼ばれた。(31)(補註1) この場合、大家は既婚女性への尊称である。八世紀において『後漢書』がわが国で学ばれていたことも
また『続日本紀』で確認できる。(32)

　続いて、『大日本古文書』に残る「大家」を検討していきたい。正倉院文書の天平十一年五月十八日付「北大家経
写所啓」である（『大日本古文書』二—一七〇）。全文は左の通りである。

　北大家経写所啓

　　請奉経四帙　大般若経者

右、縁到牒数請奉已訖、但到牒先後廾六十帙者、斯誤亡、前日請奉経五十六帙之中、第卌帙之第八九十廾三巻
欠、亦返抄如何申送訖、今具状付還使申送、以啓、

　　天平十一年五月十八日資人石村布勢麻呂

北大家経写所の写経事業の性格、内容を仔細に検討した栄原永遠男氏によると、この啓は、光明皇后の援助のもと
で進められていた北家の藤原北夫人発願一切経写経事業の推進の過程で出されたもので、あて先は皇后宮職だという。(33)
内容は、皇后宮職から送られてきた大般若経四帙分の受取状である。

　この啓の「北大家」については、北大臣家の「臣」が脱落したものであるとする見解、北家を「北大家」と称した
とする見解がある。(34) じつは「大家」という言葉は、同時代の他の史料にも登場する。その史料もあわせて考えてみた
い。

　　如意輪陀羅尼経跋語(35)

大夫人観无量寿堂香函中禅誦経
天平十二年歳次康(庚)辰四月廿二日戊寅以内家印
蹋西家経三字之上謬与大家蹋印書不可
雑乱亦即以印蹋此記上者見印下西家
之字応擬西宅之書故作別験永為亀鏡

これは、如意輪陀羅尼経の識語で、小倉慈司氏によると、光明皇后が記したものであるという(36)。加藤優氏、小倉氏の研究に依拠しながら本文部分を読み下すと、次のようになろう。

天平十二年歳次庚辰の四月二十二日戊寅、内家印を以て西家経三字の上に蹋す。謬りて大家蹋印の書と雑乱すべからず。また即ち印を以て此の記の上に蹋すは、印下西家の字を現わしてまさに西宅の書に擬すべきためなり。故に別験を作りて永く亀鏡とす。

内家印は光明皇后の印、西家・西宅は、皇后の母の県犬養橘三千代の邸宅・家政機関であり、三千代の蔵書に内家の印を捺したので、大家印のものと雑乱させてはならないという意味である(37)(補註2)。わずか一年の間に、光明皇后周辺の家または人物が「大家」と称されているわけで、この識語のいう「大家」は、前年に皇后宮職に啓を出した「北大家」と同一の家もしくは人物を指すとするのが妥当だろう。すると、皇后から大家と敬称される当時生存中の人物といえば、皇后の異父姉の牟漏女王しかいないのではないだろうか(38)。

須田春子はかつて、「大家」を公卿貴人の寡婦で隠退した家刀自を呼ぶ尊称と解し、牟漏女王に比定した(39)。房前の没後、牟漏女王は「北家の家刀自」として諸子を後見する立場にあったという(40)。牟漏女王の第一男子である永手は天平十一年には従五位下にすぎず、牟漏女王は後見という以上に北宅の主人として采配を振っていたのではないか。福山敏男は、奈良時代の貴族の第宅の写経所に関して言及したが(41)、牟漏女王自身も写経所を保有し、北家写経所と共同して事業を推進していたために啓を出す必要が生じたとも考えられるのである。

私見では、「北大家」は牟漏女王を指すと考える。当時、北家は聖武天皇の夫人である藤原北夫人を擁しており、彼女は「北のオホトジ」と呼ばれていたと思われる。牟漏女王もまた、妹である光明皇后からオホトジと尊称される立場にあり、北殿または北宅を本拠とした房前の妻として「北のオホトジ」と呼ばれていたのではないだろうか。音にすれば同じ「北のオホトジ」であるが、一方はキサキであり、一方は女性尊属である。牟漏女王に対して、「北大刀自」ではなく、「北大家」という文字が充てられたのは、「北夫人」と区別するためだったのではないだろうか。

以上の考察の結果、「北大家」は牟漏女王である蓋然性が高く、その場合、第宅名+オホトジという呼称の例になると思われるのである。

系図3　天平十一年の北家(位階は天平十一年時点で明らかなもの)

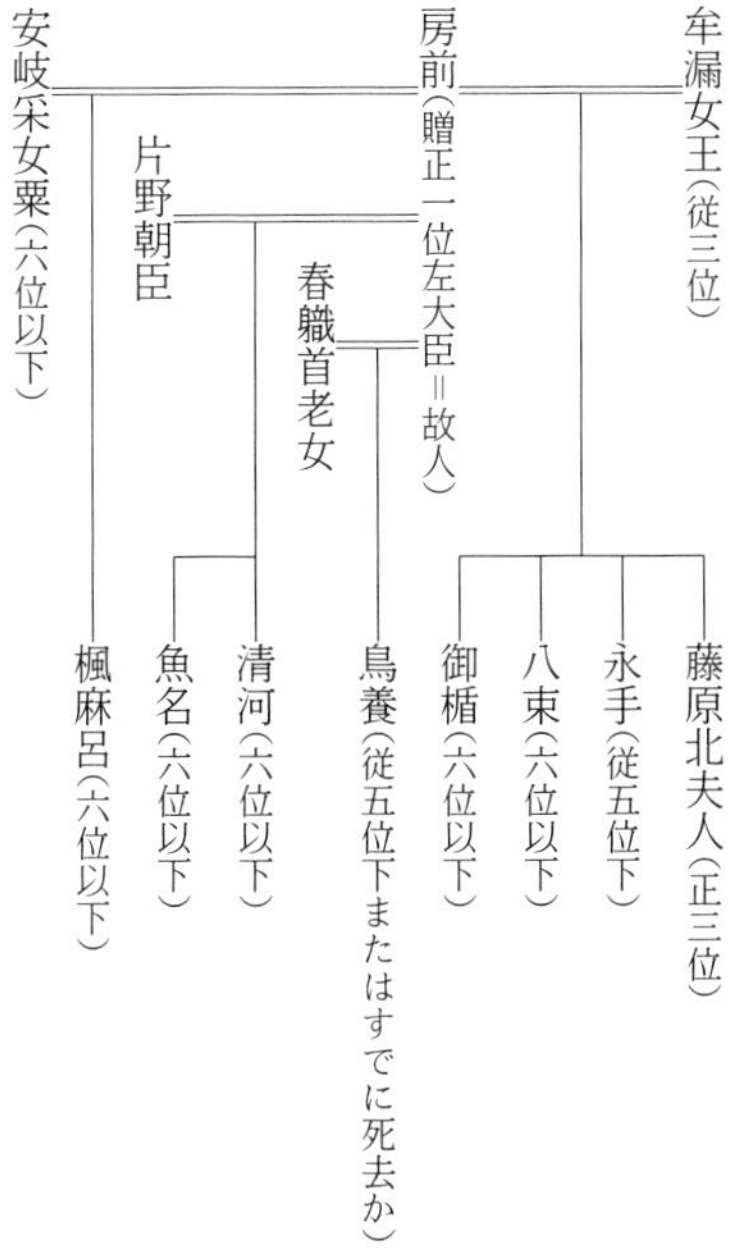

なお、正倉院文書「写経目録」断簡に、天平三年に「西宅大刀自」のために仏頂経を写したことが記載されている(『大日本古文書』七—五)。先に「西宅」が県犬養橘三千代の邸宅で家政機関が置かれていたとのべた。三千代没後の天平五年十二月に、「就二県犬養橘宿禰第一、宣レ詔、贈二従一位一(42)。別勅、莫レ収二食封・資人一」という措置がとられているが、勅使を迎えた「第」は、この西宅であろうと思われる(43)。「北大家」が牟漏女王であろうことは先述したが、たとえ「北大臣家」を示すものであっ

たとしても、三千代の呼称によって、西宅大刀自、すなわち、第の名＋オホトジの名で呼ばれた例をみいだすことができるのである。

義江明子氏は、写経奥書の検討から、八世紀に貴族・官人層で夫婦単位のまとまりが社会的に重要な意味をもち始めたことを解明し、八世紀なかばに中央官人層において夫とペアの「家刀自」が成立することを明らかにした(44)。義江氏が考察した官人層夫婦のうち、夫の官位がもっとも高いのは長門国司日置山守・家刀自三首那夫婦であり、他の夫の官位は、一人は大宰府史生正六位上、他は姓をもつものの官位不明で、いずれも中下級官人層であった。しかし、大伴氏の新羅尼理願の保護という役割がらみで「大家」と呼ばれ、さらに「佐保大伴大家」と呼ばれた可能性のある石川邑婆の例や、夫が居住した第宅の呼称を付して「北大家」と呼ばれた牟漏女王の例は、夫婦単位のまとまりが上級貴族層においても重要な意味をもち始め、夫とペアの「家刀自」が現われたことを示しているといえよう。

三　第宅と「室」

1　問題の整理

表17は、行幸時に叙位された妻たちの顔ぶれである。行幸叙位が天皇接待へのたんなる報賞であるなら、出仕していない妻が叙位に預ってもいいはずである。ところが、表17の限りでは、文室大市の「妾」と記載された錦部針魚女を除くと、職名が判明するすべての妻が、尚侍、尚蔵など女官のトップクラスにのぼりつめている。職名不詳の県犬養八重も、彼女の宣に基づいて薬師経を写したという東大寺写一切経所解（『大日本古文書』一〇―四五六）をはじめとして、女官としての働きを伝える文書が残されており、藤原児従も、女孺として出仕したことが『続日本紀』にみえ

る。(45)錦部針魚女を除くと、全員が出仕していたこと、すなわち女官であったことが確認できるのである。そのうえ、女官である妻たちは、全員、「其室」と記された。なぜなのだろうか。この意味を考察していきたい。

まず、行幸叙位を考える前提として、自身の第宅に行幸を迎えたのは、男官だけではなかったという点を確認しておきたい。表16―3は、天皇が河内に行幸したさい、茨田弓束女の宅に赴き、そこを行宮としたという記事で、十月庚午（九日）に行幸し、還宮の日の丙子（十六日）に叙位されている。弓束女は、天平十七（七四五）年正月七日の叙位で、県犬養八重、飯高笠目（最終身位は典侍従三位）(46)ら女官たちとともに叙位にあずかり、無位から一気に外従五位下となった。(47)同十九年には同族の枚野とともに宿禰を賜姓された女官であった。(48)

『日本後紀』以降にも、五百井女王の庄への桓武天皇の行幸（延暦十九〈八〇〇〉年）(49)、小野石子の第への嵯峨天皇の

表17　行幸叙位された妻（最上段の洋数字は表16内の番号）

	名	呼称	行幸時の位階	最終身位	出典
②	県犬養八重	其室	従五位下	命婦従四位下	『続紀』天平宝字四年五月丙申条
7	藤原袁比良女	なし	従三位	尚蔵兼尚侍正三位	『続紀』天平宝字六年六月庚午条
⑧	藤原児従	其室	従四位下	正四位下*1	『続紀』天平宝字五年八月甲子条
⑩	大野仲智	其室	正五位上	尚侍兼尚蔵正三位	『続紀』天応元年三月己巳条
⑪	大野仲智	其室	正四位下	同右	同右
⑬	多治比古奈禰	其室	正五位下	従四位□	中臣氏系図に「尚侍」。『祭主補任』に「従四位□」
⑮	錦部連針魚女	妾	無位	外従五位下*2	『続紀』宝亀五年十一月乙巳条
⑰	多治比古奈禰	其室	従四位下	従四位□	中臣氏系図に「尚侍」。『祭主補任』に「従四位□」
⑲	百済王明信	其室	正四位上	尚侍従二位*3	『後紀』延暦十六年正月辛亥条に「尚侍」。弘仁六年十月壬子条に「散事従二位」

*1『続紀』は死去記事を欠いており、最終的な官職と位階は不明のため行幸時の位階を記す。
*2藤原児従と同。最終位階不明。
*3桓武朝で尚侍に就任したが、死去時は散事。

行幸（弘仁七〈八一六〉年）[50]がある。五百井女王は桓武天皇の同母姉・能登内親王と市原王との間の女で尚侍従二位[51]、小野石子は典侍正三位[52]を最終身位とする女官である。

また、表16で、「其室」が登場する行幸先は、すべて第または宅と表記される。表16―1の橘諸兄、20の藤原継縄の行幸先は「別業」、16の藤原魚名は「曹司」と記され、「其室」は登場しない。

先に、行幸叙位以外の「室」の使用例として吉備内親王（其室）、県犬養橘三千代（継室）、渤海王后（賢室）を挙げたが、このうち、行幸叙位記事と同じ「其室」と書かれた吉備内親王の場合も、長屋王事件をめぐる一連の記事において、長屋王宅が舞台となるなかで「其室」とされている[53]。

このようにみてくると、「其室」という呼称は、第宅と関連して使用されているということができよう。しかも、夫とペアで行動しているときに限って「其室」呼称が現われることは、注目に値する。

すでにみたように、女性もまた行幸を迎える主体であり得たことは、行幸を迎えるだけの基盤を彼女たちが有していたことを示している。女官である妻たちが行幸叙位にあたって昇叙されたのも、行幸時のたんなる報賞や、高官の妻だからというより、第宅の主人の立場にあって夫とともに行幸を迎えたからだと考えることができるだろう。その奉仕にあたって、主人の意に従って機能したのは、彼女たちが有する家政機関だったのではないだろうか。

2　家政機関

養老令は、家令職員令で、有品の親王、職事三位以上に家政機関の設置と職員の配置を規定している[54]。家令一品条に「内親王も此に准へよ」、職事一位条に「女も亦此に准へよ」とあり、女性もまた男官と同じく家政機関（家司）設置と職員派遣を保証されていた。さらに、有品親王・内親王には帳内、五位以上には資人が国家から支給された

（軍防令49給帳内条）。

養老三（七一九）年には、四位、五位の「家」に事業、防閤、仗身を補することが決められた。(55) 四位、五位の家政機関（宅司）設置の開始である。(56) 防閤は、制度導入の九年後（神亀五〈七二八〉年）に廃止され、替わって馬料が支給されることになったが、この制度が女性にも適用されたことは、『延喜式』に「女官馬料」として残っていることから判断できる。(57) 宅司の長である宅事業の職務は、家令職員令に「掌。惣㆓知家事㆒」と規定された家令と同様の宅務であるという。(58) 平安時代には、事業は、親王・三位以上の公卿の家司や無品親王の六位別当とともに保長となり、京内の姧猾を取り締まり道橋を保全する任を与えられている。(59) 宅司の具体例については、岩橋小弥太、渡辺直彦らの研究に詳しいが、(60) ここではとくに女官の家政機関について、平安初期の五百井女王を例にみておきたい。

五百井女王家寄進状（『平安遺文』一一、東南院文書三ノ四一）

従四位上五百井女王家　　「宇治院田」

合墾田伍町　在越中国

右、華厳院永進納如件、

延暦六年三月廿日

知家事中宮史生従八位下高向村主「諸上」

越中にある墾田五町を華厳院に寄進することを記した文書である。「知家事」が署名しているが、これは、『大日本古文書』に残る文書でも「家」と「宅」の用字は厳密に区別されて使用されてはいないことから、令外の職員である「知宅事」と解するべきだとされる。(61) この史料からは、四位の女官が家政機関を有していたこと、墾田の保有や寄進にみられるように、自身の収入に基づく所有権と管理運営権を保持していたこと、(62)「知家事」として署名している高向諸上が桓武・能登の生母で高野新笠（五百井女王の祖母）の中宮職史生であり、祖母に奉仕する官人が孫娘の家政機関の職員を兼ねるという人的結合がみられること[63]——などを確認することができる。

五百井女王は、大同元（八〇六）年までに尚縫に任じられており[64]、大同三年に従三位に昇叙され、家令職員令に基づく家令を置くことができる身位となった[65]。弘仁四年に正三位、同六年に従二位に昇る[66]。弘仁六年の尚侍従二位五百井女王家施入状が残っており、そこでは、家令、家従、大書吏、少書吏という、家令職員令の従二位家の規定通りの職員が連署している[67]。三位以上に叙されたのちに、令の規定通りの家司が設置されたことを示すこの史料からも、四位の段階において、養老三年の規定による宅司が設置され運営されていたと考えてよいだろう。

ここで、あらためて表17をみてみよう。このなかで「其室」と表記された妻たちは、すべて、四位・五位の位階を帯びる女官で、職事であれば宅司を設置できる有資格者であった。彼女たちの共通点は、「高官の妻」であるということではなく（散位従五位上葛井広成、授刀督従四位上藤原御楯は高官とはいえない）、国家から給付される人員による家政機関をもつことができたということなのである[補註3]。みずからその家政機関の主人として行幸を迎える主体であったために、叙位に預ったと考えられるのである。藤原袁比良は、夫である仲麻呂の第への行幸時に昇叙されたが、『続日本紀』では「其室」とは記載されなかった。理由は、叙位記事をみれば一目瞭然であるが、彼女は、行幸受け入れの主体としてその場にあったのではなかったからである。袁比良とともに昇叙された女性たちをみると、池上王は、東大寺写経所雑文案に宣を伝えたことが残り、仲麻呂の乱の後に、平定への功績を認められて勲二等を与えられた女官である[68]。賀茂小鮒も女孺だったと考えられる女官であり[69]、飯高笠目もまたベテラン女官であった。袁比良は、これらの女官たちを率いて陪従し、そのトップとして叙位に預ったのである。また、行幸時に無位だった錦部針魚女だけが、家司・宅司設置資格をもたない妻であり、「其室」とも記されなかった。さらなる検討は必要ではあるが、針魚女は、通説である「高官の妻ゆえの行幸叙位」の嚆矢といえるかもしれない。

先に、曹司や別業と記載された場所への行幸では、「其室」は登場しないと指摘した。官人には京内に宅地が班給され、既述のように家政機関の長を保長として京内の治安維持の一端を担わせるというあり方からすれば、家政機関は京内の第宅に置かれたはずであり、曹司・別業に「其室」が登場しないのは当然のこととして説明がつくのである。

以上、八世紀から九世紀前半の史料を中心に、行幸叙位のさいの「其室」の意味を検討した結果、「其室」は高官の妻の意ではなく、第宅に自身の家政機関を置き、采配を振る女性を指す用語、すなわち、第宅のトジであったことが明らかになった。彼女たちは、石川邑婆や牟漏女王、県犬養橘三千代と同じく、自身と夫を中心とするまとまりのなかで「家刀自」の立場にあり、ときに親族を統率する女性尊属として「大家」「大刀自」と尊称されたのである。

四　「家室」「富豪之室」再考

三節までにみてきた視点で『類聚三代格』の「富豪之室」、『日本霊異記』の「家室」を見直すと、「其室」との共通点がみいだされる。

まず、『類聚三代格』の「室」であるが、既述のように格は官人層の妻をいう場合でさえ「室」を使用せず、律令用語である「妻」を採用している。たとえば、内外五位の差等を定めた神亀五年格（七二八年）は、外五位の妻について「妻者得二外命婦之号一。不レ入二朝参之例一」とした。すなわち、外五位の妻は、外命婦と名乗ることは許すが、朝廷の重要な儀式に参列することは不可とした文書のなかで、女性配偶者の呼称としては「妻」をとったのである。(70) ところが、前掲の天長七（八三〇）年の太政官符は、自身の私財を投じて疫病の患者を救う女性に対して、「富豪之室」

と記した。これは、「富豪之妻」という記載では、太政官の意図を正確に伝えることができないとする判断が働いたのだといえよう。つまり、「妻」は女性配偶者を意味する言葉にすぎないが、「室」は、富豪のたんなる妻ではなく、夫とは別に私財を供出することができる女性を指したのである。家産所有主体であり、経営権・財産処分権を有する女性の意として、「室」が選ばれたのだといえよう。

『日本霊異記』の「家室」も、家産所有主体であり、経営権・処分権をもつ既婚女性であった。「家室」「富豪之室」「其室」ともに、自身の財産と経営基盤を有しているのである。

ところで、「室」の訓を、平安期の漢和辞典である『類聚名義抄』は「ムロ。スム。ヨル。トシ。カクフ。サヤ」とする。「トシ」は刀自と考えてよいだろう。『類聚三代格』の富豪の「室」は、妻の意ではなく、私産の所有権・処分権を掌握する女性としての「トジ」の意で使用されたと思われる。「富豪之室」は「富豪のトジ」であり、「家室」は「家のトジ」、「其室」は、「誰々の妻」ではなく、第・宅の「トジ」であり、女主人を意味する。つまり、「第」「宅」＋「其室」＝第宅のトジなのである。

女官である妻の場合は、国家からの人的支給を中心とした家政機関を有した。家室、富豪の室の場合は、もちろん公的な支給に基づくものではなく、経営のあり方も、貴族層のような個人単位の「公的家」を基盤としたわけではない。国家給付に依存できない豪族層が依拠するのは、自力による経営の展開であり、財産所有は個人単位であっても、生活共同体を構成する人間の所有する財産を併合したうえでの強力な経営を「居住の場としての家を拠点に展開する必要があった」のである(71)。そのような経営体のなかの統率者である女性たちに対して、「室」という表記が充てられたのである。

おわりに

『続日本紀』において、人の妻の意としての「其室」という言葉が未定着ななかで、なぜ、行幸叙位時にのみ「其室」と記載されたのか。「其室」が、女官だけなのはなぜか。検討の結果、高官の妻としてではなく、自身の家政機関を有する第宅の主として行幸を迎え昇叙されたために、その第（イヘ）の主の意味として「其室」と表記されたことが明らかになった。

女官として出仕し五位以上の位階を有する女性は、職事であれば公的家政機関設置が可能となり、自身の生活・経済基盤を得ることによって（日常的な運営は、夫や他の親族の家政機関とともに複合的に行われたと考えるが）、行幸を迎えるさいに夫のサポート役ではなく第宅の一方の主人として奉仕できた。この実態が、「其室」という表記に反映したのである。それは、官職を保持し続けることができた男性官人が経済力をも維持していく一方で、公的地位からの女性の後退が進む途上で現れた現象ではあるが、古代における女官の地位の一端を示すものとして注目されてよいと思われる。八世紀から九世紀前半にかけて『日本霊異記』『類聚三代格』『続日本紀』でみる限り、貴族層に留まらず豪族層にも「室」と表記される女性が存在した。そこにみえる「室」「其室」が意味するものは、たんなる女性配偶者ではなく、自身の経営基盤を有して夫とともに経営を担う主体としての女性（家刀自）である。

註

（1）『続日本紀』和銅五年九月己巳条。以下、婚姻関係記載は、第三部第二章「女官から「家夫人」へ――『続日本紀』から『日本三代実録』にみる貴族女性の公的地位――」の表18「六国史に記載された貴族の婚姻」参照（二四八～二五三頁）。

（2）『続日本紀』延暦元年閏正月丁酉条。
（3）『続日本紀』天平五年正月庚戌条。
（4）『続日本紀』天平二十年八月己未条。
（5）『続日本紀』天応元年二月丙午条。
（6）中田薫「我が太古の婚姻法」（『法制史論集』第一巻、岩波書店、一九七〇年。初刊一九二六年）、松本芳夫「古代に於ける一夫多妻制について」（『史学』一八―四、一九四〇年）、明石一紀『日本古代の親族構造』（吉川弘文館、一九九〇年）などが古代における嫡妻制の成立を主張したのに対し、関口裕子『日本古代婚姻史の研究』下（塙書房、一九九三年）が反論した（四〇頁）。北の政所については、藤木邦彦「北政所」（『平安王朝の政治と制度』吉川弘文館、一九九一年。初出一九五五年）、服藤早苗『平安朝の家と女性　北政所の成立』（平凡社、一九九七年）などがある。北の方については胡潔「平安貴族の正妻制とその実態――正妻の呼称の「北の方」の成立と使用を通じて――」（『国文』八六、一九九七年）。摂関家の婚姻関係を論じたものに梅村恵子「摂関家の正妻」（青木和夫先生還暦記念会編『日本古代の政治と文化』吉川弘文館、一九八七年）などがある。
（7）鈴木景二「日本古代の行幸」（『ヒストリア』一二五、一九八九年）、仁藤敦史「古代王権と行幸」（『古代王権と官僚制』臨川書店、二〇〇〇年）など。
（8）野村忠夫『後宮と女官』（教育社歴史新書、一九七八年）。
（9）同右、一七七頁。
（10）玉井力「天平期における女官の動向について」（『名古屋大学文学部二十周年記念論集』一九六九年）、同「光仁朝における女官の動向について」（『名古屋大学文学部研究論集』五〇、一九七〇年）も女官の行幸叙位に触れたが、「室」呼称には言及しなかった。
（11）『続日本紀』天応元年三月己巳条、薨伝。天平宝字四（七六〇）年の雑物請用帳にすでに「大野内侍」とみえ（『大日本古文書』四―四六〇）、長い出仕歴を有していたと思われる。
（12）『続日本紀』では「妾」は三つの記事で使用される。一つは地方豪族女性への節婦顕彰記事（和銅七年十一月戊子条）、他の二つは、内親王の婚姻に関係した記事である。吉備内親王以外の長屋王の妻を「妾」とし（天平元年二月己卯条）、坂合部内親王が婚姻関係を結んでいたと想定される文室大市の別の妻（錦部針魚女）を「妾」とした記事である（表16—⑮）。即位前の光仁天皇の配偶関係も、井上内親王を「妃」とした（光仁天皇即位前紀）のに対し、高野新笠は「天皇龍潜之日、娉而納焉」として書き分けている（延暦九年正月壬子条、新笠崩伝）。

(13) 『大漢和辞典』の「適」による。

(14) 六国史は、斉明（皇極）天皇、持統天皇、元明天皇の婚姻もすべて「適」と表記する。『日本書紀』は斉明天皇即位前紀で高向王、舒明天皇との婚姻を「適」とし、持統称制前紀でも天武天皇との婚姻を「適」とした。『続日本紀』の元明天皇即位前紀も、草壁皇子との婚姻を「適」で表現した。

(15) 『続日本紀』延暦三（七八四）年十月乙未条、阿倍古美奈薨伝。同延暦五年六月丁亥条、藤原諸姉薨伝。

(16) 戸令23応分条、儀制令25五等条、喪葬令3京官三位条・同17服紀条、獄令11流人科断条、名例律24犯流応配条など。他に「妾」「婦」も用いる。

(17) 『日本書紀』安閑元年十月甲子条に「天皇勅㆓大伴大連金村㆒曰、朕納㆓四妻㆒、至㆑今無㆑嗣」とあるほか、大臣や外国王族、豪族の女性配偶者も「妻」と記載される。

(18) 『古事類苑』人部二親戚上。『松屋筆記』（国書刊行会、一九〇八年）巻一二の二六「室」、一〇六頁。

(19) 『続日本後紀』承和四年十月丁酉条。

(20) 全釈漢文大系第一二巻『礼記』上（集英社、一九七六年）の当該節通釈による。

(21) 襄公四年に「浞因㆓羿室㆒、生㆓澆及㆑豷」とあり、夏王朝を簒奪した羿の配偶者を室とする。また、昭公二年に「昆弟争㆑室、而罪二也」として、鄭の公孫黒が兄弟で妻を争った事件を記すさいに室を使用している。

(22) 養老学令5経周易尚書条など。

(23) 註(16)参照。

(24) 『類聚三代格』霊亀二年五月十七日付太政官奏など。

(25) 河音能平「日本令における戸主と家長」（『中世封建制成立史論』東京大学出版会、一九七一年）、同「生活の変化と女性

の社会的地位――首長制的秩序から家父長制的秩序へ――」（女性史総合研究会編『日本女性生活史』二、東京大学出版会、一九九〇年）、関口裕子「日本古代の家族形態と女性の地位」（『家族史研究』第二集、大月書店、一九八〇年）、義江明子「「刀自」考」（『日本古代女性史論』吉川弘文館、二〇〇七年。初出一九八九年）。

(26) 狩谷棭斎『校本日本霊異記』（日本古典全集）による。

(27) 中田祝夫校注・訳、新編日本古典文学全集『日本霊異記』（小学館、一九九五年）によると、読みは「タイコ」である。

(28) 『万葉集』四―五二八左注、六四九左注。

(29) 「佐保大伴大家」は、西本願寺本には記載があるが、『校本万葉集』が底本とした寛永二十年版本には記載されていないなど、写本によって異同がある（佐佐木信綱等編『校本万葉集』三、岩波書店、一九三二年）。しかし、追記であったとしても、大伴氏との関係で石川郎女が「大家」と呼ばれたという立論は可能と考える。

(30) 前掲註(29)『校本万葉集』によると、全巻を完備する古写本のなかで最古の『西本願寺本』はじめ複数の写本が、尼理願の死を悼む反歌左注の「大家」を「オホイヘ」と訓じている。その意味するところについては現時点では解答をもたない。ここでは、新日本古典文学大系（岩波書店）、新編日本古典文学全集（小学館）ともに「大家」に「おほとじ」とルビを振っており、新潮日本古典集成（新潮社）は、読み下し部分を「大刀自」としていることに従い、本章では「オホトジ」と読んでおきたい。

(31) 『後漢書』曹世叔妻伝「扶風曹世叔妻者、同郡班彪之女也、名昭、字恵班、一名姫。博学高才也。世叔早卒、有節行法度。兄固著漢書、其八表及天文志未及竟而卒、和帝詔昭就東観蔵書閣踵而成之。帝数召入宮、令皇后諸貴人師事焉、号曰大家」参照。契沖『万葉代匠記』は、『契沖全集』二（岩波書店、一九七三年）二五〇～二五一頁参照。

(32) 『続日本紀』神護景雲三年十月甲辰条。

(33) 栄原永遠男「北大家写経所と藤原北夫人発願一切経」（『奈良時代の写経と内裏』塙書房、二〇〇〇年。初出一九九五年）。

(34) 関口裕子「日本古代の豪貴族層における家族の特質について」（『日本古代家族史の研究』下、塙書房、二〇〇四年。初出一九七九、八四年）は「北大家」を「北大臣家」の臣の抜けたものだとした。東野治之氏は「北家と北宮」（『長屋王家木簡の研究』塙書房、一九九六年。初出一九九一年）で房前没後の北家の呼称が「左大臣家」「故左大臣家」から、ほどなく

「北家」ないし「北大家」にかわったとし、大山誠一氏は、「藤原房前没後の北家と長屋王家木簡」（『長屋王家木簡と金石文』吉川弘文館、一九九八年。初出一九九二年）で、「北大家」は「北家」「北家の大臣家」だとした。

(35) 石山寺文化財綜合調査団編『石山寺古経聚英』（法蔵館、一九八五年）収載「如意輪陀羅尼経」一巻（石山寺蔵校倉聖教第一七函第七号）および加藤優氏解説、加藤優「『如意輪陀羅尼経』の跋語について」（石山寺文化財綜合調査団編『石山寺の研究』深密蔵聖教篇下、法蔵館、一九九二年）による。なお、同解説および論文、註(36)の小倉慈司氏、註(39)の西洋子氏の論文については、義江明子氏より教示を得た。

(36) 小倉慈司「五月一日経願文作成の背景」（笹山晴生編『日本律令制の展開』吉川弘文館、二〇〇三年）。

(37) 加藤優前掲註(35)解説および論文、小倉慈司前掲註(36)論文による。

(38) 小倉慈司前掲註(36)論文は北大家を牟漏女王と比定した。従いたい。

(39) 須田春子『律令制女性史研究』（千代田書房、一九七八年）。西洋子「岡本宅小考」（『国史談話会雑誌』三八、一九九七年）も北大家の主を牟漏女王とする。なお、前掲須田春子『律令制女性史研究』が「大家」を隠退した女性の尊称とした点は、牟漏女王が「北大家経写所啓」提出の時点で従三位で、その後正三位に昇叙されていることから考えて首肯できない。

(40) 中井真孝「天平貴族の写経——藤原夫人願経を中心に——」（『行基と古代仏教』永田文昌堂、一九九一年。初出一九八一年）。

(41) 福山敏男「奈良朝に於ける写経所に関する研究」（『寺院建築の研究』中、中央公論美術出版、一九八二年。初出一九三二年）。

(42) 『続日本紀』天平五年十二月辛酉条。

(43) 義江明子『県犬養橘三千代』（吉川弘文館、二〇〇九年）一三九頁。

(44) 義江明子前掲註(25)論文。

(45) 『続日本紀』天平勝宝四年五月庚戌条。

(46) 『続日本紀』宝亀八年五月戊寅条、飯高諸高薨伝。なお、飯高笠目がのちに改名して諸高を名乗ったことは、野村忠夫前掲註(8)書のほか、新日本古典文学大系『続日本紀』二、補注14—11などによる。

(47)『続日本紀』天平十七年正月乙丑条。

(48)『続日本紀』天平十九年六月辛亥条。

(49)『日本紀略』延暦十九年正月己酉条。

(50)『日本紀略』弘仁七年二月辛酉条、『類聚国史』巻三一天皇行幸下。

(51)『日本紀略』弘仁八年十月丙寅条。

(52)『日本紀略』弘仁七年三月丁亥条。

(53)事件の発生を記すのは『続日本紀』天平元年二月辛未条。漆部君足らの告密を受けて藤原宇合らが「囲㆓長屋王宅㆒」という事態となった。翌日壬申条は、舎人親王、藤原武智麻呂らが「就㆓長屋王宅㆒、窮㆓問其罪㆒」するさまを伝え、次いで癸酉条で長屋王の自尽と吉備内親王の自経が記される。一連の舞台は終始、長屋王宅である。

(54)大宝令にも家令官員令があり、内容は養老令と大差はなかったとされている（砂川和義他「大宝令復原研究の現段階（一）」『法制史研究』三〇、一九八〇年、一九一頁）。

(55)『続日本紀』養老三年十二月庚寅条。

(56)岩橋小弥太「宅司考」（『上代官職制度の研究』吉川弘文館、一九六二年）。

(57)『続日本紀』神亀五年三月甲子条。延喜中務式78女官馬料。虎尾達哉「延喜中務式女官馬料条について」（『律令官人社会の研究』塙書房、二〇〇六年。初出二〇〇四年）。

(58)渡辺直彦「令制家令の研究」（『日本古代官位制度の基礎的研究』増訂版、吉川弘文館、一九七八年）。

(59)『日本三代実録』貞観四年三月十五日条、『類聚三代格』巻一六、貞観四年三月十五日付太政官符、岩橋小弥太前掲註(56)論文、春名宏昭「官人家の家政機関」（笹山晴生先生還暦記念会編『日本律令制論集』上、吉川弘文館、一九九三年）。

(60)岩橋小弥太前掲註(56)論文、渡辺直彦前掲註(58)論文、藤木邦彦「権勢家の家政」（『平安王朝の政治と制度』吉川弘文館、一九九一年。初出一九五二年）。

(61)渡辺直彦前掲註(58)論文。

(62)服藤早苗前掲註(6)書。

(63) 渡辺直彦前掲註(58)論文。
(64)『日本後紀』大同元年二月丁巳条。
(65)『日本後紀』大同三年十一月丙申条。
(66)『日本後紀』弘仁四年正月壬戌条、同六年七月甲申条。
(67)『平安遺文』三八「五百井女王家施入状」(東南院文書三ノ四一)。
(68)『大日本古文書』一四—四〇三。『日本古代人名辞典』(「池上女王」の項)。『続日本紀』天平神護元年正月己亥条。
(69)『続日本紀』天平勝宝四年五月壬子条。新日本古典文学大系『続日本紀』三、一二〇頁、脚注六、七、同三四四頁、脚注九による。
(70)『類聚三代格』巻五「定二内外五位等級一事」、神亀五年三月二十八日付太政官謹奏。
(71) 関口裕子前掲註(34)論文。
(補註1) 旧稿では、班昭が夫の姓を冠して「大家」と呼ばれた理由を、滋賀秀三『中国家族法の原理』(創文社、一九六七年)を参照しながら「婚姻によって初めて女性の属する宗が決まり、大きく制限されるにせよ法的にも人格が認められる社会にあっては、既婚女性が夫の姓を冠して呼ばれるのはある意味で当然である」とした。しかし、班昭の呼称については慎重な検討が必要だと考え、削除した。この問題では、佐々木愛「むすめの墓・母の墓——墓からみた伝統中国の家族——」(小浜正子編『ジェンダーの中国史』勉誠出版、二〇一五年)から学ぶところが多かった。

(補註2) 旧稿で跋語中の「謬与大家蹋印」を「間違って「大家」が印を捺した」と誤読した。加藤優氏より誤りをご指摘いただき、修正した。記して謝したい。

(補註3) 大野仲智、多治比古奈禰、百済王明信を十二司職事とする史料は残るが、県犬養八重は確認できない。ただし、八重を含めた八世紀の高位女官による墾田経営(伊集院葉子『古代の女性官僚』吉川弘文館、二〇一四年、一四四〜一四七頁)などをみると、位分資人の活用も含めた、なんらかの家政機関を有していたことは動かないと思われる。男官散位等の家政機関との比較も含め、今後の課題としたい。

第二章　女官から「家夫人」へ

――『続日本紀』から『日本三代実録』にみる貴族女性の公的地位――

はじめに

日本古代において、貴族層女性が公的地位の喪失によって地位を低下させたことはこれまで指摘されているが[1]、それは具体的にはどのような経過をたどったのだろうか。これが、本章の問題意識である。

『続日本紀』から『日本三代実録』の時代の貴族層女性の公的地位を検討する場合、正史に登場する女性を個々別々に考察するという手法のほかに、夫婦という男女のペアを考察対象とし、双方の社会的地位の変遷をたどることによって、男女差ならびに女性の地位の変化を明確にするという手法があろう。律令制下では、貴族男性は基本的に官に仕えることを定められており、なんらかの公的な地位にあったと考えられるが、婚姻の一方の側＝女性には、少なくとも令制では出仕は義務づけられていなかった。このため、女性配偶者を個別に検討し、出仕の有無、つまり公的地位にあったのかどうかを明らかにすることによって、九世紀末までの貴族女性の社会的地位の変化を把握することができるのである。

律令女官制度については、野村忠夫が律令施行後の八世紀の政治史と関連づけながら、機構、職務、特色などを考察した成果が、現在における女官研究の土台ともなっている。さらに、女官が律令官僚制の一翼を担う存在から変容していく過程と要因の研究も進展し、官僚機構内の位置づけ、叙位のあり方などに関する考察が進められてきた(2)。婚姻や氏族、女性の地位についても、高群逸枝を嚆矢としつつ、その批判的継承を掲げての研究が展開され、古代における家父長制の未成立などの実証はじめ、多くの成果が得られている。その中で貴族層の女性の地位にかんする検討も重ねられている(3)。

一方で、六国史をはじめとする文献史料において女性にかんする記述の遺漏が多いこともまた事実であり、これが女官研究のネックともされてきた。『続日本紀』以下の正史には、授位や薨卒伝を含めて一〇〇〇人にのぼる貴族層女性が記載されているが、その圧倒的部分は官職名を残さないため、高位に登ったとしても、高官の妻や一族ゆえの叙位だと考えられてきた。正史を手がかりに、貴族層女性の公的地位の変化を大きく把握するという取り組みは、本格的には着手されてこなかったのである。しかし、律令制下の女官総体を把握し、貴族層女性の公的地位を考察するためには、基礎的な作業として、正史に登場する女性が女官であったのかどうかを判断する必要があり、一人一人についての精察が求められる。本章では、この点を踏まえ、先行研究にも学びながら『続日本紀』以降の正史の記載に即して、六国史に残された貴族女性たちの地位を個別に検討し、その結果としての貴族女性総体の地位の変化に迫っていきたいと考える。

一　女官の判断基準

律令制の下で貴族女性は、氏女の制度によって出仕するしくみはあったものの(4)、全員に義務づけられていたわけではない。後宮職員令の職事以上の女官の定数は五七人であり、女孺（一五二人）を足しても二〇九人にすぎず、むしろ女官ではなかった貴族女性のほうが多かった。このため、貴族女性が出仕していたかどうかは、個別に判断しなければならない。ところが、正史のなかでさえ、後宮十二司などの職名を明記される例は稀である。古代史の文献史料において女性に関する記載が微少であるという制約の下で、女性が女官であったかどうかを判断する物差しとなりうるものは何かを、まず考察したい。

1　女性が位階を帯びる意義

女官であるかどうかの判断基準については、かつて、定例の女叙位での段階的昇叙などの三つの基準が示されたことがあった(5)。本節では、『続日本紀』以下の叙位記事を重視し、女性が位階を帯びる意義を検討したい。そのさいに手がかりになるのは、叙位のさいに出された八世紀の天皇の宣命である。宣命では、たびたび諸臣に明浄心での「仕奉」を求めた。たとえば、天平十五（七四三）年五月癸卯、阿倍皇太子（のちの孝謙天皇）が元正太上天皇に五節の舞を貢じたさいの聖武の宣命では、「継ぎ坐さむ天皇が御世御世に明き浄き心を以て祖の名を戴き持ちて、天地と共に長く遠く仕へ奉れとして、冠位を上賜ひ治め賜ふ(6)」と詔して、右大臣橘諸兄以下の諸臣に叙位を実施した。天皇への「仕奉」の報賞として授位が行われるのである。つまり、位階を授けられるのは、天皇への奉仕を賞された人間にほかならない。

このことは、叙位に値する功労が認められなければ、王族であっても位階を帯びることが容易ではなかったことからも推察できる。律令は皇親の蔭位を規定し、親王の子（二世王）は従四位下、三世王～五世王は従五位下に叙することとした(7)。ところが、池田久氏、倉本一宏氏の研究によると、皇親蔭位制は機械的に実施されたわけではなく、出仕したにもかかわらず無位のまま高齢におよんだ諸王が多数にのぼったという(8)。事実、神護景雲元（七六七）年には、無位で老齢の諸王二一人が従五位下に叙されている。[9]

女王をみても、たとえば、湯原親王（施基親王の皇子で光仁天皇の兄弟）の女である尾張女王は、即位前の光仁（白壁王）の妻の一人で、天平勝宝三（七五一）年に薭田親王を出産しているが、[10]初叙位は光仁即位後の宝亀元（七七〇）年になってからである。[11]女王は出生時は三世王であり、選叙令の規定では初叙位は従五位下であるが、中年の年齢に至るまで叙位がなく、光仁即位後に親王の子の資格で従四位下に叙された。二世王は別として、女王の場合も、出仕していなければ叙位されなかったと考えてよいと思われる。

このように皇親でさえ位階を得るにあたって厳しいハードルがあったと想定される八世紀に臣家の女性が位階をもつ場合は、天皇に「仕奉」し叙位される関係にあり、出仕していたと判断するのが妥当だと思われる。六国史では一度だけの叙位記事に留まる女性が三〇〇人にのぼり、その判断が問題になるが、逆に、一度だけでも叙位記事が残っていることは、その女性の身位を考察するうえでの有効な判断材料になりうる。他の史料では存在が確認されるトップクラスの女官であるにもかかわらず、六国史には現われない女性が存在するからである。たとえば、藤原南家出身の女性で、光仁天皇の宝亀年間に南家の氏寺である大和国栄山寺に八町三段六〇歩の土地を施入した藤原neighbors子は、[12]尚侍正三位という高位にあったが、管見の限りでは『続日本紀』には一度も登場しない。また、淳仁・孝謙太上天皇の天平宝字年間、二度にわたって奉写御執経所に宣を下して東大寺に請経させた尚書従五位下奈良女王も同様である。[13]

律令施行当初は男女同日の叙位であったものが、宝亀年間に男女別日の現象が目立つようになり、弘仁年間に正月八日の女叙位が確定してくるなかで、[14]六国史でも、「女叙位。十六人」などのように交名を略す例がみえ始める。[15]六国史自体に女性の叙位記事の漏れが多いことを考えると、一度だけの記事であっても叙位の痕跡が記録に残されていることは、女官であったかどうかの有効な判断基準になりうるのである。

ただし、行幸叙位など、その理由が特定されている場合は別であること、九世紀からは、藤原良房の妻である源潔姫など、出仕していないことが推定できる女性への叙位が始まるので[16]、位階を帯びているといっても個別の検討が必要になることはいうまでもない。

2　喚称と本名の記録

さらに、女官だったか否かの判断基準として、本名の記録も一つのポイントになると思われる。

女王や内外命婦ら貴族女性は、宮人らとともにその名帳を中務省に管理され、位階を帯びると位記が作成される[17]。この範囲では、出仕か否かの別はないが、後宮十二司の職事に任命されると太政官符が作成され、関係各省に下達される[18]。また、女官が日常業務のなかで本名を呼ばれる存在であったことは、大同二（八〇七）年四月二十六日に出された勅「勅。宮人之職。所レ掌不レ軽。随レ事充用。必可レ喚レ名。今勘二于礼家一。世婦以上。不レ喚二其名一。然則先朝後宮。喚レ名不レ便。宜レ停二先朝夫人已下任官一者」（『類聚国史』巻四〇宮人職員）で明らかである。公式令68授位任官条は、官人の名を口頭で呼ぶ場合の指称を、天皇の面前での授位・任官にさいしての指称、天皇の面前で、授位・任官以外の政務にさいし呼ぶ場合の指称、御所以外の場所における政務のさいの喚称――の三点にわたって規定している[19]。授位の場合、平安時代中期に入ると女性の位記は読み上げられなくなることは岡村幸子氏の研究[20]で明らかになっているが、日常業務の場合は、補任のさいの手続きが男官と同様に行われ、関係各省に周知されていたことや、正倉院文書に残る女官の実名の数々、大同二年の勅から考えて、名を呼ばれたり名乗ったりする機会が多かったと考えるべきであろう。女官として出仕していた場合、本名が記録される可能性が高いのである。

3　五つの判断基準

以上を踏まえ、六国史、『万葉集』、『公卿補任』、『尊卑分脈』などの史料で、その女性が女官かどうかを判断するにあたって、以下の要素を考察した。

①職名の有無、②本名の記録、③位階の有無、④位階が累進しているかどうか、⑤授位の状況はどうか。

職名が不明でも、内命婦・散事の表記や、官司などへの宣によって女官として活動したことがわかる場合は、①に入れた。それらがない場合は、②から⑤の要素を複合的に検討し、表18の「女官」欄に判断結果を示した。なお、文献史料には、皇親、外戚、高官の妻ら、女官ではないが五位以上の位階を帯びる女性も登場してくる。この点も配慮しつつ、個々の例を検討したい。

二　個々の事例から

続いて、『続日本紀』以降の正史にみえる貴族男女の婚姻事例を検討し、女性配偶者の出仕の有無を考察していきたい。婚姻事例は、表18の六七例である。県犬養橘三千代、粟田諸姉、久米若女[21]、浄村女王は二度の婚姻[22]を記録されているため、女性の数は六三人となった。天皇・皇太子の婚姻や皇子女の婚姻は除外した。ただし、淳仁・光仁・桓武ら、諸王として生まれ、一貴族としての生活経験のある天皇については、立太子前の婚姻に限って抽出した。

身位	女官	婚姻関係を示す表記	備考
不明		妻	貞節を賞して賜邑 50 戸，連賜姓
不明		妻	貞節を賞して賜邑 50 戸
不明		外祖父	所生子・大海らを父姓から母姓（外祖父従五位上津守通の姓）に改姓
内命婦正三位	◎	皇后之母／継室（天平宝字 4 年 8 月甲子条）	三千代薨伝
正四位上		天皇之外祖母	賀茂比売卒伝
内命婦正三位	◎	葛城親母	葛城王の橘宿禰賜姓上表記事
従四位下	◎	姧	姧により流罪
命婦従四位下	◎	室	広成宅行幸時に夫妻へ叙位
従五位下		婦	仲麻呂の男・真従と婚姻し死別
従五位下		妻	真従との死別後，大炊王と婚姻
尚蔵兼尚侍正三位	◎	大保乎波（略）朕父止，復藤原伊良豆売乎波婆々止奈母念	淳仁宣命．仲麻呂夫妻を父母になぞらえる
正四位下女孺	◎	室	御楯第に行幸し夫妻に叙位
（渤海人）		妻	学生の渤海での婚姻
不明	○	藤原太政大臣之女所生	藤原弟貞薨伝
尚侍兼尚蔵正三位	◎	室	永手第に行幸し夫妻に叙位
従五位下	◎	普照之母	入唐学問僧の母ゆえの昇叙．すでに正六位上
従五位下		妻	僧寿応に応じた金埼船瀬造築の功で叙位
正三位	○	（永手）母	永手薨伝
正四位下	◎	室／諸魚之母（延暦 11 年閏 11 月乙酉条）	清麻呂第に行幸し夫妻に叙位
不明		姧	姧により菅生王は除名，小家は除籍
外従五位下		妾	坂合部内親王第行幸時に大市とともに叙位
不明		妻	古慈斐薨伝
従四位下	◎	百川之母	若女卒伝
不明		従母姓未蒙王名	所生子・粟前枝女を父方へ改姓
三品		適正五位下市原王	能登薨伝．所生の 2 子を 2 世王に格上げ（男系では 5 世王）
皇太夫人		朕親母高野夫人／龍潜之日娉而納焉（延暦 9 年正月壬子条）	桓武即位時の宣命．光仁即位前の婚姻

表18　六国史に記載された貴族の婚姻

No.	年月日	西暦	男	官位	女
1	和銅5年9月己巳条	712	多治比嶋	左大臣正二位	家原音那
2	和銅5年9月己巳条	712	大伴御行	大納言正広参	紀音那
3	神亀元年10月壬寅条	724	忍海手人	不明	津守通女
4	天平5年正月庚戌条	733	藤原不比等	右大臣正二位	県犬養橘三千代
5	天平7年11月己未条	735	藤原不比等	右大臣正二位	賀茂比売
6	天平8年11月丙戌条	736	美努王	治部卿従四位下	県犬養橘三千代
7	天平11年3月庚申条	739	石上乙麻呂	中納言従三位	久米若女
8	天平20年8月己未条	748	葛井広成	正五位上中務少輔	県犬養八重
9	廃帝即位前紀	758	藤原真従	従五位下中務少輔	粟田諸姉
10	廃帝即位前紀	758	大炊王	(淳仁天皇→廃帝)	粟田諸姉
11	天平宝字3年6月庚戌条	759	藤原仲麻呂	大師正一位	藤原袁比良売
12	天平宝字5年8月甲子条	761	藤原御楯	参議従三位	藤原児従
13	天平宝字7年10月乙亥条	763	高内弓	遣渤海学生	高氏
14	天平宝字7年10月丙戌条	763	長屋王	左大臣正二位	藤原不比等女
15	天平神護2年正月癸酉条	766	藤原永手	左大臣正一位	大野仲智
16	天平神護2年2月甲午条	766	不明	不明	白猪与呂志女
17	神護景雲元年8月辛巳条	767	宗形深津	宗形郡大領外従五位下	竹生王
18	宝亀2年2月己酉条	771	藤原房前	参議民部卿正三位	牟漏女王
19	宝亀3年2月戊辰条	772	大中臣清麻呂	右大臣正二位	多治比古奈禰
20	宝亀3年10月壬子条	772	菅生王	大膳大夫正五位下	小家内親王
21	宝亀5年11月乙巳条	774	文室大市	大納言正二位	錦部針魚女
22	宝亀8年8月丁酉条	777	大伴古慈斐	大和守従三位	藤原不比等女
23	宝亀11年6月己未条	780	藤原宇合	参議正三位	久米若女
24	宝亀11年8月己亥条	780	山前王	従四位下	栗前連
25	天応元年2月丙午条	781	市原王	正五位下	能登内親王
26	天応元年4月癸卯条	781	白壁王	(光仁天皇)	高野新笠

身位	女官	婚姻関係を示す表記	備考
不明		妻	川継の配流に随う
正五位上	○	妻（割注．紀略にはなし）	厭魅の罪で夫妻ともに流罪
尚侍従二位	◎	適右大臣従一位豊成	百能薨伝
尚蔵兼尚侍従三位	◎	適内大臣贈従一位藤原朝臣良継	古美奈薨伝
尚縫従三位	◎	適贈右大臣百川	諸姉薨伝
尚侍従二位	◎	室	継縄第行幸時の叙位
不明		母	高野新笠崩伝
従五位下	○	妻	唐人李自然への叙位／『紀略』
典侍正四位上	◎	許嫁	和気清麻呂薨伝
不明		外祖父	所生子・浄村源の春科宿禰への改姓記事．外祖父故従五位上浄村宿禰晋卿とあり
従五位下		広世之母	所生子・広世の譲りで無位から叙位
三品		尚美弩摩内親王	神王薨伝
不明		適仲成	仲成卒伝
尚侍正三位	◎	妻	薬子薨伝
典侍正三位	◎	無位高賀茂朝臣伊予人従五位下．則石子之女也（『類史』）	石子第に行幸し石子と女に叙位／『紀略』／『類聚国史』巻 31 天皇行幸下
典侍従四位下	◎	適宮内卿正三位藤原朝臣三守	安万子卒伝／『紀略』
従三位	◎	母	『類聚国史』巻 66 薨卒四位，橘安麻呂卒伝
従五位下		主人室	夏野第行幸時に無位から叙位．／『紀略』
従四位下		母	『類聚国史』巻 66 薨卒四位，文室弟直卒伝
不明		外祖母／娶田口氏女（嘉祥 3 年 5 月壬午条）	仁明外祖父母への贈位
従五位下		常嗣母氏	遣唐使の母として無位からの叙位
不明		冒母氏姓	所生子・乙枚の冒母姓改姓・貫附
不明		娶	改賜姓
不明		娶	改賜姓
尚侍従三位	◎	外祖母	文徳外祖父母への贈位
正三位	×	家夫人／忠仁公之室（貞観 11 年 12 月 7 日条）	良房の家夫人へ叙位

No.	年月日	西暦	男	官位	女
27	延暦元年閏正月丁酉条	782	氷上川継	従五位下伊豆守	藤原法壱
28	延暦元年 3 月戊申条	782	三方王	従四位下	弓削女王
29	延暦元年 4 月己巳条	782	藤原豊成	右大臣従一位	藤原百能
30	延暦 3 年 10 月乙未条	784	藤原良継	内大臣従二位	阿倍古美奈
31	延暦 5 年 6 月丁亥条	786	藤原百川	参議従三位	藤原諸姉
32	延暦 6 年 8 月甲辰条	787	藤原継縄	右大臣正二位	百済王明信
33	延暦 9 年正月壬子条	790	和乙継	不明	大枝真妹
34	延暦 11 年 5 月甲子条	792	大春日清足	従五位下官奴正	李自然
35	延暦 18 年 2 月乙未条	799	葛木戸主	正五位下	和気広虫
36	延暦 24 年 11 月甲申	805	袁常照	不明	浄村晋卿女
37	大同元年 4 月丁未条	806	和気清麻呂	従三位民部卿	和気嗣子
38	大同元年 4 月丁巳条	806	神王	右大臣従二位	弥努摩内親王
39	弘仁元年 9 月戊申条	810	藤原仲成	右兵衛督従四位上	笠江人之女
40	弘仁元年 9 月己酉条	810	藤原縄主	中納言従三位	藤原薬子
41	弘仁 7 年 2 月辛酉条	816	高賀茂朝臣	不明	小野石子
42	弘仁 8 年 7 月癸卯条	817	藤原三守	右大臣従二位	橘安万子
43	弘仁 12 年 7 月乙巳条	821	橘奈良麻呂	右大弁正四位下	大原明娘
44	天長 7 年 9 月壬辰条	830	清原夏野	右大臣従二位	葛井庭子
45	天長 7 年閏 12 月戊子条	830	文室与伎	大宰大弐従四位下	平田孫王
46	天長 10 年 3 月乙卯条	833	橘清友	内舎人	田口氏
47	承和 3 年 4 月戊戌条	836	藤原葛野麻呂	正三位中納言	菅野浄子
48	承和 12 年 2 月戊寅条	845	大枝永山	肥後守従五位上	広江連
49	承和 14 年閏 3 月庚辰条	847	岡屋王	不明	文室浄三女
50	承和 14 年閏 3 月庚辰条	847	河上王	不明	文室正嗣女
51	嘉祥 3 年 7 月壬辰条	850	藤原冬嗣	左大臣正二位	藤原美都子
52	仁寿元年 11 月乙亥条	851	藤原良房	太政大臣従一位	源潔姫

身位	女官	婚姻関係を示す表記	備考
不明		母雄宗王之女浄村女王	所生子・笠宮子（凡直貞刀自）の復姓記事．浄村女王は伊予親王家人の女．父，宮子とともに安芸に配流
不明		貫安芸国賀茂郡凡直氏	笠宮子を凡直の籍に貫し安芸国采女凡直貞刀自として貢進．凡直は郡司か
不明		母嶋田氏	良仁卒伝
従五位下	◎	峯継所生是仁明天皇之乳母	峯継薨伝／『公卿補任』承和11年峯継尻付によると真中
（寺家女）		通	笠麻呂5代の孫（観世音寺家人）の従良記事
典侍従四位上	◎	適大納言平朝臣高棟	有子卒伝
不明		母石川氏	夏井配流記事
（唐人）		成婚礼	遣唐使の在唐中の婚姻
従五位下	○	室	良相薨伝／乙枝女（『公卿補任』貞観6年常行尻付）
不明		母紀氏	良縄卒伝／『公卿補任』天安2年良縄尻付によると正五位下紀南麿女
不明		（良縄）後母	良縄卒伝
不明		外祖母	陽成外祖父母への贈位／乙春（『公卿補任』貞観6年基経尻付）
従五位下	◎	益帝乳母従五位下紀朝臣全子所生也	陽成による乳母子格殺
正五位下	◎	外祖母	光孝外祖父母への贈位
不明		妻	国司への反抗記事

姻事例を抽出したものである．令制下の貴族の婚姻を研究対象とするため，抽出時期を大宝令

母が五位以上を帯びている男女の事例を取り上げた．No.13の高内弓は，高氏が『新撰姓氏録』
藤原貞敏の婚姻は伝説の域を出ないが，在唐時の婚姻の可能性は否定できないため，掲載した．
所生子の記載があるものを採用した．婚姻と明記されていなくても，婚姻関係を復元できるも
かの文献で補った．
立太子以前の婚姻は，皇親を含む一貴族の婚姻事例を示すものと判断し，抽出することとした．
婚嫁条の年齢到達時（男15，女13）に父母または兄弟姉妹が即位していたと思われる皇子女の
摩内親王の婚姻時期は光仁即位直後と思われるが，確定できないため抽出した．

女官であることが確定できるものは◎，女官と判断したものは○を記した．家居の女性と判断

No.	年月日	西暦	男	官位	女
53	貞観元年4月3日条	859	笠豊主	中務少丞正六位上	浄村女王
54	貞観元年4月3日条	859	凡直	不明	浄村女王
55	貞観2年8月5日条	860	藤原冬嗣	左大臣正二位	島田氏
56	貞観2年10月29日条	860	橘氏公	右大臣従二位	田口真中
57	貞観8年3月4日条	866	笠麻呂	従五位下	赤須
58	貞観8年5月28日条	866	平高棟	大納言正三位	藤原有子
59	貞観8年9月22日条	866	紀善岑	美濃守従四位下	石川氏
60	貞観9年10月4日条	867	藤原貞敏	従五位上掃部頭	劉二郎女
61	貞観9年10月10日条	867	藤原良相	右大臣正二位	大江氏
62	貞観10年2月18日条	868	藤原大津	正五位下備前守	紀氏
63	貞観10年2月18日条	868	藤原大津	正五位下備前守	安倍氏
64	元慶元年正月29日条	877	藤原長良	権中納言従二位	藤原氏
65	元慶7年11月10日条	883	源蔭	従五位下	紀全子
66	元慶8年3月13日条	884	藤原総継	従五位上	藤原数子
67	元慶8年6月23日条	884	忍海山下連氏則	石見介外従五位下	下毛野屎子

【凡例】

①本表は，『続日本紀』以下の五国史（欠落部分は『日本紀略』『類聚国史』で補完）から婚
施行以後（701〜887年）とした．複数回記載されているものは，初出をあげた．

②抽出対象は，中央貴族（皇親も含む）とし，自身が五位以上を帯びている男女，および父
に登載され，『続日本紀』で五位以上の同族官人を複数確認できるため，掲載した．No.60の

③婚姻関係の有無の判断にさいしては，五国史に「婚」「適」「室」「妻」「娶」などのほか，
のはできるだけ抽出した．氏名・官位・身位などの不明部分は，『公卿補任』『尊卑分脈』ほ

④婚姻例には，天皇・皇太子との婚姻は含まない．ただし，淳仁，光仁，桓武の即位および
皇子女同士の婚姻（阿保親王と伊登内親王，葛井親王と斉子内親王など）および養老戸令聴
婚姻（吉備内親王，舎人親王，施基皇子，井上内親王，不破内親王など）も除外した．弥努

⑤地方豪族の改氏姓・婚姻・多産・節婦記事などは除外した．

⑥女性が女官かどうかの判断は，本章中の基準（第一節第三項）によって個別に検討した．
したものは×を記した．

⑦官位・身位は，生前の最高官位を記載した．

1　女官であった妻たち

表18の女性のうち、正史に後宮十二司の職名を明記された女性は、藤原袁比良（表18―11、以下、表18を略す）、藤原児従（12）、大野仲智（15）、藤原百能（29）、阿倍古美奈（30）、藤原諸姉（31）、百済王明信（32）、和気広虫（35）、藤原薬子（40）、小野石子（41）、橘安万子（42）、大原明娘（43）、藤原美都子（51）、藤原有子（58）の一四人である。県犬養橘三千代（4・6、内命婦）、県犬養八重（8、命婦）は、『続日本紀』の記載や『大日本古文書』などの史料から、女官であったことは明らかである。[23] 田口真中（56）は仁明天皇の乳母、紀全子（65）は陽成天皇の乳母である。

多治比古奈禰（19）は、大中臣清麻呂の妻で諸魚の母である。正史には職名はみえないが、正月の叙位での三度の昇叙を含む六回の叙位記事が残されていることと、[24]『中臣氏系図』の諸魚の尻付に母の肩書として「尚侍」と書かれ、この尻付自体の精査は必要であるものの、出仕については認めてよいと思われることから、女官と判断した。

久米若女（7・23）は、卒伝に「散位従四位下久米連若女卒」（宝亀十一年六月己未条）とある。この「散位」は散事の意であろう。[25] 散事は、養老後宮職員令の規定に基づく地位であり、後宮十二司の掌以上に補任されていない女官を示すものである。[26] 四度の叙位記事と卒伝によって位階の累進も確認できるため、女官であったと判断した。

2　女王たちの出仕

牟漏女王（表18―18）

藤原房前の妻で永手らの母である牟漏女王は、『新撰姓氏録』によると、敏達天皇系三世王の美努王と県犬養橘三千代の間に生まれた四世王である。[27] 兄弟の葛城王（のちの橘諸兄）は、和銅三（七一〇）年に無位から従五位下に直叙されており、この叙位が選叙令35蔭皇親条によるものであれば、牟漏女王の初叙位も従五位下だったと思われる。房前の没（七三七年）後も累進し、天平十一（七三九）年正月丙午の叙位で竹野女王ら貴族女性・女官たちとともに位階を進められ、従四位下から従三位に昇った。天平十八年に正三位で没した。牟漏女王の出仕は、母の三千代の後宮における勢威を継いでのものであったという。(28) しかし昇叙自体は、自身の女官としての功績で得たものだといえよう。

弓削女王（表18—28）

『本朝皇胤紹運録』によれば、御原王（舎人親王の男）の女で、天武天皇系の三世王になる。三方王の妻。選叙令の規定により初叙位は従五位下であろうが、叙位年は不明である。『続日本紀』に以下のような昇叙および位階を示す記事がある。

天平宝字三（七五九）年六月庚戌　従五位下→従四位下
宝亀五（七七四）年正月甲辰　無位→従五位下
延暦元（七八二）年三月戊申　正五位上で日向に配流

天平宝字三年の昇叙は、叔父の大炊王の即位（淳仁天皇）にともない、大炊王の兄弟が親王とされたため、弓削女王も二世王扱いにされて昇叙されたもの。宝亀五年時点で無位であったのは、淳仁の廃位にともない位記を奪われたか、その後の政治事件に関与したとして無位に落とされたものであろう。宝亀五年に従五位下に叙されたのち、氷上川継事件との関連で日向に配流された延暦元年には正五位上に昇っていた。(29) 八年間で三階昇叙していること、夫への縁座ではなく、女王自身が厭魅乗輿を「同謀」したとされていることから、女官として宮中で活動していたであろうと考える。

平田孫王（表18―45）

『類聚国史』の文室弟直卒伝にみえる枚田孫王は、文室与伎の妻で弟直の母である。系譜不詳ではあるが、弟直卒伝中に「母従四位下平田孫王。後太上天皇在二幼稚一違二慈顔一。桓武天皇悲二其偏露一。以二女王一推為レ母」（『類聚国史』巻六六薨卒四位）とあり、幼くして生母（藤原旅子＝七八八年没）に死別した淳和天皇を哀れんだ桓武天皇が、女王を養母にしたことが記されている。延暦五年生まれの淳和の養母となりうる「孫王」とは、光仁天皇の姪または孫にあたる女性であろう。なお、『続日本紀』宝亀八年十一月己巳条に、無位から従四位下に叙された枚田女王がいる。『日本古代人名辞典』や新日本古典文学大系『続日本紀』五の脚注（五二頁、脚注八）がいずれも平田孫王と同一人かとしているのは首肯できる。出仕の有無の点でも、光仁の女系の孫で、父系では五世王であるもののとくに詔勅があって「二世王」とされた五百井女王[30]が女官として出仕し、尚侍に至った例からみても、枚田女王が出仕し、桓武の信任を得ていたとみるのは不自然ではない。

竹生王（表18―17）

筑前国宗形郡大領宗形朝臣深津の妻である竹生王もまた系譜不詳である。僧寿応に応じて金埼の船瀬をつくった功により夫妻で叙位され、王は無位から従五位下となった。宗形氏は、天武皇子の高市皇子の生母の氏族であり、高市皇子の後裔と特別な関係があったため、王族女性との婚姻が可能だったと考えられている[31]。何世王であったかについては、夫妻の叙位の直前の神護景雲元（七六七）年四月辛巳条で、四世王の初叙位を正六位上、五世王を従六位下とする改定が行われているのが手がかりになろう。夫である深津は、外従六位下から外従五位下となっており、この昇叙が四階の特授であったことがわかる。すると竹生王もまた四階特授であると考えられ、その場合には、従五位下になった王の当初の位階は従六位下となり、五世王となる。しかし、判断材料はここまでで、叙位理由が船瀬建設とはっきりしており、出仕の有無に関しては不明である。

浄村女王（表18—53・54）

浄村女王は、伊予親王の家人である雄宗王の女で、笠豊主との間に宮子を産んだ。大同二（八〇七）年の伊予親王事件で雄宗王が安芸に流されたさいに、幼い宮子をともない配所に随った。宮子は安芸国賀茂郡の凡直氏の戸籍に貫され、凡直貞刀自の名で采女として貢された。事件から半世紀をへた貞観元（八五九）年、宮子はようやく父姓へ復すことができた。以上は、『日本三代実録』貞観元年四月三日条の復姓記事のあらましである。事件当時、伊予親王は中務卿で、浄村女王の夫の笠豊主は中務少丞であり、上下関係にあった。豊主は復姓記事以外では正史には登場しない。(32)

平城天皇の譲位と嵯峨天皇の即位、薬子の変ののち、伊予親王の三子をはじめとする関係者はおおむね免罪され、帰京を許されて任官されている。(33)すると、雄宗王、浄村女王とも、配流されたのち、比較的早いうちに死去したかと思われる。女官としての出仕は不明である。

3　天皇の外祖母たち

『続日本紀』以下には、大宝令以後の天皇の外祖母として一〇人の女性が記録されている。賀茂比売（聖武外祖母。以下、孫にあたる天皇名を記す）、県犬養橘三千代（孝謙）、大枝真妹（桓武）、阿倍古美奈（平城・嵯峨）、藤原諸姉（淳和）、田口氏（仁明）、藤原美都子（文徳）、源潔姫（清和）、藤原乙春（陽成）、藤原数子（光孝）である。このうち、県犬養橘三千代、阿倍古美奈、藤原諸姉、藤原美都子が女官であったことは先述した。

三千代以降の外祖母たちは、孫の天皇の即位にあたって贈位を受けている。そのさいの表記のあり方に、出仕して

表19　天皇外祖母の表記（年月日は五国史および『日本紀略』による。上段の数字は表18のNo.を記した）

No.	外祖母	年月日	西暦	孫天皇	表記
5	賀茂比売	天平七年十一月己未	七三五	聖武	正四位上賀茂朝臣比売
4	県犬養橘三千代	天平宝字四年八月甲子	七六〇	孝謙	従一位県狗養橘宿禰
33	大枝真妹	延暦九年十二月壬辰	七九〇	桓武	外祖母土師宿禰
30	阿倍古美奈	大同元年六月辛丑	八〇六	平城	外祖母贈従一位尚蔵安倍朝臣古美奈
31	藤原諸姉	弘仁十四年五月己未	八二三	淳和	外祖母尚縫従三位藤原氏
46	田口氏	天長十年三月乙卯	八三三	仁明	外祖母従三位田口氏
51	藤原美都子	嘉祥三年七月壬辰	八五〇	文徳	外祖母尚侍従三位藤原朝臣美都子
52	源潔姫	天安二年十一月二十六日	八五八	清和	故正三位源朝臣潔姫
64	藤原乙春	元慶元年正月二十九日	八七七	陽成	外祖母藤原氏
66	藤原数子	元慶八年三月十三日	八八四	光孝	外祖母正五位下藤原朝臣数子

いた女性と、そうではない女性の違いがあらわれているので、贈位記事中の本人の身位に関わる部分を表19に記す。ただし、賀茂比売は卒伝、三千代と真妹は孫天皇即位以後数年を隔てた追贈記事である。

一〇人の外祖母たちの表記からわかるのは、正史の記述のあり方として、少なくとも阿倍古美奈以降は、古美奈が尚蔵と明記され、藤原諸姉も尚縫、藤原美都子は尚侍と記載されたように、出仕していた場合は職名が書かれたこと、源潔姫、藤原数子のように、生前に位階を帯びていた場合には、その位階も明記されたことである。この表記を手がかりに、賀茂比売、大枝真妹、田口氏、藤原乙春、藤原数子について考察したい。

賀茂比売（表18―5）

賀茂比売は、藤原不比等の妻で、文武夫人の宮子の母である。系譜は未詳[34]。正史の記載は『続日本紀』の卒伝のみで、「正四位上賀茂朝臣比売卒。勅、以二散一位葬儀一送之。天皇之外祖母也」とある。正四位上への叙位の年月は不明である。とくに勅が下されて、二年前に死去した県犬養橘三千代と同じく散一位の葬儀が行われた。賀茂比売の帯びた正四位上という位階から考察を加えてみよう。

賀茂比売の位階は、聖武天皇の外祖母ゆえであろうか。疑問が残るところである。というのは、賀茂比売生存時の『続日本紀』記述をみる限り、外祖母や外戚を崇敬するという思想が薄弱だからである。「外戚」という語は、表19の県犬養橘三千代の項で挙げた天平宝字四年の記事（詔勅）にみえる。不比等は「是復皇家之外戚」とされて淡海公に追封され、三千代は正一位追贈のうえ大夫人とされた。しかしこの措置を後世の「外戚」への処遇と同様にみることは難しい。

天皇家の祖先祭祀の検討のなかで外戚墓を考察した服藤早苗氏は、光仁・桓武天皇の時代に、外祖父母を天皇の祖先とする位置づけが明確に打ち出されたとした[35]。賀茂比売死去時の記事に「外祖母」と記載されたのは、まさに『続日本紀』編纂時の桓武期の価値判断によるものといえないだろうか。

義江明子氏は、古代の日本の氏の特質を両属的なものとし、内実をもった父系出自集団の形成は八世紀末〜九世紀にかけてであるとした[36]。「外戚」の認識は、「内」＝父系家族意識と表裏をなすものであろう。八世紀前半の賀茂比売が生きた時代には、後代のように「外祖母」だから高位を与えるという認識はまだなかったと思われる。外祖母ゆえの高位と捉えると、賀茂比売が現天皇・聖武の祖母であるにもかかわらず、皇后の母である県犬養橘三千代（正三位）の下位に置かれるという矛盾が生まれる。賀茂比売の高位には、出仕していたために叙されたという可能性があることをみておきたい[37]。

大枝真妹（表18―33）

和乙継との間に高野新笠をもうけ、桓武天皇の外祖母となった。もとは土師宿禰。延暦九（七九〇）年に正一位を贈られた。同年十二月辛酉条によると、土師氏は四腹に別れており、真妹の系統は毛受腹といい、大枝朝臣を賜姓された。

六国史で土師を氏名とする女官は、延暦四年の土師宿禰諸主が初見で、『続日本紀』延暦四年八月癸亥条にある通り、弟とともに秋篠宿禰を賜姓された。のち、朝臣に改姓され、弘仁三（八一二）年に正五位下から従四位下に昇叙されている。(38) 諸主以前の土師氏の女官は不明である。真妹の生前の身位が表記されないことなどを勘案すると、正史の記事に遺漏が多いことは承知のうえでの判断ではあるが、出仕の可能性は低いか、出仕していたとしても下級女官だったと考える。

田口氏（表18―46）

田口氏は、橘清友との間に橘嘉智子をもうけた。本名・系譜・経歴のいずれも不詳である。『続日本後紀』天長十（八三三）年三月乙卯条により、河内国交野郡小山墓と呼ばれる墓があったことがわかり、『延喜式』にも「小山墓 贈正一位田口氏、同天皇外祖母、在河内国交野郡、兆域東西三町、南北五町、守戸二烟」（諸陵式16後阿陁他遠墓条）とある。田口氏は、蘇我氏の枝族で、本拠地は大和国高市郡田口とされるが、(39) 八世紀に上野守や右兵衛率を歴任し正五位上に昇った田口益人(40)が河内国交野郡に居住したという言い伝えがある。(41) 伝承の枠は出ないが、田口氏が交野郡に埋葬されたとすれば、益人の系譜だった可能性もある。

ところで、嘉智子所生の仁明天皇の乳母に、田口真仲がいる。嘉智子の異母兄(42)の橘氏公の妻となり、峯継を生んだ女性で、『公卿補任』の峯継尻付（承和十一年）に「母正六位上行備後掾田口継麿女。従五下真中」と記されている。真仲が嘉智子の母方の近親者の縁で乳母になったとすれば、嘉智子の母の田口氏は、正六位上行備後掾で終わった田口継麿に近い出自ということになり、近親に高位の官人はいない境遇と思われる。

では、天長十年三月乙卯の記事に「従三位田口氏」とあるのをどう判断したらよいのだろうか。田口氏に関する史料は、管見の限りでは『続日本後紀』の当該条と、『日本文徳天皇実録』の嘉智子崩伝(43)のみだが、夫の清友も同じ天長十年三月乙卯条に「従三位」とあることを手がかりに、考察を加えていきたい。

清友が延暦五年に内舎人になり、延暦八年に三十二歳で死去したことは、前述の嘉智子崩伝にある。生前の位階は不明であるが、嘉智子崩伝に記されていないことと、内舎人という地位から考えて、五位に達していなかったことは間違いない。ところが、清友は、弘仁六年、嘉智子立后と同日に従三位を贈位された記事のなかで、「贈二皇后父正五位下橘朝臣浄友従三位一」(『日本後紀』弘仁六年七月壬午条)と記載されているのである。この正五位下については、『伊呂波字類抄』梅宮社の項の清友略歴に「大同四年十月十四贈正五位下」とあることから、大同四年に嘉智子が嵯峨天皇の夫人に定められた(44)のちに贈られたもので、清友生前の位階ではないことが明らかである。田口氏の従三位もおそらく同様の贈位であって、阿倍古美奈らの生前の位階とは異なるであろう。田口氏の出仕は不詳だが、少なくとも職事ではなかったといえるのではないだろうか。

藤原乙春(表18—64)

藤原長良の妻で基経、高子らを産み、陽成外祖母となった女性は、『三代実録』元慶元(八七七)年正月二十九日条では「藤原氏」と記され、本名と生前の位階記載はない。『公卿補任』貞観六(八六四)年の基経尻付の母の説明に「贈正一位大夫人乙春也」とあるので、ここでは乙春の表記を用いることとする。乙春は、北家魚名の孫にあたる藤原総継の女である。生没年は不詳だが、前掲の『公卿補任』の貞観六年基経袖書に長良死去のさいの服解しかないこと、陽成(貞明親王)立太子の貞観十一年まで生存していれば位階を授けられたであろうことから、貞観六年から十一年の間に死去したか、または基経の官仕(『公卿補任』によれば仁寿二〈八五二〉年無位蔵人)前に死去したと考えられる。[45]乙春は、総継の女であり、次に考察する数子の縁者である。この二人を比較検討することで手がかりを得られると思われる。

藤原数子（表18―66）

藤原数子は、総継の妻で、所生の沢子が仁明天皇の女御、光孝天皇の母となったために天皇外祖母となった。平安期における天皇の外戚神の公祭化を研究した岡田荘司氏は、数子の系譜について、藤原南家の率川祭が光孝朝に公祭化されたことを検討したなかで、南家出身、雄友の女とした。[46]『尊卑分脈』は、総継の四人の男子のうち、直道（従五位上少納言）の母を「大納言雄友女」とする（二―三五六）。これが数子であろう。

夫の総継は、弘仁二年七月乙卯の相模介任官記事を最後に、『日本後紀』の欠落もあり正史から姿を消す。女の沢子の卒伝では[47]「故紀伊守従五位下総継之女也」とあるが、元慶八年の贈位記事は「従五位上」としているので、弘仁二年以後、一階昇叙された可能性もある。[48]数子は、承和六（八三九）年に無位から従五位下、貞観五年に従五位下から正五位下（女叙位）と累進した。[49]承和六年の叙位は、女の仁明女御・沢子が急逝した当日の記事である。この日、従四位下で死去した沢子に従三位が追贈され、母の数子にも直叙されたのである。数子がいつ出仕したのかは不明だが、貞観五年の昇叙が、孫の皇子女の元服などの関連叙位ではなく、定例女叙位であることは、数子が女官であった可能性を示すであろう。

『古今和歌集』巻七賀歌に、光孝天皇が皇子だったときに「御をば」の八十の算賀を催したとする記載がある。目崎徳衛は、最古の写本が「おは」としていることから、「御をば」は「伯叔母」ではなく「祖母」の意であり、孫の光孝が数子の算賀を主催したと推定した。[50]乙春と数子を比較すると、乙春は、家居の女性として短い生涯を終え、[51]数子は、尚侍などの高位の職にはつかなかったが、中堅の女官として長命を全うしたと判断できるのではないかと思う。

4 行幸叙位の妻たち

六国史には、行幸のさいの第宅の主人夫妻（もしくは妻のみ）への叙位が記録されている。表18のうち、県犬養八重、藤原袁比良女、藤原児従、大野仲智、多治比古奈禰、百済王明信、藤原美都子の七人の行幸叙位記事が残っている。いずれも女官であった。『続日本紀』において行幸叙位のさいに「室」と記載されたのはすべて女官である妻であり、家政機関を有して行幸を迎え入れた女性が、第宅の主人として叙位に与ったのである。[52] では、九世紀に行幸叙位された源潔姫と葛井庭子はどうなのか。錦部針魚女とあわせて考察したい。

源潔姫（表18—52）

源潔姫は、嵯峨天皇の皇女で母は当麻氏。賜姓源氏で藤原良房の妻となり明子を生んだ。明子が文徳天皇の女御となり、所生の惟仁親王が即位して清和天皇となったため、天皇外祖母になった。生涯で、次に掲げる三度、叙位に与っている。

承和八年十一月丁巳　無位→正四位下（朔旦冬至にともなう叙位）
仁寿元年十一月乙亥　正四位下→従三位（文徳即位大嘗会直前の叙位）
仁寿三年三月甲午　従三位→正三位（前月の良房第行幸に伴う叙位）

承和八年の叙位のさいには、夫の良房が奏慶を行い、嵯峨太上天皇が「いまだ妻の慶によりて夫の賀する例を聞かず」と語ったという話が、『九暦』に記録されている。[53] この奏慶については、野口孝子氏が、良房以前の奏慶は叙位者が女官であったこともあって女性自らが行っていたが、潔姫は家の妻として叙位されたために、本人ではなく、夫の良房が奏慶を行ったとし、女性が家の妻として叙位の対象になるにしたがって、奏慶の形式もまた変容したことを

示す事例だとした。(54)

仁寿元年の叙位は、前年の惟仁親王立太子にともなう皇太子外祖母への叙位といえよう。このとき潔姫は、「進二右大臣藤原朝臣良房階正二位一。加二其家夫人正四位下源朝臣潔姫従三位一」（『文徳実録』仁寿元年十一月乙亥条）と記された。最後の仁寿三年の叙位では、「加二従三位源朝臣潔姫正三位一。授二正六位下難波連蘰麻呂外従五位下一。縁三去月遊二賞右大臣第一而恩及二家人一也」（『文徳実録』仁寿三年三月甲午条）として、前月の良房第行幸への恩賞を「家人」におよぼしたものであると明記された。「家夫人」「家人」の表記もまた、潔姫が家居の女性であったことを示すと思われる。

葛井庭子（表18―44）

葛井庭子は、清原夏野の妻で、天長七年に淳和天皇が清原夏野の山荘に行幸したさい、夏野の二男の瀧雄とともに叙位され、無位から従五位下に昇った。その事情は「天皇幸二大納言清原真人夏野新造山荘一。（略）授二主人室无位葛井宿禰庭子。第二男瀧雄従五位下一」（『日本紀略』天長七年九月壬辰条、『類聚国史』三一天皇行幸下）と記された。六国史で、行幸時の叙位記事に「主人室」と記載されたのは、管見の限りでは、この一例だけである。夏野には、瀧雄のほか、秋雄、澤雄の男子がいたことが六国史から知られ、瀧雄卒伝には、「貞観二年八月丁母憂解職」とあり、(55)秋雄卒伝には、「天安元年冬母喪去職」とある。(56)庭子の所生子は不明であるが、瀧雄の母とすれば貞観二年没、秋雄の母とすれば天安元（八五七）年没である。

夏野は、承和元年にも嵯峨太上天皇の行幸を迎え、瀧雄も含めた夏野の三人の男子が叙位されたが、沢雄と秋雄が正六位上から従五位下に叙されたのに対し、瀧雄は従五位下から一挙に従四位下に昇叙された。(57)天長七年の行幸時に瀧雄が叙爵されたこと、この山荘が庭子の氏族の葛井氏の財力に負うものだった可能性があることとあわせ、(58)瀧雄の母が庭子だったと推定したい。庭子の出身氏族である葛井宿禰氏は、高位の女官を出した実績のある氏族で、その一人である葛井宿禰広岐は、桓武朝の典侍として従四位下に至っている(59)。庭子の場合、夫の夏野は、二度の行幸の間の天長九年に大納言から右大臣へと進んでいる(60)。庭子が出仕していれば、天長年間の行幸時まで無位ということは考えにくく、承和元年の行幸時にも夫とともに昇叙されたと思われる。以上から、庭子は出仕していなかったと判断した。

錦部針魚女（表18―21）

錦部針魚女は、文室大市の「妾」として宝亀五年に叙位されたさいの記載が『続日本紀』にある。「幸二坂合部内親王第一。授二従二位文室真人大市正二位、四品坂合部内親王三品一」（宝亀五年十一月甲辰条）と書かれた坂合部内親王第行幸の翌日、「授二大市妾无位錦部連針魚女外従五位下一」（同年十一月乙巳条）として叙位に与った。

坂合部内親王は施基親王の皇女で、光仁天皇の異母姉である(61)。内親王と大市の関係については夫婦とする説がある(62)。六国史には、内親王が王以下と婚姻した場合には、他の妻たちと区別して、いわゆる「嫡妻」扱いするという編纂方針がみえる(63)。そこから類推すると、坂合部と大市は夫婦で、針魚女は妻の一人とするのが妥当ではないかと考える。

針魚女への外従五位下授位は、「中枢的な上級官人との妻妾関係が、女性の特授条件となることを示したものとみられ、彼女の場合は「妾」という身分と連姓という氏姓関係とが、外階の授与をみた理由であろう」とみられてきた(64)。無位から一気に五位に昇った特授の理由を、高官の「妾」のゆえだとしながら、卑姓のため外位に留まったという見解である。

八世紀には、外従五位下に至った連姓出身の女性は、六位以下の位階を帯びての長い奉仕をへるのが標準だった(65)。八世紀に連姓で無位から従五位下に直叙された女性は、岡連君子、久米連若女、久米連方名、錦部連姉継、武生連拍で、高僧や有力者の一族、皇太子の乳母など、個別に理由が考えられる女性たちである。同じく八世紀に無位から外従五位下（および外従五位上）へ直叙された連姓女性は、中臣小殿連真庭、忍海連伊賀虫、中臣殿来連竹田売、道田連桑田と、錦部連針魚女である。針魚女の外従五位下直叙は、連姓の女性としては例外的な優遇だったといえる。[66]

なお、針魚女と同時代の錦部連氏の女官には、女孺をへて従五位上に至った内侍の錦部連河内がいる。[67]針魚女の行幸叙位の年には、安殿親王（のちの平城天皇）が誕生し、先述した錦部連姉継が乳母についた。宮廷への女性の進出が目立つ氏族の一員であるが、針魚女自身の出仕は不明である。

5　位階を帯びる女性たち

白猪与呂志女（表18―16）

白猪与呂志女は、『続日本紀』天平神護二（七六六）年二月甲午条に「授二正六位上白猪与呂志女従五位下一。入唐学問僧普照之母也」とあるのが、正史登場のすべてである。鑑真来日と戒律伝来に功があった普照の母ゆえの叙位とされている。姓も不明で、普照自身、出自不詳であり、与呂志女の夫がだれであったのかも不明である。[68]

与呂志女の姓が史であれば、白猪史から葛井連に改姓された葛井広成とも同族であり、対外交渉の任についた人物を多く輩出した氏族の一員ということになる。[69]天平神護二年の時点ですでに正六位上を帯びていることから、出仕していたと考えてよいだろう。[70]

菅野浄子（表18―47）

菅野浄子は、中納言正三位藤原葛野麻呂の妻で、参議従三位に昇った常嗣の母である。『続日本後紀』承和三年四月戊戌条に無位から従五位下に叙された経過が「浄子是遣唐大使藤原朝臣常嗣母氏。故准二旧例一叙レ之」と記されている。白猪与呂志女と同様、所生子の対唐関係での功が親母におよんだものである。

常嗣が遣唐使に任じられたのは、浄子の叙位に先立つ承和元年正月で、副使は、「依レ病不レ能二進発一」として渡唐しなかった小野篁だった。[71] もめごとの多かった遣唐使が出発したのは承和五年で、遣唐使任命から出発までのちょうど中間の年に、浄子は「旧例」に準じて叙位されたのである。ここでいう旧例すなわち遣唐使の親への叙位が毎回実施されていたのかは不明だが、白猪与呂志女への叙位に準じてのものだとは考えうる。

浄子の系譜について、『公卿補任』『尊卑分脈』ともに「菅野池成女」としている。[72] 菅野朝臣氏は、もとは百済系の渡来人である津連で、延暦九年に津連真道らが改氏姓を願い出て、居地によって菅野朝臣を授かった。[73] 池成自身、桓武から賜地に与るなど、信任ぶりがうかがえる官人であった。[74] 浄子と同族で同時代の女官に、菅野真道の女である人数がいる。仁明朝に累進し、貞観五年に尚蔵従三位で没している。[75] 浄子の子の常嗣は、母の叙位時に四十一歳になっており、浄子は高齢であった。出仕していれば、同族女官が高位に昇っていることから勘案して、何らかの位階を帯びていたと考えられる。しかし無位であった。浄子の出仕は不明だが、授位に関していえば息子の恩恵に浴したことになる。

和気嗣子（表18—37）

和気嗣子も、息子の恩恵に浴した女性である。和気清麻呂の妻で、清麻呂の長子・広世の母である。大同元年に無位から従五位下に直叙された。『日本後紀』は、そのいきさつを「无位和気朝臣嗣子授二従五位下一。正五位下和気朝臣広世之母也。広世請二以レ位譲一母。上愍二其志一。故有二此授一」と記している（大同元年四月丁未条）。

嗣子は系譜・生没年ともに未詳であり、広世の母であることと、大同元年まで無位であったことぐらいしかわからない。広世の生年も未詳であるが、清麻呂薨伝によれば、文章生に補された後、延暦四年の事件に縁座して禁錮せられたという。[76] 延暦四年にすでに文章生になっていたとすると、生年は称徳朝以前にさかのぼるだろう。母の嗣子に位を譲った時点で広世は四十歳を超え、嗣子は、さらなる高齢に達していたと思われる。

和気氏出身の女官は、広虫が著名であるが、その後、和気広子が延暦十五年に無位から従五位上に直叙された。光仁・桓武朝の無位から従五位上への叙位は、女御の地位にあった女性への叙位だとされている。[77] その後、和気氏の女官として正史に登場するのは和気緒継で、承和三年に尚縫従四位下で没した。[78] 元慶六年には、陽成母后・高子の四十の算賀に関連して、高子に仕えていた女官の和気徳子が従五位上から正五位下に昇叙されている。[79] 広虫の没後も、和気氏から継続的に女官が出仕していたと考えられるが、広虫の後継者が嗣子だったとすれば、広虫の晩年ないし死去の直後に叙位があったのではないだろうか。やはり広虫の後継者は、尚縫に任じられた緒継であり、嗣子の出仕はなかったと思われる。

李自然（表18―34）

李自然は、遣唐使であった大春日清足の妻となって来日した唐人で、『日本紀略』延暦十一年五月甲子条に「唐女李自然授㆓従五位下㆒。自然従五位下大春日浄足之妻也。入唐娶㆓自然㆒為㆑妻。帰朝之日。相随而来」と記されている。以後、正史には李自然の記事はみえない。夫の清足は、延暦八年に正六位上から従五位下に昇叙され、[80] 翌年、官奴正に補任された。[81] 清足の入唐時期は特定できない。唐人の李自然が従五位下に叙された理由を考えるさいには、八世紀の朝廷に唐人たちが奉仕していたことが参考になるだろう。男官では李元環ら、女官では李小娘、皇甫昇女らが出仕した記録が残されている。[82] 宝亀・延暦年間にも、唐人沈惟岳が従五位下を授けられ清海宿禰を賜姓されたのちに美作権掾に任官され、[83] 延暦十四年には「唐人等五人授㆑官。以優㆓遠蕃人㆒」（『日本紀略』同年七月辛巳条）という記事が残されている。このような来日間もない唐人を登用する流れのなかでの李自然の叙位であり、職種は不詳ではあるが、最新参の唐人として出仕し、叙位に与ったと考えられる。

長屋王妻・藤原弟貞母の不比等女（藤原長娥子）（表18―14）

藤原弟貞は長屋王の男で、その薨伝に「藤原太政大臣之女所生」と書かれており、母は藤原不比等の女である。[84] 本名の記載はないが、藤原長娥子だとみられている。[85] 長娥子の記事は、神亀元（七二四）年二月丙申に従四位下から従三位に昇叙したというものがある。藤原姓を不比等とその子孫に限った文武二（六九八）年八月丙午の詔によれば、神亀元年の時期に藤原朝臣を名乗る女性は不比等の娘か孫しかありえず、さらに所生子のうち三男の山背王（弟貞）の年齢から判断して長屋王の妻の「不比等女」は、不比等の第三女である光明皇后よりかなり年長であるらしいこと――以上の二点から、長娥子は「不比等女」であると考えられ、次女に比定されている。[86] 私見も、弟貞薨伝でいう「藤原太政大臣之女」は長娥子だと考える。

その場合、長屋王という高官の妻であったことが高位に叙された理由ではないことは、不比等の妻で聖武の外祖母の賀茂比売が、聖武即位後も長娥子より下位の正四位上に留まっていたことで明らかであろう。女官のトップの一人として叙位されたと判断した。

大江乙枝（表18―61）

藤原良相の妻は、『三代実録』貞観九（八六七）年十月十日条の良相薨伝では「大江氏」とされ本名を記されないが、『公卿補任』貞観六年の所生子・常行尻付に「母従五位下大江乙枝女」とあることから、本名がわかる。[87] 乙枝の系譜は未詳だが、文徳天皇の仁寿元（八五一）年に「正六位上大枝朝臣乙枝。无位嶋田朝臣吉子。並授㆓従五位下㆒」（『文徳実録』同年十二月丙寅条）とあり、五位に至る前に六位の位階を帯びていたことからみて、出仕していたとみてよいであろう。

良相薨伝によると、乙枝は良相三十歳代で死去した。良相の生年は、薨伝の没年から逆算すると弘仁四年（八一三）であり、[88] 夫が三十歳代のときに没したということは、仁寿元年の叙位があってまもなく死去したことになる。大江氏の没後、良相は再婚しなかったことが薨伝で称揚されていることから、良相の所生子の母は大江氏だと判断してよいだろう。すると仁寿元年の叙位は何を意味するのだろうか。

夫の良相は、当時、参議左大弁で、前年に立太子した惟仁親王（のちの清和天皇）の春宮大夫に任じられ、乙枝の叙位の四日前に正四位下から従三位に昇叙された。文徳天皇は、前年の即位に続き、仁寿元年十一月に大嘗会を行い、前後に、皇太子の外祖父母にあたる良房・潔姫夫妻への叙位など、廷臣たちの位階を進めた。

また、文徳は、即位直後の嘉祥三（八五〇）年七月に五人を女御とした。(89) このなかで系譜が知られるのは、冬嗣女の古子と、良相女の多賀幾子の二人である。多賀幾子は大江氏の所生とみられる。

島田氏（表18—55）

乙枝の項で掲示した『文徳実録』に、乙枝と同時に叙位された島田朝臣吉子の名がみえる。この女性については、乙枝と同様、文徳の女御の母ではないかと推定した。乙枝の女である多賀幾子と同時に女御となった藤原古子は、冬嗣の女であり、甥の文徳に配されたことから考えて冬嗣晩年の出生である。冬嗣の妻の一人に島田氏の女性がおり、冬嗣の第七子である良仁をもうけている。(90)『公卿補任』や『尊卑分脈』をみる限り、冬嗣晩年の子を生んだ可能性のある妻は、大庭王女か、島田氏である。古子も島田氏所生とすると、女御の母として、乙枝とともに同日叙位されたという想定が成り立つ。『三代実録』は島田氏を「清田之姉」としており、清田は宝亀十（七七九）年生まれなので姉の島田氏は仁寿元年時点で少なくとも七十四歳である。

藤原古子の母の叙位を考えるもう一つの理由は、古子が、後宮のなかでとくに重んじられた形跡が残っているからである。文徳天皇の後宮にあって、古子の女御としての序列が清和天皇の母となった藤原明子の上にあったことは、叙位記事などからもうかがえる。(91) 清和を生んで盤石の地位にあるともみえる明子に伍して、所生子の記録が残らない古子がこのような立場を保持し得たのは、なぜか。そこには、文徳母の皇太后順子の意思が反映されていたのではないだろうか。古子は、順子に「相従って」出家落飾し[92]、その後も、順子発願の安祥寺建立事業に、仏像、経巻、荘厳具などを奉献した記録が、安祥寺伽藍縁起資財帳に残されている[93]。皇太后順子によって重んじられていた女御古子の母であることが、島田吉子への五位直叙の理由である可能性があるのではないだろうか。

三　公的地位の意味と喪失

1　国家機構内の女官の位置づけと婚姻

表18に抽出した女性のうち、女官かどうかを考察する材料に欠ける女性を除いて個別に検討した結果、六三人の女性のうち二九人を女官と判断した。

『続日本紀』以下で六七例しか抽出できなかったことからもわかるように、正史編纂にあたっては婚姻関係を記録するという積極的な意識はうかがえない。誰と婚姻したのかより、誰の子孫であり祖なのかが重視されているように思われる。人物も、王族・大臣もいれば、当該記事によってしか正史に登場しない笠豊主のような官人もいる。たまたま記録に残された六七例であるが、そのなかにあって妻の半数近くが女官であった。これは何を意味するのだろうか。

表18で挙げた官人たちは、ほかにも複数の妻がいた可能性があり、その妻たちが女官であったかどうかは不明である。後宮職員令に記載された後宮十二司の職事が五七人で、女孺（一五二人＝養老令）・采女（六六人＝同上）などの員数[94]を足しても、十二司の定員は二七五人にすぎない。しかし、県犬養八重（表18—8）は、聖武が皇后宮に行幸した

さいに外従五位下に昇叙されたことなどから光明皇后に近侍していたと推察できるし、[95]和気広虫（表18―35）は太上天皇時代の孝謙に仕えていた。[96]天皇に供奉する後宮十二司の職事のほかに、太上天皇や皇后、皇太子、皇子女らに仕え、その意向の実現のために働いた女官の存在は明らかであり、このことは、令に規定された定員以上に、出仕した貴族女性の数が多かったであろうことを示唆している。この王権の必要に応じた貴族女性の出仕という実態が、官人の妻のうち半数近くが女官だったという正史の記録に反映されているのである。

内侍の職掌と律令官制内における位置づけを検討した春名宏昭氏は、詔勅起草にあたって中務省ではなく内侍が内記を監督していた点を重視し、これが内侍に付与された「宣伝」の職掌だとして、「国家運営上一定の職掌・役割を与えられて官僚群の一角に位置する存在」としての八世紀の女官の意義を指摘した。[97]この女官の地位との関係で、配偶者である男性官人の地位についても簡単に触れておきたい。

表20は、表18から大臣の婚姻例を抽出したものである。第二節の検討を踏まえて表18の記述を若干修正した。藤原不比等から良相まで、一二人の歴代大臣が女官と婚姻したことがわかる。とくに八世紀においては、和銅元（七〇八）年に右大臣に就任した不比等以降、長屋王、藤原豊成、仲麻呂、永手、大中臣清麻呂、藤原良継、継縄に至るまで、廟堂のトップクラスが女官と婚姻している。しかも、妻の地位も「尚侍」「尚蔵」という、後宮十二司のトップにあるのである。八世紀に大臣に就任した官人で表20に登場しないのは、阿倍御主人、石上麻呂、藤原武智麻呂、橘諸兄、吉備真備、藤原魚名、田麻呂、是公の八人である。阿倍御主人、石上麻呂、吉備真備、藤原田麻呂の四人は管見の限りでは他の文献史料によっても妻の名前が不明だが、諸兄、是公の妻は、それぞれ女官であった。[98]八世紀においては、不比等と三千代の夫妻に留まらない廟堂のトップと女官の配偶関係が、継続的にみられるのである。

なお、これら女官の婚姻事例は、女官の実態という面からみると、唐と大きく異なるわが国の特質の一つである。

表20　大臣の婚姻（◎は女官と確定できるもの。○は出仕と判断したもの。×は家居の女性）

No.	大臣就任	名	官位	妻	身位	女官
1	持統四年	多治比嶋	左大臣正二位	家原音那	不明	
4 5	和銅元年	藤原不比等	右大臣正二位	県犬養橘三千代 賀茂比売	内命婦正三位 正四位上	◎
14	養老五年	長屋王	左大臣正二位	藤原長娥子	従三位	○
29	天平勝宝元年	藤原豊成	右大臣従一位	藤原百能	尚侍従二位	◎
11	天平宝字二年	藤原仲麻呂	大師正一位	藤原袁比良売	尚蔵兼尚侍正三位	◎
15	天平神護二年	藤原永手	左大臣正一位	大野仲智	尚侍兼尚蔵正三位	◎
19	宝亀二年	大中臣清麻呂	右大臣正二位	多治比古奈禰	正四位下	◎
30	宝亀八年	藤原良継	内大臣従二位	阿倍古美奈	尚蔵兼尚侍従三位	◎
32	延暦九年	藤原継縄	右大臣正二位	百済王明信	尚侍従二位	◎
38	延暦十七年＊	神王	右大臣従二位	弥努摩内親王	三品	
51 55	弘仁十二年	藤原冬嗣	左大臣正二位	藤原美都子 島田吉子	尚侍従三位 従五位下	◎
44	天長九年	清原夏野	右大臣従二位	葛井庭子	従五位下	
42	承和五年	藤原三守	右大臣従二位	橘安万子	典侍従四位下	◎
56	承和十一年	橘氏公	右大臣従二位	田口真中	従五位下	◎
52	嘉祥元年	藤原良房	太政大臣従一位	源潔姫	正三位	×
61	天安元年	藤原良相	右大臣正二位	大江乙枝	従五位下	○

＊神王の大臣就任時期は『公卿補任』によった。上段のNo.は表18に対応。
官位・身位は生前の最高官位を記した。
大臣就任時は、内大臣も含め、初めて大臣に補任された年を記した。
表18の凡例に記したように皇子女の婚姻は掲載していないが、No.14の長屋王の妻に吉備内親王がいる。

日本古代の後宮女官制度は、唐制を継受し日本の実情に適合させて成立したものだと考えられてきたが[99]、女官の婚姻事例は、唐と古代日本における女官の位置づけの相違点を示すものとして意味をもつといえるだろう。

わが国の令制女官制度は、壬申の乱の翌年の天武二（六七三）年五月乙酉に出された詔に始まるとされる。それは「詔二公卿大夫及諸臣連幷伴造等一曰、夫初出身者、先令レ仕二大舎人一。然後、選二簡其才能一、以充二当職一。又婦女者、無レ問二有レ夫無レ夫及長幼一、欲二進仕一者聴矣。其考選准二官人之例一」というものであった。中央豪族層の男性官人の出身法を定めると同時に、女性の出身法と考選も規定したのである。法旨は、女性に対して、既婚未婚、年齢を問わず、出仕を望めばそれを許すというものである。唐においては、女官は皇帝の家婢と位置づけられ、既婚女性の出仕もあったが、その場合は家族との別離を意味し(100)、宮廷に入ったのちには婚姻生活など望むべくもなかったとされている。一方で県犬養橘三千代は、歴代天皇に仕えながら二度婚姻し、橘諸兄、光明皇后らの諸子をもうけたが、このような女性たちは、わが国古代においてはあたりまえに存在した。女官として出仕しながら、婚姻し、あるいは子をもうけ、氏族や親族の要である刀自としての役割を果たしていたのである(101)。ここには、律令という法制度の枠組みは継受したものの、氏を基盤に女性も男性とともに王権に仕奉するという令制前のあり方を温存させたわが国の女官制度の実態が反映されている。女官の位置づけに関する日唐の差異が、婚姻事例に象徴的にあらわれているのである。

次に、妻が公的地位を有することが男女双方にもたらす意味を、嵯峨朝の典侍・小野石子の場合を例にみてみたい。『類聚国史』は、弘仁七（八一六）年二月辛酉の日のこととして「幸二典侍従三位小野朝臣石子長岡之第一。命二文人一賦レ詩。授二石子正三位一。无位高賀茂朝臣伊予人従五位下。則石子之女也。賜二五位已上衣被一」（『類聚国史』巻三一 天皇行幸下）と記録する。小野石子の長岡の第に嵯峨天皇が行幸して詩宴を開き、石子に正三位、石子の女である伊予人に従五位下を授けたという記事である。石子の系譜は不詳である。行幸の翌月に七十一歳で死去しており、逆算すると天平十八（七四六）年の生まれである(102)。正史の初出は弘仁元年の奉献記事で、典侍従四位下であった(103)。薨時は典侍正三位。高賀茂朝臣は、神護景雲二（七六八）年に賀茂朝臣諸雄・田守・萱草の兄弟、同三年に清浜が賜姓された氏姓(104)であるため、石子の夫は、高賀茂を賜姓された上記四人か、その子孫であっただろう（ただし高賀茂朝臣諸雄の孫の江人が『続日本後紀』では「賀茂朝臣」と記されるなど(105)、高賀茂朝臣は正史ではみえなくなる）。

注目されるのは、娘の伊予人の従五位下直叙である。賀茂氏からは女官が複数出ているが、その五位昇叙の状況は以下の通りである（日付は五国史および『紀略』の該当条）。

鴨朝臣小鰤（天平勝宝四〈七五二〉年五月壬子）　従六位下→従五位下（女孺）
賀茂朝臣御笠（宝亀十〈七七九〉年五月辛酉）　正六位上→従五位下（女孺）
賀茂朝臣三月（延暦五〈七八六〉年正月乙巳）　正六位上→従五位下
賀茂朝臣□女（延暦二十四年八月癸卯）　正六位上→従五位下
高賀茂朝臣伊予人（弘仁七〈八一六〉年二月辛酉）　無位→従五位下
賀茂朝臣今子（天長十〈八三三〉年三月己丑）　正五位下で初出（掌侍）
賀茂朝臣貞子（貞観五〈八六三〉年正月八日）　無位→従五位下
賀茂朝臣弟子（貞観十一年正月八日）　無位→従五位下

賀茂朝臣氏の女性は、内階コースをとったものの、五位直叙ではなく六位以下から女官生活を送っていた。賀茂氏の女性の従五位下直叙の初出は伊予人である。先に、石子の正史初出が奉献だったことを記した。石子の奉献は嵯峨天皇の長期におよんだ病間の徒然を慰めたものであるとみられ、嵯峨に石子の死去を悼む漢詩があることとも合わせて、両者の「並々ならぬ親しさ」が指摘されている(106)。伊予人の叙位が、母である小野石子の功によるものであることは疑いない。さらに、伊予人の叙位以降、賀茂氏女性の従五位下直叙が慣例になったことが推察されるのである。石子は、自身の功績によって夫の氏族女性の直叙コースをも切り開いたといえよう。

2　「家夫人」の登場

公的な地位を保持していた貴族女性が徐々にその地位を失っていったことが、表18からうかがえる。先の春名宏昭氏は、平安時代に上卿制と蔵人制が確立した結果、内侍は国家意志に無関係の事柄や小事を扱うにすぎなくなり、その官僚機関内における位置づけが低下し「以前に見られた天皇と男性官僚との間に存在する女性官僚の存在意義が喪失した」と結論した。(107)官僚の変容によって女官の存在意義が低下し、貴族女性の活躍の場が失われていったのである。六国史における記述自体からも、女性の地位の変化を知ることができる。たとえば県犬養橘三千代は、八世紀前半には、天武天皇から元明天皇に至る歴代天皇への「夙夜忘労。累代竭力」の功を賞賛された。(108)ところが天平勝宝元（七四九）年の聖武の東大寺行幸と礼仏のさいの詔では、「天皇が御世重ねて明き浄き心を以て仕へ奉り」として歴代天皇への仕奉を評価されつつも、一方では「祖父大臣の殿門荒し穢す事無く守りつつ在らしし事」、不比等の「殿門」を守ったことも嘉された。三千代の功に、不比等への「内助」が加わったのである。(109)さらに天平宝字四（七六〇）年の勅では、「子以ㇾ祖為ㇾ尊。祖以ㇾ子亦貴」として淡海公に封じられた不比等に連れ立つ形で正一位を贈られ大夫人の号を得た。(110)女官としての仕奉への評価は消え去り、血縁関係にたいする評価にとってかわられてしまったのである。かつて三千代の「夙夜忘労。累代竭力」を賞賛した貴族社会——とりわけ、天皇とその周辺のトップ層——が、女性に求める役割を変えつつあることが、三千代をめぐる記述に如実に示されているといえよう。

それは他の女性でも同様であって、たとえば八世紀の女官たちは、阿倍古美奈にしろ藤原諸姉にしろ、女官としてまず正史に登場し、のちに外祖母として崇敬されるという順序を踏むが、八世紀末から九世紀に入ると、外祖母としてしか記録されない女性が増えてくる。対唐関係での功労が母におよんだ例でも、白猪与呂志女が女官であったと考えられるのに対して、菅野浄子は家居の女性と考えられ、行幸叙位でも「高官の妻」であることを理由にした例が生じてくる。官人機構のなかでの活躍ではなく、所生子や夫によって女性の価値が計られる時代の始まりの反映である。その象徴的な存在が、「家夫人」と明記された立場にありながら高位に昇った源潔姫であるといえよう。

おわりに

本章では、六国史を素材に、貴族女性たちが女官という公的地位を喪失し、「家夫人」へと変化していく過程を考察した。

検討を通じて、『続日本紀』以降の約二〇〇年間において、女官の地位の低下と表裏の関係として貴族女性の公的地位の喪失が進行し、それが婚姻記載の内容にも反映されたことが明らかになったと思う。その変化は、女性への評価基準の変容ともなって六国史に現われた。貴族女性たちは、県犬養橘三千代や和気広虫らのように、女官としての功績を讃えられ記録される存在から、源潔姫、藤原乙春らのように、天皇の外祖母として敬意を払われる存在へと変わってしまうのである。ここに、令制前からの女性の「仕奉」のあり方を温存させる一方で、官僚機構から排除するしくみを組み込んで出発した律令国家始動期の官人社会の激変の波と、それを正面から受けた貴族女性の姿をみることができる。

註

(1) 義江明子『日本古代の氏の構造』(吉川弘文館、一九八六年)、服藤早苗『家成立史の研究』(校倉書房、一九九一年)、同『平安朝の家と女性』(平凡社、一九九七年)など。

(2) 野村忠夫『律令官人制の研究』増訂版(吉川弘文館、一九七〇年)、同『後宮と女官』(教育社歴史新書、一九七八年)、須田春子『律令制女性史研究』(千代田書房、一九七八年)、同『平安時代後宮及び女司の研究』(千代田書房、一九八二年)、春名宏昭「内侍考——宣伝機能をめぐって——」(『律令国家官制の研究』吉川弘文館、一九九七年)、吉川真司「律令国家の女官」(『律令官僚制の研究』塙書房、一九九八年。初出一九九〇年)、岡村幸子「女叙位に関する基礎的考察」(『日本歴

史』五四一、一九九三年）、野口孝子「摂関の妻と位階」（『女性史学』五、一九九五年）など。

（3）高群逸枝『母系制の研究』（初刊一九三八年）、同『招婿婚の研究』（初刊一九五三年）いずれも『高群逸枝全集』（理論社、一九六六年）、関口裕子『日本古代婚姻史の研究』上・下（塙書房、一九九三年）、同『日本古代家族史の研究』上・下（塙書房、二〇〇四年）、西野悠紀子「律令体制下の氏族と近親婚」（女性史総合研究会編『日本女性史1　原始・古代』東京大学出版会、一九八二年）、義江明子前掲註（1）書、服藤早苗前掲註（1）両書。

（4）養老後宮職員令18氏女釆女条。

（5）角田文衞「宝亀三年の廃后廃太子事件」（『角田文衞著作集』三、法蔵館、一九八五年）は、『続日本紀』などに記載された有位の女性のなかから女官を確定する方法を「（1）叙位の記事が一度しか現われて来ない婦人を除外すること（但し、昇叙前の位階が判明している婦人の場合は、たとい一回だけの記事であっても個々に検討すること）。（2）定例の女叙位に注意し、何年かの間隔をおいて段階的に昇叙されている婦人を選び出すこと。（3）女叙位の交名に注意し、男子のような名をもってはいても、実はそれが婦人であることを推知すること」とした。

（6）宣命の読みは、新日本古典文学大系『続日本紀』（岩波書店）によった。以下同。

（7）養老選叙令35蔭皇親条。

（8）池田久「皇蔭制に関する覚書」（皇學館大学史料編纂所報『史料』七〇、一九八四年）、倉本一宏『奈良朝の政変劇』（吉川弘文館、一九九八年）。

（9）『続日本紀』神護景雲元年正月己巳条。

（10）『続日本紀』天応元年十二月辛丑条、薭田親王薨伝、『本朝皇胤紹運録』。

（11）『続日本紀』宝亀元年十一月甲子条。

（12）『平安遺文』三三三太政官符案（色川本栄山寺文書）、同二九三六官宣旨案（色川本栄山寺文書）。

（13）『大日本古文書』五―三〇八、一六―四五八、四七二。以下、『大日本古文書』は「古」と略す。

（14）岡村幸子前掲註（2）論文。

（15）『日本三代実録』貞観十八年正月八日条。以下、『三代実録』と略す。

(16) 岡村幸子前掲註(2)論文、野口孝子前掲註(2)論文、服藤早苗前掲註(1)『平安朝の家と女性』など。

(17) 養老職員令3中務省条、公式令16勅授位記式条、および公式令集解16勅授位記式条所引令釈による。

(18) 六国史の時代よりやや下るが、天慶元（九三八）年十一月二十七日付太政官符（『類聚符宣抄』四）によると、正四位下藤原貴子の尚侍補任は、式部、民部、大蔵、宮内等の各省に下達されている。

(19) 日本思想大系『律令』公式令68授位任官条頭注（四〇〇頁）による。

(20) 岡村幸子前掲註(2)論文。

(21) 大宝令施行以後、貴族の男女の結びつきについて「姧」と表現された例は、『続日本紀』に二例ある。第一の例は、久米若女と石上乙麻呂の関係（表18—7）で、「石上朝臣乙麻呂坐レ姧二久米連若売一、配二流土佐国一。若売配二下総国一焉」と書かれたもの。第二は、小家内親王と菅生王（表18—20）で、「中務大輔従五位上兼少納言信濃守菅生王、坐レ姧二小家内親王一除名。内親王削二属籍一」と書かれたものである。第一の例について、関口裕子「日本古代における「姦」について」（前掲註(3)『日本古代婚姻史の研究』上収載）、同「八世紀における采女の姦の復元」（『日本歴史』五三五、一九九二年）は、乙麻呂と同時期に配流された中臣宅守の罪名を「姧他妻」と推定し、それが、当時の人々に夫婦関係だったと認識されていたことを指摘した。第二の例については、安田政彦「小家内親王をめぐって」（続日本紀研究会編『続日本紀の時代』塙書房、一九九四年）が、小家内親王を光仁の姉妹としたうえで、菅生王との関係では直系尊属の女性（父祖妻）という位置にあり、互いに中高年に達した男女の結びつきだと想定した。以上の論考から、両者の関係は一時的な交渉ではないと考えた。本章では、『続日本紀』延暦八年五月己未条の太政官奏でも、良賤間の通婚を表現するさいに「姧」の用語を用いていることなどもふまえ、「姧」で表現された『続日本紀』の男女関係を婚姻と判断した。なお、小家と菅生の関係は光仁即位前に始まった可能性があることをふまえ、表18に掲載した。

(22) 浄村女王は、伊予親王事件のさいに乳幼児の宮子をともない安芸に配流され、のちに宮子は凡直の戸籍に貫せられた。その理由を明石一紀『日本古代の親族構造』（吉川弘文館、一九九〇年）は浄村女王の再婚と推定した（二四四～二四五頁）。采女として出身したという点から、私見も宮子が凡直の「女」として貫されたと考える。

(23) 三千代は橘宿禰の賜姓を願う葛城王らの上表文のなかで「上歴二浄御原朝庭一、下逮二藤原大宮一、事レ君致レ命、移レ孝為レ忠」

と歴代への奉仕を強調された（『続日本紀』天平八年十一月丙戌条）。八重は、その宣によって薬師経を奉写させるなどの活動が伝わっている（古一〇—四五六その他）。

(24)『続日本紀』神護景雲二年十月乙卯条、宝亀三年正月辛卯条、同三年二月戊辰条（行幸叙位）、同七年正月丙申条、同九年四月甲午条（行幸叙位）、延暦五年正月乙巳条。

(25)養老後宮職員令15縫司条に「右諸司掌以上。皆為二職事一。自余為二散事一」と規定されている。

(26)『続日本紀』神護景雲元年十月甲午条、同二年十月乙卯条、宝亀三年正月辛卯条、同七年正月丙申条、同十一年六月己未条卒伝。

(27)『新撰姓氏録』左京皇別上、橘朝臣条。『尊卑分脈』は、難波王の子に大俣王を挿入し五世王とする（四—四五）。

(28)角田文衞「不比等の女たち」（『角田文衞著作集』五、法蔵館、一九八四年。初出一九六四年）。

(29)『続日本紀』延暦元年三月戊申条。

(30)『続日本紀』天応元年二月丙午条。能登内親王の薨去にあたっての宣命。

(31)新日本古典文学大系『続日本紀』四、補注28—三〇参照。

(32)宮子が凡直の戸籍に貫された事情は、註(22)参照。

(33)阿部猛「大同二年の伊予親王事件」（『平安前期政治史の研究』新訂版、高科書店、一九九〇年。初出一九六八年）。親王の男で「遠配」とされた高枝王は弘仁の初めに帰京し、累進して宮内卿従三位に昇り（『文徳実録』天安二年五月乙亥条、高枝王薨伝）、伊予に移配された藤原雄友は弘仁元（八一〇）年に本位従三位に復叙された（『日本後紀』弘仁元年九月丁未条）など。

(34)『尊卑分脈』は、賀茂吉備麿の孫で小黒麿の女、兄弟に諸雄、田守、萱草がいるとしている（四—一八三）が、その記述自体に疑念がある。

(35)服藤早苗「山陵祭祀より見た家の成立過程——天皇家の成立をめぐって——」（前掲註(1)『家成立史の研究』収載）。

(36)義江明子前掲註(1)書。

(37)葬儀が散一位に準じて行われたのは、聖武天皇の祖母であることが理由だが、それは「外戚」概念とは別の観点からの厚葬だと考えたい。

(38)『日本後紀』弘仁三年五月庚申条。

(39)『新撰姓氏録』左京皇別上、田口朝臣条。

(40)『続日本紀』和銅元年三月丙午条、和銅二年十一月甲寅条、霊亀元年四月丙子条。

(41)『枚方市史』第二巻（一九七二年）。

(42)『公卿補任』天長十年氏公尻付に「母粟田小松泉子」とあり。

(43)『日本文徳天皇実録』嘉祥三年五月壬午条。以下、『文徳実録』と略す。

(44)『日本紀略』大同四年六月丁亥条。

(45)『尊卑分脈』は、乙春の所生として藤原高経も挙げる。しかし、『菅家文草』巻十二に収められている元慶八（八八四）年四月十日付の「為藤大夫先妣周忌追福願文」によると、高経の母は元慶七年の死去であり、元慶元年に故人として正一位を贈位された乙春ではあり得ない。

(46)岡田荘司「平安前期神社祭祀の「公祭化」」（二十二社研究会編『平安時代の神社と祭祀』国書刊行会、一九八六年）。

(47)『続日本後紀』承和六年六月己卯条。

(48)『尊卑分脈』は「従五位上、紀伊守」とする（二―三五六）。

(49)『続日本後紀』承和六年六月己卯条、『三代実録』貞観五年正月八日条。

(50)目崎徳衛「基経の母」（『貴族社会と古典文化』吉川弘文館、一九九五年。初出一九六六年）。

(51)『三代実録』元慶元年正月二十九日条の贈位の詔に「逐㆓遊魂於東岱㆒悲㆓玉樹之早落不㆑見㆓孫栄㆒」とあることからも、乙春の早世がうかがえる。

(52)第三部第一章「第宅とトジ――八世紀における行幸叙位時の「室」――」参照。

(53)『九暦』天慶七年十月九日。

(54)野口孝子前掲註(2)論文。

(55)『三代実録』貞観五年正月十一日条、瀧雄卒伝。

(56)『三代実録』貞観十六年四月廿四日条、秋雄卒伝。
(57)『続日本後紀』承和元年四月辛丑条。
(58)滝川政次郎「清原夏野と双ケ丘山荘」上・下（『史迹と美術』三三七・三三八、一九六三年）。
(59)『日本紀略』大同四年七月辛酉条。
(60)『日本紀略』天長九年十一月庚寅条。
(61)『続日本紀』宝亀九年五月癸酉条、坂合部内親王薨伝。
(62)新日本古典文学大系『続日本紀』四は、①大市が光仁に扈従して坂合部内親王第に出かけたか、②朝廷における最長老であることが理由か、③内親王は大市の室であったか（林陸朗説）、④妻の邸に光仁が行幸したので、夫である大市が妾をともない奉仕したか――としている（四四三頁、脚注一七）。
(63)第三部第一章「第宅とトジ――八世紀における行幸叙位時の「室」――」参照。
(64)野村忠夫「内・外位制と内・外階制」（前掲註(2)『律令官人制の研究』増訂版）三三九頁。
(65)岡連君子は『続日本紀』天平十一年正月丙午条、久米連若女は神護景雲元年十月甲午条、久米連方名は宝亀十年三月丁巳条、錦部連姉継は延暦五年正月乙巳条、武生連拍は延暦七年二月辛巳条。
(66)中臣小殿連真庭は『続日本紀』天平十七年正月乙丑条（無位から外従五位上）。忍海連伊賀虫は天平十七年正月乙丑条（無位から外授五位下、以下同）。中臣殿来連竹田売は天平勝宝四年五月庚申条、道田連桑田は延暦四年正月乙巳条。
(67)『続日本紀』天平勝宝三年正月庚子条で外従五位下。外従五位上を経て天平宝字五年六月己卯に従五位下、天平神護元年正月己亥に従五位上、宝亀二年二月庚寅に本位従五位上に復す。天平勝宝年間の経紙出納帳に錦部内侍宣あり（古三―五九九他）。
(68)加藤謙吉氏は、白猪は「白猪史」を指すと想定し、普照の父の出自が中・南河内に集中的に居住したフミヒト系諸氏、あるいは渡来系氏族である可能性を指摘している（「日本の遣唐留学生と渡来人」専修大学社会知性開発研究センター『東アジア世界史研究センター年報』1、二〇〇八年）。
(69)佐伯有清『新撰姓氏録の研究』考証編第五（吉川弘文館、一九八三年）。

(70) 白猪の氏名で五位に昇った女性は管見の限りでは与呂志女だけだが、葛井連、葛井宿禰からは、女孺・職事を輩出した。女孺葛井敷女は天平宝字年間の解深密経本奉請注文に名がみえ（古一六—四二二）、葛井連広見は、天応元年三月戊辰に従七位下から外従五位下、延暦四年正月乙巳に従五位下に昇叙した。葛井庭子の項でふれた典侍の葛井宿禰広岐も同族となる。

(71) 『続日本後紀』承和五年六月戊申条。

(72) 『公卿補任』天長八年常嗣尻付、『尊卑分脈』（一—三〇）。

(73) 『続日本紀』延暦九年七月辛巳条。

(74) 『日本後紀』延暦十八年八月癸酉条。

(75) 『三代実録』貞観五年五月十九日条、薨伝。

(76) 『日本後紀』延暦十八年二月乙未条、清麻呂薨伝。

(77) 玉井力「光仁朝における女官の動向について」（『名古屋大学文学部研究論集』五〇、一九七〇年）。西野悠紀子「桓武朝と後宮——女性授位による一考察——」（総合女性史研究会編『日本女性史論集2　政治と女性』吉川弘文館、一九九七年。初出一九九二年）。

(78) 『続日本後紀』承和三年九月壬申条。

(79) 『三代実録』元慶六年三月二十八日条。

(80) 『続日本紀』延暦八年正月己酉条。

(81) 『続日本紀』延暦九年七月戊子条。

(82) 李元環は、天平勝宝二年に正六位上から外従五位下に昇叙されたさいに「唐人」と明記され（『続日本紀』天平勝宝二年二月乙亥条）、天平宝字五年十二月丙寅に李忌寸を賜姓、織部正、出雲員外介を歴任した。李小娘は、天平神護元年正月己亥に正六位上から従五位下に昇叙され、皇甫昇女は、天平神護二年十月癸卯に舎利会で唐楽を奏したことをもって従五位下に叙された。

(83) 『続日本紀』宝亀十一年十一月丙戌条、同年十二月甲午条、延暦八年三月辛酉条。

(84) 『続日本紀』天平宝字七年十月丙戌条、弟貞薨伝。

(85)『日本女性人名辞典』普及版（日本図書センター、一九九八年）。
(86) 角田文衞前掲註(28)論文。
(87) 大枝乙枝女を「乙枝の女」とする見解もあるが、名前の末尾の「女」について六国史では、藤原袁比良女が「袁比良」（天平宝字四年正月丁卯条）と記される一方で、和気広虫が「広虫女」（天平神護元年三月甲辰条他）と書かれるなど、記述はまちまちである。『平安時代史事典』（角川書店、一九九四年）は乙枝女＝乙枝説をとっており、本章もその立場を踏襲した。
(88)『公卿補任』では弘仁八年の出生となるが、文徳女御の多賀幾子や長男の常行の年齢からみて遅すぎると思われるので、とらなかった。
(89)『文徳実録』嘉祥三年七月甲申条。
(90)『三代実録』貞観二年八月五日条、良仁卒伝。
(91)『文徳実録』嘉祥三年七月甲申条の女御を定める記事で唯一の帯位者として筆頭に挙げられ、仁寿三年正月己亥条の女叙位でも明子に先んじて名前が挙げられている。
(92)『三代実録』貞観三年二月二十九日条で「皇太后落飾入道。文徳天皇女御従一位藤原朝臣古子相従出家」と書かれ、『東大寺要録』に「貞観三年四月二十五日。皇太后並北御息所剃頭出家」と記されている。
(93)『安祥寺伽藍縁起資財帳』（『平安遺文』一六四）。
(94) 後宮職員令集解15縫司条は、後宮の諸司に氏女（女孺）、采女を分配した後に残った人員は縫司に置くとしており、もともと定員を上回る女孺、采女が想定されていた。
(95)『続日本紀』天平十四年二月丙子条。
(96)『日本後紀』延暦十八年二月乙未条、和気清麻呂薨伝。
(97) 春名宏昭前掲註(2)論文。
(98) 諸兄の妻は、不比等の女である従三位多比能（『公卿補任』天平勝宝元年奈良麿尻付）で、三位という位階から女官と判断できよう。是公の妻は三位尚蔵の橘麻通我（同延暦九年雄友尻付）である。

(99) 角田文衛『日本の後宮』(学灯社、一九七三年)など。

(100) 高世瑜著、小林一美・任明訳『大唐帝国の女性たち』(岩波書店、一九九九年)。原題は『唐代婦女』(三秦出版社、西安市、一九八八年)。

(101) 第三部第一章「第宅とトジ——八世紀における行幸叙位時の「室」——」参照。義江明子『県犬養橘三千代』(吉川弘文館、二〇〇九年)、伊集院葉子『古代の女性官僚』(吉川弘文館、二〇一四年)。

(102) 『日本紀略』弘仁七年三月丁亥条。

(103) 『日本紀略』弘仁元年正月辛酉条。

(104) 諸雄、田守、萱草への賜姓は『続日本紀』神護景雲二年十一月丙申条、清浜への賜姓は神護景雲三年五月庚辰条。

(105) 『尊卑分脈』賀茂氏系図、『続日本後紀』承和十三年正月己酉条。

(106) 目崎徳衛「平安時代初期における奉献」(『平安文化史論』桜楓社、一九六八年。初出一九六五年)。

(107) 春名宏昭前掲註(2)論文、吉川真司前掲註(2)論文も、律令施行後、「内裏生活のあらゆる局面で男官の主導性が確定」していったことを指摘した。

(108) 『続日本紀』天平八年十一月丙戌条。

(109) 『続日本紀』天平勝宝元年四月甲午条。

(110) 『続日本紀』天平宝字四年八月甲子条。

第三章 「キサキの女房」の出現契機
——上毛野滋子を素材として——

はじめに

古代国家は中国流の中央集権国家をめざして女性「排除」の律令官僚機構を構築したものの、女性も天皇（大王）の政務と生活を支えた七世紀以前の遺制に従って、現実には女性を行政システムに「包摂」せざるを得なかった。しかし、律令制定後、一世紀を過ぎた九世紀には、女官の活躍の場が縮小し、男官に取って代わられていくことになる。女官の後退と入れ替わるかのように、九世紀には、天皇や皇后らに仕える「女房」が登場する。官僚機構におけるジェンダーは、九世紀にさらなる転換期を迎えるのである。

平安期の日記や文学史料を素材に女房の生活と役割を検討した吉川真司氏は、女房を、①天皇に仕える「上の女房」（＝内の女房）、②王臣家に仕える「家の女房」、③女御など天皇のキサキに仕える「キサキの女房」——に分類した(1)。たとえば、藤原定家撰『小倉百人一首』に作歌が採られた女性は二一人にのぼるが、そのうち一八人が、平安から鎌倉初期にかけて活躍した女房あるいは女官であった(2)。大弐三位は後冷泉天皇の「上の女房」であり、紫式部や清少納言は、一条天皇中宮彰子や皇后定子に仕えた「キサキの女房」である。赤染衛門は、後一条天皇らの外祖母・源倫子に仕えた「家の女房」であった。このうち、「上の女房」は、本来の律令女官の系譜上に位置するものであり、

「キサキの女房」は、後宮の変化にともなって出現した新しい出仕者であった。吉川氏は、「キサキの女房」のうち、主が立后したものは「宮の女房」に転化し、「公的存在」になったとする。

吉川氏によると、「宮の女房」が生まれたのは九世紀だという。では、なぜ、九世紀に出現したのだろうか。「キサキの女房」が「宮の女房」すなわち公的存在になり得たのは、どのような理由によるのだろうか。九世紀末は史料的制約もあり、本格的な女官研究は少ないが、『日本三代実録』でキサキに仕えたことが明記され、出仕の経緯も推定できる上毛野朝臣滋子（?～八九七）を素材にしながら、「キサキの女房」の出現と後宮十二司への進出契機を考察していきたい。[3]これによって研究史上の空白を埋めるとともに、貴族女性が女官という「公的地位」を失っていく時期に、何を足がかりにして女性出仕者としての新しい存在形態を獲得していったのか、その歴史的条件は何だったのかを明らかにするのが、本章の目的である。

一　九世紀の後宮十二司の変化と「女房」の登場

1　女官の政治的後退と出仕法の改変

もともと、後宮十二司は、天皇に常侍し、男性官人との間に立って奏請・宣伝の任にあたる内侍司を筆頭にした、天皇の政務と生活を支える職掌を担う官司であった。出仕者のなかには、東宮やキサキらに配属される女性や乳母たちもいたが、女官の中心的職務は、天皇への奉仕であった。男女ともに天皇に奉仕すべしという理念に則して、氏を基盤に出仕したのが律令女官だったのである。

ところが、平城京・長岡京から平安京への遷都をへた八～九世紀にかけて、かつて内裏外に独自に成立していた皇后宮が内裏内に吸収され他のキサキたちの居住空間も建設されて後宮が成立した結果、後宮および十二司は劇的な転換を遂げることになる。平城宮、長岡京の発掘成果を踏まえた研究で知られる橋本義則氏によると、皇后宮が内裏内に吸収されたことによって、それまで別個に存在していた天皇と皇后の生活を維持する基盤・機構が一体化するとともに、皇后を頂点とする新たな「後宮」が成立し、同時期に、政治や朝儀からの女性の疎外が決定的になったという(4)。後宮職員令によって内侍司は、天皇への常侍と奏請・宣伝の職掌を規定され、具体的には男性官僚である内記を監理して詔勅を起草させるという重要な職務を担ってきたが(5)、九世紀初頭の蔵人所の設置によって、その職掌も男官に取って代わられてしまう(6)。政治分野での重大な後退である。

加えて、女性の出仕に関わる抜本改革が推進された。まず、畿内の氏を基盤として出仕する制度である氏女の資格が、〝三十歳以上四十歳以下の独身者〟に改められ、後宮の実務処理に重きを置く制度に改変された(7)。古代においては、男女ともに天皇への奉仕を担うべきだという認識のもとで女性が出仕した。彼女たちは、いうなれば氏から選ばれて出仕したのであるが、こうした女性たちのなかには、八世紀前半の県犬養橘三千代のように、王族・藤原氏・橘氏を結ぶ「権力核」をつくりあげた女官もいる(8)。こうした氏の命運を担う存在としての女官の地位が失われ、実務官僚型へと転換していったのである。

さらに、郡領一族であることを資格要件とした采女制が、郡を単位とする「貢」のしくみから国別定員制へと移行された(9)（寛平九〈八九七〉年の定員は四七名）。平安期に入り、郡司が律令国家における地方支配の実質的な要としての役割を失っていったことにともなう改変であり、これによって采女の貢進意義は喪失させられたのである(10)。氏女、采女制度の改革によって、女性の出仕基盤は縮小された。男性が、中央でも地方でも任官によって公的地位を維持し続けたことと対照的な道を、女性たちはたどることになるのである。

桓武朝に後宮は、「中国的な皇帝の家」に近くなったという。それはつまり、「公と分離された私的なそれ」、すなわち皇帝と妻妾、所生子で構成される私的な空間にほかならない。[11] 女官は、この家に奉仕する存在になる。九世紀に、正月の皇后受賀など、皇后を後宮の頂点に位置づける儀礼がつくられていく。[12] こうした流れのなかで女官は後宮における「明確な階層性」のなかに位置づけられていったのである。[13]

2 九世紀の女官の特徴と「女房」の出現

この九世紀に、直前の奈良時代とも、のちの平安中期とも異なる事態が出現する。いわゆるキャリア型・実務型女官の台頭である。たとえば、貞観元（八五九）年に八十歳で薨じた当麻真人浦虫は、嵯峨、淳和、仁明、文徳の四代にわたって仕えた女官で、「禁内の礼式」に秀でていたことが賞され、正六位上継麻呂という下級官人の女でありながら尚侍従三位という高位に至った（『三代実録』貞観元年八月十日条薨伝）。同年、尚侍従三位で薨じた広井女王は、天武皇子の長親王の末裔ではあるが、父の雄河王は従五位上にすぎず、女王自身は五十歳を超えて五位に叙された。「挙動有レ礼」で、かつ催馬楽に長じていたため教えを請う男性貴族も多かったという（『三代実録』貞観元年十月二十三日条薨伝）。貞観五年に尚蔵従三位で薨じた菅野朝臣人数は、桓武天皇の寵臣・菅野真道の女であるが、真道の没後一九年にしてようやく従五位下に至ったことからみて、父の恩恵というよりは、自身の働きによる官位の上昇と考えるべきである（『三代実録』貞観五年五月十九日条薨伝）。もともと八世紀には、飯高宿禰諸高[14]や大宅朝臣諸姉[15]など、地方や畿内の中小豪族の女性が長期におよぶ奉仕の結果、内侍司の職事に補される例はみえるが、彼女たちの官は典侍までで、内侍司のトップである尚侍に就任する例はほとんどなかった。尚侍はおおむね、王族、藤原氏、百済王氏などの大貴族に占められていたからである。当麻浦虫らの出仕は、活躍の年代から考えて、九世紀初頭の女官制度の改変の時期とみるのが妥当である。既述したような、氏女の実務官僚型への転換の時期に台頭してきた女官群だと推定できる。キャリア型・実務型女官の尚侍・尚蔵補任は、八世紀にも十世紀以降にもみられない九世紀特有のものだといえるのである。

一方で、この時期には、平安中期以降につながる変化が生まれている。その第一は、令外の職の設置である。天皇家の家政機関として、蔵人所に代表される「所」が設置されるとともに、後宮にも新しい職が生まれた。九世紀末の宇多天皇の『寛平御遺誡』には、内侍所、御匣殿、糸所、収殿などがみえる。これらは、後宮十二司の形骸化と軌を一にして設置されており、女官が、天皇家の家政機関の職員として再編された結果とみることができるのである[16]。

変化の第二は、天皇や皇太子、太上天皇のキサキが、尚侍・尚蔵という後宮十二司の女官のトップに任じられる例が現われたことである。平城天皇の「恩寵隆渥」によって尚侍に任じられた藤原朝臣薬子（『日本後紀』弘仁元年九月己酉条等）、淳和天皇の「殊賜二寵幸一」とされた尚蔵・緒継女王（『続日本後紀』承和十四年十一月己巳条）、嵯峨天皇の「特蒙二優寵一」であった尚侍・百済王慶命（『三代実録』貞観五年正月三日条）がその代表的事例である。いずれも、キサキである女性が尚侍・尚蔵に補任されているのが特徴であり、平安中期以降の若い「后がね」の尚侍補任とは順序が逆になっている。

先に、八〜九世紀に皇后宮が内裏内に吸収されたことをみたが、それは、いうまでもなくキサキたちの居住形態の激変を意味した。八世紀まではキサキは内裏外に独立したキサキの宮を営んでおり[17]、キサキへの奉仕者は当然内裏外にいるべきものであって、内裏内居住は想定外だった。しかし、皇后宮の内裏内吸収によって、皇后は内裏に居住するようになる。嵯峨天皇皇后の橘嘉智子、淳和天皇皇后の正子内親王は、いずれも後宮常寧殿を居所としたという[18]。この時期には女御などのキサキも内裏内に住むようになっていた。キサキの内裏内居住によって、キサキに奉仕する女性たちも内裏内に居住せざるを得なくなったのである。

以上にみてきた変化をともなう九世紀に、「キサキの女房」が出現した。国家意志決定過程からの疎外によって女官の政治的地位が低下し、律令官僚機構の再編の流れのなかで出仕法も改変され実務官僚化が促進された時期に、女官は、新たに成立した天皇の「家」としての後宮に奉仕する存在に変容した。この変化が、「キサキの女房」出現の土台となったのである。

ところで、女房とは、辞書的にいえば建物内の一区画である房を与えられた女性の勤仕者を意味する。女官と「房」が結びつく史料上の初見は、管見の限りでは弘仁八（八一七）年の『類聚国史』記事で、長野女王と出雲家刀自女という女官による殺人事件の記録である（『類聚国史』八七「配流」弘仁八年五月乙卯条）。二人は「並内教坊女也。共住二一房一女孺也」であった。内教坊の女孺でともに「一房」に住んでいたのである。(19)

奈良・平安時代の女官・女房研究で知られる須田春子によると、男房や女房はもともと男官、宮人（女官）の曹司であり、転じて曹司の男官、宮人を男房、女房と呼ぶようになったもので、宇多天皇在位中の寛平年間（八八九〜八九八年）の記録のなかに男房、女房の記載があり（『西宮記』灌仏）、公私の機関にわたって出仕する男房、女房がいたという。(20)『侍中群要』の「殿上蔵人所内侍所〈謂大盤所也〉、等上日等第也、奏了男女房料下二内蔵寮一」（第六、等第文事）とする記載からは、蔵人所の男房に対応する内侍所の女房の存在が確認され、『政事要略』巻二五所引「蔵人式」亥日餅事にある「内蔵寮進二殿上男女房料餅一」という記載からは、天皇に関わって「女房」という場合には、女性の出仕者一般ではなく、殿上に伺候することを許された女性を指す言葉であることが確認できる。宇多天皇執筆による『寛平御遺誡』では、息所菅氏と宣旨滋野という側近の女性が「女房之侍所」に出向いて執務する状況が描かれている。これらの記録からは、先述した「上の女房」（内の女房）に該当する、天皇に仕える女性たちが台頭するさまがうかがえる。

女性出仕者が、天皇の家政機関で、かつ令外の「所」の奉仕者になった時期に「女房」という呼称がはじまったことに注意を払いたい。

二　幼帝即位と二人の太后

1　藤原順子の「皇権代行権能」

九世紀前半に皇后を頂点とした後宮が成立したとはいっても、仁明天皇以後の九〇年間におよぶ皇后空位によってそのあり方は破綻せざるを得なかった。皇后不在の間、皇太后が後宮の秩序の頂点に立つ女性として登場したが、その変化の直接の要因は、九世紀後半の幼帝の登場であった。わずか九歳での清和天皇の即位である。この節では、幼帝・清和をめぐる二人の太后、祖母后である藤原順子と母后である藤原明子の事績を検討しつつ、両人の存在が「キサキの女房」出現にどのような役割を果たしたのかをみていきたい。

藤原順子（八〇九～八七一）は、左大臣藤原冬嗣と尚侍藤原美都子の女で、良房の妹にあたる。仁明の皇太子時代にキサキとなり、第一皇子の文徳を産んだ。仁明即位ののち女御となり、承和の変の結果、文徳が皇太子となったものの、順子自身は立后のないまま仁明の死を迎え、文徳即位によって嘉祥三（八五〇）年、皇太夫人に上げられた。斉衡元（八五四）年、皇太后、貞観六（八六四）年、太皇太后に登った。女御から皇太夫人、皇太后へと進んだ初例である。(21)

順子が果たした歴史的役割の第一は、孫である幼帝・清和の即位にあたっての「擁護」である。文徳の死の当日（天安二〈八五八〉年八月二十七日）、清和の即位が決まったその日に、清和を東宮に移すための「擁護」の目的をもって、まず東五条宮にいた順子が冷然院に迎えられ、二日後に清和と同じ輿に乗って仮内裏である東宮に移った[22]（『三代実録』天安二年八月二十九日条）。その後、翌年四月に西京三条第に移るまでの八ヵ月間、順子は清和とともに東宮にあって補佐したのである。この間、清和の生母である文徳女御・藤原明子に皇太夫人の宣下[23]があったが、その後も皇権の代表者として順子が位置づけられていたことは、貞観三年の良房の染殿第への行幸と翌日の授位によって明らかとなる（『三代実録』貞観三年二月十八日条。同十九日条）。

【A】『三代実録』貞観三年二月十八日条

十八日壬戌。皇太后臨二御太政大臣東京染殿第一。王公以下莫レ不二畢会一。盛設二肴饌一。終日歓飲。雅楽寮挙二音楽一。賜二親王以下五位以上衣被絹一。諸司六位以下及女孺等賜レ禄有レ差。夜分之後。還二御本宮一。太后可レ御二鳳輦一。而今日用二牛車一。

この行幸は、王公以下、参集しなかったものはなかったという規模で雅楽寮も動員して実施された。重要なのは、この行幸にあたって、「太后可レ御二鳳輦一。而今日用二牛車一」とあえて正史に記載されたことである。この「鳳輦」を用いるべきという認識が何に由来するものなのかは、翌日の授位に端的に示される。『三代実録』貞観三年二月十九日条は、授位の理由を「昨日皇太后御二太政大臣第一。仍有二此賞一」とした（後掲【B】）。平安中期以降の史料によれば「鳳輦」は天皇だけが使用できる輿であり、しかも即位や朝勤行幸などの重要公式行事に用いられるものであった[24]。結局順子は牛車を用いたが、その翌日には叙位が実施された。行幸叙位の例は八世紀以来珍しくはないが、后単独の臣下宅行幸後の叙位は、管見の限りではこれが初め

系図4　藤原順子、明子と天皇系図

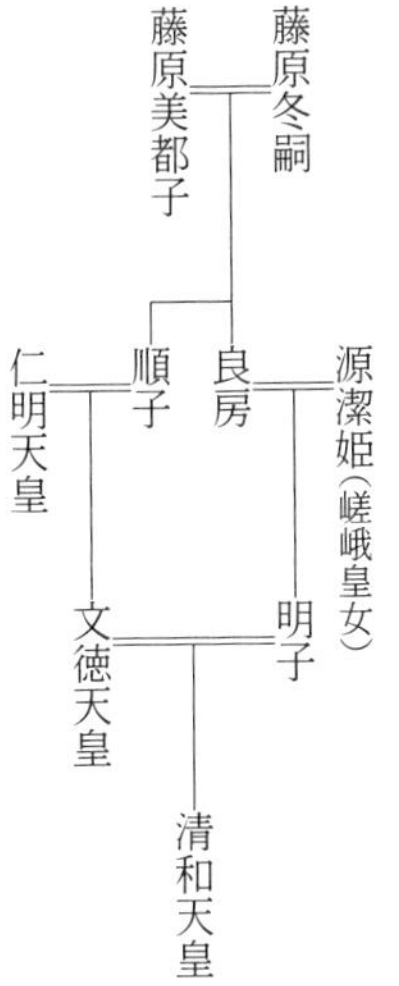

てである。「鳳輦」を使用すべしという認識も含めて考えると、ここにも皇権の代表者としての皇太后順子の位置づけが現われているといえるだろう。

順子の歴史的役割の第二は、所生の天皇と同居した最初の母后だということである。(25) 平安初期の天皇権力の執行と摂関政治という視点から文徳・清和の居住空間を検討する立場からは、文徳が在位期間中、内裏に常住しなかったことの特異性が指摘されてきた。(26) 東海林亜矢子氏によると、文徳の居所は東宮雅院、梨下院、冷然院へ、順子も東五条院から冷然院へ移っており、この天皇の内裏外居住という条件下で、文徳治下の後半期に天皇と母后の一時的同居が実現したという。これはのちの、皇太后の内裏居住に道を開くこととなる。

服藤早苗氏は、十一世紀にピークを迎える摂関政治は「国母」の権能を外戚が代行する政権構造だとし、その皮切りの皇太后として、順子の「皇権代行権能」の発揮を重視した。(27) まぎれもなく順子は、幼帝の「後見」として天皇に準じる待遇を提供された最初の母后（ただし、祖母后）であり、「摂関政治」に道を切り開いた存在である。一方で、後宮支配という点では、後宮の頂点にあったことは間違いないが、女官全体への支配力を行使した様子は、管見の限りではみられない。前節でみたように、文徳朝で後宮を采配したのは、広井女王、当麻浦虫、菅野人数ら、キャリア型の女官だと考えられるのである。

2　藤原明子の内裏居住・天皇との同居の歴史的意義

ところが、つぎの清和母后・明子になると、様相は変わってくる。

藤原明子（八二八〜九〇〇）は、藤原良房と源潔姫の女で、東宮時代の文徳に配され清和を産んだ。しかし、清和即位時には女御の身位でしかなく、即位にさいしての「後見」は、すでに皇太后という后位に昇っていた順子が行った。

天安二（八五八）年、皇太夫人、貞観六年、皇太后、元慶六（八八二）年、太皇太后に進んだ。皇太夫人になったのちは、順子のあとを受けて明子が清和の「後見」役を果たしたという[28]。

明子の歴史的役割の最大のものは、皇太后としての内裏居住と所生の天皇との同居である。明子が殿舎としたのは、嵯峨・淳和の歴代皇后の殿舎であった常寧殿である。清和ははじめ大内裏内の東宮を仮内裏とし、明子は同じく東宮内の北殿に住んだという。清和は元服の翌貞観七年に内裏仁寿殿に入り、明子は貞観八年に東宮から常寧殿に移り、内裏での同居が実現した（『三代実録』貞観八年十一月十七日条[29]）。

吉川真司氏は、摂関政治の特質を論じたさいに、天皇に対する「後見」を一つのキーワードとし、「日常的「後見」の空間的基盤」としての母后・摂関の内裏居住が九世紀後半に成立した点に注目した[30]。母后の内裏居住が、摂関政治の展開に大きな意味をもったことは明らかである。清和朝には、『三代実録』貞観十七年正月二日条を史料上の初見とする皇太后大饗など、皇后に代わる母后の儀礼が開始された[31]。中宮大饗（皇太后大饗を含む）を仔細に検討した東海林亜矢子氏の指摘通り、同儀礼は「母后と臣下の関係を直接的な君臣関係にあるものとして、初めて明確に規定した」ものである。このような儀礼が必要になったのは、摂関政治の要としての母后の政治的重要性が増したからにほかならない。「国母」の権能を外戚が代行するという摂関政治の構造上、摂関の権力の由来である母后を「君」として位置づけ、臣下との君臣関係を明確にすることで、その権威を最高のものに高める必要があったのである[32]。

こうした明子の内裏居住と政治的重要性の高まりは、後宮の女官にも変化を生じさせた。幼帝即位によって、王権の側からも外戚の側からも母后（皇太后）の権威の構築が急務となったなかで、女官にも変化があらわれたのである。

三　院宮王臣家の「家人」と上毛野滋子の後宮進出

1　「家人」への授位

第一節で、後宮十二司が再編され令外の職に切りかえられていく時期に「女房」の呼称が現れたこと、それは「上の女房」（内の女房）に該当することをみた。では、「キサキの女房」の具体的な姿は、どのように確認できるだろうか。

十世紀なかばに成立した歌物語である『大和物語』[33]には、「先帝（醍醐＝筆者注）の御時に、承香殿の御息所の御曹司に、中納言の君といふ人さぶらひけり」（一三九段）、「右近、故后の宮（藤原穏子＝同上）にさぶらひけるころ」（八一段）、「おなじ女（右近＝同上）、内の曹司にすみける時」（八三段）などの記載がある。醍醐天皇の御息所に仕える中納言の君、醍醐中宮である藤原穏子に仕え、内裏の曹司に住んでいた右近は、キサキに仕えた女性たちで、二人は、勅撰和歌集の『後撰集』等に歌を残す実在の女房である。少なくとも宇多・醍醐朝において、キサキに仕える女性たちが存在し、内裏内に居所を得ていたのである。

そこで、彼女たちのようなキサキに仕える女性たちの一員として、『三代実録』に足跡を留めた上毛野滋子を検討していきたい。

【B】『三代実録』貞観三（八六一）年二月十九日条

十九日癸亥。授㆓外従五位下行隼人正難波連藴麻呂従五位下㆒。主殿允正八位下伴大田宿禰常雄外従五位下。无位上毛野朝臣滋子従五位下。昨日皇太后御㆓太政大臣第㆒。仍有㆓此賞㆒。藴麻呂已下。大臣家之人（ア）也。

これは、【A】『三代実録』貞観三年二月十八日条に続く記事で、既述したように、皇太后順子の行幸後の授位の記述である。難波連藾麻呂、伴大田宿禰常雄、上毛野朝臣滋子の三人が位を与えられたが、三人とも傍線（ア）「大臣家之人」と書かれている。

三人のうち、難波連藾麻呂と上毛野朝臣滋子は、べつの記事でも以下のようにみえる。

【C】『文徳実録』仁寿三（八五三）年三月甲午条

三月甲午。加二従三位源朝臣潔姫正三位一。授二正六位下難波連藾麻呂外従五位下一。縁三去月遊二賞右大臣第一而恩及二家人（イ）一也。

【D】『三代実録』貞観五年十月二十一日条

廿一日庚辰。天皇宴二太政大臣於内殿一。以賀二満六十之齢一。有二衣被宝物之贈一。毎レ色叶二於六数一。皆是乗輿服御之物也。特喚二諸大夫年六十已上者於仗頭一賜レ飲。太政大臣家令従五位下菅野朝臣弟門授二従五位上一。藤原朝臣直方従五位下。従四位下藤原朝臣倹子進二従四位上一。无位藤原朝臣多美子従四位下。従五位下上毛野朝臣滋子正五位下。慶賀之余歓。恩奨及二余家人（ウ）一也。

【C】は、文徳の行幸後の授位記事であり、良房の妻である源潔姫とともに、難波連藾麻呂が傍線（イ）「家人」と呼ばれている。一方、【B】で「大臣家之人」と呼ばれた上毛野朝臣滋子は、【D】では傍線（ウ）「家人」とされており、これら【B】【C】【D】の用法から「大臣家之人」が大臣の「家人」と同じ意味で使われていることが確認できる。

前掲史料における「家人」「大臣家之人」は、「一家に私的な隷従関係をもつ人々」を含めた用語であり[34]、良房の血縁に留まらない。難波藾麻呂や上毛野滋子らを指す「家人」の意味は、陽成太上天皇が、皇子時代に賜姓されていったん臣籍降下したあと即位した宇多天皇を指して言い放った「当代は家人にはあらずや」という『大鏡』の逸話が明快に語っている。臣従する者という意である。そして重要なのは、いわゆる院宮王臣家と呼ばれる権勢家のなかで、女性も家人の一員として、位を得るほどの働きをしていたということである。勢力のある一族に仕えて働き、主家に利をもたらして自身も地位を高めていったという点では、男女の共通性を認めることができるのである。

2　上毛野滋子の後宮進出

上毛野滋子は、【B】中に初見の女官である。はじめ「大臣家之人」、つまり良房家に仕える女性として無位から一挙に従五位下に叙され、良房の女である明子の「侍執之人」として記録されたのち、寛平九（八九七）年十一月に三位の典侍として死去した（『日本紀略』寛平九年十一月是月条）。その軌跡をあらためてまとめると左記の通りである（年月日は『三代実録』）。

貞観三年二月十九日　　皇太后順子の良房第行幸翌日の授位で無位から従五位下に直叙（大臣家之人＝【B】）
貞観五年十月二十一日　　内殿での良房六十賀で正五位下に昇叙（家人＝【D】）
貞観六年二月二十五日　　良房染殿第への天皇行幸で従四位下に昇叙
貞観十年十二月九日　　皇太后明子四十賀で正四位下に昇叙
貞観十五年正月八日　　定例叙位で従三位に昇叙
元慶三年正月十三日　　太皇太后明子五十賀で正三位に昇叙（太皇太后宮侍執之人＝後掲【E】）

滋子の授位は、貞観十五年の定例女叙位で昇叙するまではすべて主家の慶事にともなうものであり、「大臣家之人」「家人」と特記された理由もそこにある。ここからは、天皇との直接的主従関係ではなく、良房なり明子なりを経由しての臣属関係をみることができる。ところが、明子の五十賀に関する授位記事は、滋子の後宮十二司の女官就任を明確に伝える。

【E】『三代実録』元慶三（八七九）年正月十三日条

十三日癸卯。授二典侍従三位上毛野朝臣滋子●（エ）(35)。従五位上藤原朝臣貞風従四位下。无位藤原朝臣近真。藤原朝臣御夏。雀部朝臣宜子。太朝臣平子並従五位下一。滋子已下。太皇大后宮侍執之人也（オ）。去年十一月五十賀宴余之賞。有二此加授一焉。

須田春子は、傍線（オ）「太皇大后宮侍執之人」という語に注目し、このような「私的後宮侍女」が、のちの「女房」ではないかと指摘した(36)。たしかに滋子らの存在は、良房・明子との主従関係からスタートしたという点では「私的」なものではあった。しかし、私的関係から始まった滋子らの奉仕が、元慶三年という時点では後宮十二司の職事（典侍）補任という形で報いられている点が重要だろう。ともに昇叙された「太皇大后宮侍執之人」藤原貞風も典侍であった（『三代実録』貞観十八年十一月二十五日条）。重要なのは、滋子が明らかな「家人」であったことと、明子が皇太后という后位にのぼったことによって典侍という公的な存在に転身したことなのである。吉川真司氏が大きな流れとして示した、「キサキの女房」の「宮の女房」「公的存在」への転化の具体例である(37)。滋子の存在は、「キサキの女房」の出現経緯を明らかにするという点で重視すべきである。

九世紀の史料上で上毛野朝臣を名乗る人々の系統を弁別するのは簡単ではないが(38)、上毛野氏を称する人々がこの時期に藤原氏に従属していたことは確認できることであり、そのなかから後宮女官に進出した女性をみいだすことができた。史料に乏しく、「女房」の出現契機をたどることが難しい九世紀の考察においては、特筆すべき事例であろう。

律令官僚機構は女性「排除」を基本原則としながらも、国家の権力・行政システムに女性を「包摂」しながらスタートした。九世紀には、政務からの女性の疎外が決定的となり、貴族女性は公的立場から後退していった。平安期に入ると、律令制下において公的なものであった貴族の家政機関が私的なものに変化していくとともに、私勢力の拡大によって家政機関も拡大強化され、家牒の成立などにみられるように新たな公的性格を帯びていく(39)。これによって男性官僚たちには、家司など家政機関の一員となることによる権門勢家との結びつきをテコに、自身の官人としての公的地位を引き上げる道が開けた。このなかで、女性もまた女房として権勢家と結びつき、主が公的な存在に転化するにともなって、女房自身も公的立場を獲得することに成功したのである。

おわりに

律令女官の本務は天皇への奉仕であり、その性格は、平安中期以降の「上の女房」に引き継がれた。八世紀まではキサキは内裏外に居所をもち、キサキに仕える女性たちもまた内裏外にいるはずであって、内裏での奉仕は想定外であった。しかし、キサキが内裏に住むようになると、奉仕する女性たちも内裏内に起居せざるを得なくなる。とはいえ、その性格はあくまでキサキに仕える私的存在にすぎない。ところが、キサキが后位に昇り、後宮のトップの地位を獲得すると、仕える女性たちも後宮のヒエラルキーのなかに位置づけなおされることになる。とりわけ、幼帝即位にともない皇太后が皇権を代表する立場に押し立てられると、その奉仕者である女性も後宮十二司を采配する職に補任されることになったと推定される。その一例が、上毛野滋子である。この時期に、皇太后の出身の「家」に仕える女性が後宮十二司に進出し、公的地位を得たことが正史のうえで確認できるようになるのは、たんなる偶然ではないのである。

藤原順子は、夫の存命中は女御にすぎず、所生の文徳天皇の母として后位に昇ったが、後宮支配という点では、文徳が成人しており、九世紀に台頭した実務型女官が采配を振ったとみられる。つぎの藤原明子が帯びた順子との最大の違いは、所生の清和が幼帝であったということである。この局面において明子は、幼帝との同居を実現させて天皇の居住空間を支配し、女官の支配権も掌握することができた。この条件下で、「家人」を後宮女官に進出させ、公的存在に転化させることができたのである。

平安期に権門勢家が成長し、その家政機関が新たな公的性格を帯びるようになると、中下級貴族の男性官僚たちは、そこに従属的に結びつくことによって自身の上昇と生き残りをはかるようになった。こうしたなかで、主家とキサキへの奉仕が女性も含めて行われたのである。律令制前の遺制を継承した氏を基盤とする女性の出仕形態は崩れ去り、律令女官制度も変容した。しかし、女性もまた、新しい社会関係のもとで権門勢家とのつながりに依拠した出仕形態を獲得し、王権の中枢において能力を発揮する場を得ていったのである。

九世紀の女官の後退は、「公」からの女性の排除という点において画期を示す出来事である。女性の政治的地位の転換期に位置するのが、この時代だといえるだろう。しかし、このことをもって、政治的側面における女性の歴史的「敗北」を導き出すのは尚早であることも、一言しておきたい。政治からの女性の排除は、必ずしも一直線には進まなかった。十〜十一世紀に際立つ女房の活躍は、九世紀の女官の後退をへながらも、男性も含めた君臣関係における「公」と「私」の歴史的変容のなかで、女性も「公」への再参入をある程度成し得た結果とみるべきである。中世以降も、女官・女房なしには天皇の生活を支えることはできなかった。排除されながらも、社会の変化に則して「公」的地位の獲得に挑んでいった女性たちの姿を、軽視するべきではないのである。

註

（1）吉川真司「平安時代における女房の存在形態」（『律令官僚制の研究』塙書房、一九九八年。初出一九九五年）。

（2）小野小町は、仁明天皇の更衣説（『平安時代史事典』「小野吉子」の項＝角田文衞執筆）がある。出仕女性であったことは疑いないので、女官・女房に分類した。

（3）上毛野滋子については、西野悠紀子「古代女性史の現状と課題――後宮の問題を中心に――」（田端泰子・上野千鶴子・服藤早苗編『シリーズ比較家族8　ジェンダーと女性』早稲田大学出版部、一九九七年、一八〜二一頁）が、皇帝の母が後宮を支配する「家」の成立という視点から九世紀の変化を踏まえて考察しており、参照されたい。そのほか、佐伯有清「円珍と上毛野滋子」（『最澄とその門流』吉川弘文館、一九九三年）、関口功一「上毛野滋子をめぐる人々――平安時代前期の後宮の一風景――」（『群馬文化』三〇五、二〇一一年）などがあるが、本章とは視角が異なる。

（4）橋本義則「「後宮」の成立――皇后の変貌と後宮の再編――」（『古代宮都の内裏構造』吉川弘文館、二〇一一年、三一八〜三一九頁。初出一九九五年）。

（5）春名宏昭「内侍考――宣伝機能をめぐって――」（『律令国家官制の研究』吉川弘文館、一九九七年）二五八〜二七七頁。

（6）春名宏昭前掲註(5)論文、二七七〜二八七頁、吉川真司「律令国家の女官」（前掲註(1)書収載、一〇三頁。初出一九九〇年）。

（7）『類聚国史』四〇采女、大同元年十月壬申条。『類聚三代格』巻四、加減諸司官員幷配置事、大同元年十月十三日付太政官符。氏女が結婚した場合の交替を規定した。渡部育子「日本古代法にみえる女官の評価についての一試論――采女のセックスとジェンダーをめぐって――」（『新潟史学』四四、二〇〇〇年）参照。

（8）義江明子『県犬養橘三千代』（吉川弘文館、二〇〇九年）。

（9）大同二年五月十六日、「停三諸国貢二采女一」として停廃（『類聚国史』四〇采女）。翌年には「大同三年正月壬寅。詔曰云々。縫部采女二司。併二縫殿寮一」（『類聚国史』一〇七縫殿寮）として監督官司も統廃合されたが、『日本後紀』弘仁三年二月庚戌条に「復二采女司一」とあり、復活した。

（10）磯貝正義「采女貢進制の基礎的研究」（『郡司及び采女制度の研究』吉川弘文館、一九七八年、二一六〜二二三頁。初出一九五八年）。
（11）西野悠紀子「桓武朝と後宮――女性授位による一考察――」（総合女性史研究会編『日本女性史論集2　政治と女性』吉川弘文館、一九九七年、四二頁。初出一九九二年）。
（12）栗林茂「皇后受賀儀礼の成立と展開」（『延喜式研究』八、一九九三年）、楊永良「元正朝賀儀における諸問題――その法的意義――」（『明治大学大学院紀要』二〇―一、一九八三年）二八七頁。
（13）橋本義則前掲註（4）論文、三一九頁。
（14）『続日本紀』宝亀八年五月戊寅条薨伝。典侍従三位で薨。
（15）『続日本紀』天平十七年七月戊寅条によると典侍従四位上で卒。
（16）承和十三（八四六）年に、典侍、尚縫、典縫、典膳とともに、尚薬、尚殿、尚掃、典水、尚酒らの補任がみえ（『続日本後紀』承和十三年五月丁卯条）、貞観十八（八七六）年にも、尚縫、典縫、典蔵、尚膳のほか、尚書、尚薬、尚兵、尚水の補任を確認できる（『三代実録』貞観十八年十一月二十五日条）。典蔵、典書、典殿、典膳、典酒の女官名は朱雀朝（『本朝世紀』天慶元年十一月十四日条）にもみることができる。実態はともかく、官名としては残っていた。平安時代の内侍所・御匣殿などにみえる女性官司の変遷や機能については、所京子『平安朝「所・後院・俗別当」の研究』（勉誠出版、二〇〇四年）も参照されたい。
（17）三崎裕子「キサキの宮の存在形態について」（総合女性史研究会編『日本女性史論集2　政治と女性』吉川弘文館、一九九七年。初出一九八八年）。
（18）東海林亜矢子「母后の内裏居住と王権」（『お茶の水史学』四八、二〇〇四年）四八～四九頁。
（19）『日本紀略』天長四年八月乙巳条に典侍継子女王の「禁中宿処板敷下」という記載がある。典侍には宮中に宿所があったが、ここでは「房」とは記載されなかった。
（20）須田春子『平安時代　後宮及び女司の研究』（千代田書房、一九八二年）三〇〇～三〇四頁。
（21）『日本三代実録』貞観十三年九月二十八日条、藤原順子崩伝など参照。以下、『三代実録』と略す。
（22）平安前期の建物としての東宮については、最近では三輪仁美「東宮の構造とその機能――平安初期を中心として――」

（国学院大学大学院史学専攻大学院会『史学研究集録』三六、二〇一一年）がある。

(23) 「行幸」は、天皇に関する用語であり、皇后の場合は「行啓」であるが、史料上でその用法が確認できるのは平安中期以降である。平安前期には「皇后幸二雲林亭一」のように記載されていた（『日本紀略』天長九年四月丙子条）。下文に詳述するように、順子が天皇に準じる扱いを受けたことを考慮し、本章では「行幸」を用いたい。

(24) 山本信吉「藤原実資と鳳輿・葱花輿」（『古事類苑』月報四四器用部第二篇、一九七〇年）。

(25) 西野悠紀子「九世紀の天皇と母后」（『古代史研究』一六、一九九九年）一四頁、東海林亜矢子前掲註(18)論文、五〇〜五二頁。

(26) 目崎徳衛「文徳・清和両天皇の御在所をめぐって――律令政治衰退過程の一分析――」（『貴族社会と古典文化』吉川弘文館、一九九五年、二四頁。初出一九七〇年）。

(27) 服藤早苗「九世紀の天皇と国母――女帝から国母へ――」（『平安王朝社会のジェンダー』校倉書房、二〇〇五年。初出二〇〇三年）。

(28) 服藤早苗前掲註(27)論文、二一三頁。

(29) 西野悠紀子「母后と皇后――九世紀を中心に――」（前近代女性史研究会編『家・社会・女性 古代から中世へ』吉川弘文館、一九九七年）一五七頁、同前掲註(25)論文、一四頁、東海林亜矢子前掲註(18)論文、五二〜五六頁。

(30) 吉川真司「摂関政治の転成」（前掲註(1)書収載、四一〇〜四一一頁。初出一九九五年）。

(31) 饗宴を含む三后儀礼の変遷については栗林茂「平安期における三后儀礼について――饗宴・大饗儀礼と朝覲行幸――」（『延喜式研究』一一、一九九五年）などがある。

(32) 東海林亜矢子「中宮大饗と拝礼」（『史学雑誌』一一五―一二、二〇〇六年）四九、五三〜五八頁。

(33) 『大和物語』の引用と人物の比定は『新編　日本古典文学全集』（小学館）による。

(34) 坂本太郎「家人の系譜」（『日本古代史の基礎的研究』下、制度編、東京大学出版会、一九七五年、二六九頁。初出一九四九年）。

(35) 新訂増補国史大系『日本三代実録』当該十三日条頭注に「滋子、此下恐脱正三位三字」とある。従うべきだと考える。

(36) 須田晴子前掲註(20)書、三〇七~三〇八頁。
(37) 吉川真司前掲註(1)論文、四四一~四四四頁。
(38) 八世紀には田辺史から上毛野公(君)への改賜氏姓(『続日本紀』天平勝宝二年三月戊戌条)、九世紀には上毛野公から朝臣への改賜姓記事がある(『続日本後紀』天長十年二月甲申条)。一方で、『続日本後紀』承和十四年十月癸巳朔条には、上野国那波郡人檜前公綱主への上毛野朝臣賜姓と京貫記事がみえる。上毛野氏については、佐伯有清「上毛野氏の性格と田辺氏」、同補論(『新撰姓氏録の研究』研究篇、吉川弘文館、一九六三年)はじめ、多数の研究がある。参照されたい。
(39) 藤木邦彦「権勢家の家政」(『平安王朝の政治と制度』吉川弘文館、一九九一年。初出一九五二年)、佐藤宗諄「「家牒」の成立」(『平安前期政治史序説』東京大学出版会、一九七七年。初出一九六八年)。西別府元日「王臣家牒の成立と王臣家の地域進出」(初出一九八〇年)、同「律令貴族の政治総括と地方支配」(初出一九八六年)、いずれも西別府元日『律令国家の展開と地域支配』(思文閣出版、二〇〇二年)収載。

[補記]

本章は『ジェンダー史学』九号(二〇一三年)に掲載された論文だが、旧稿では「はじめに」で律令女官制度の成立過程についても記述した。本書第三部第二章までの論考と重複する部分が多かったため、重複部分を整理した。

終章　律令官僚システムの探究のために

――まとめと課題――

本書は、律令女官制度の分析を中心に据え、令制女官前史と平安時代における女房の出現までを考察対象とし、古代における女性の「仕奉」の特徴と「公的地位」のあり方について論じたものである。各章の論点と残された課題を記してまとめとしたい。

序章　古代女官研究の視点

第一節では、律令女官制度の特質を概括的にのべた。古代における氏と大王の政治的関係としての「仕奉」の構造は、吉村武彦氏によってすでに指摘されてきた通りであるが、そのなかにあって女性も氏の成員として役割をはたし、地方豪族においても王権との関係が機構を媒介としない直接的な人格的結合に依拠していたもとで、女性も出仕し人格的結びつきを担った。ところが、七世紀の東アジアの激動のなかで中央集権的な国家建設がめざされると、女性は官僚機構から「排除」されることになった。しかし、唐とは社会の発展段階が異なるなかで律令制を継受した矛盾は女官制度をめぐっても表面化せざるを得ず、後宮十二司を設置して女性も天皇の政務と日常生活を支える機構が形成され、そのなかに令制前からの男女共労のシステムも温存された。女性の「包摂」である。わが国の律令女官制度は、このような「排除」と「包摂」という相矛盾するしくみを抱えて出発したことを指摘した。第二節では、日本古代女官研究の意義をのべた。古代国家形成史研究の進展に比べて、政治分野での女性の役割の解明が遅れ、とりわけ女官が検討対象にならなかった要因には、国家成立時点における家父長制成立論があったと思われる。このため、すでに隷属的地位にある女性が主体的に政治的役割を果たしたとは認識されず、古代女官研究も、キサキ・後宮研究の一部の扱いに留められてきた。しかし、今日の女性史・ジェンダー史は、双系的社会論という古代史研究の到達のうえに、社会の基層に目を向けながら、政治と女性の関係を明らかにしつつある。このような女性史の成果を取り入れ、女性を古代国家形成史に位置づけ直すことが、国家成立史研究の進展に資するということをのべた。

第一部　令制女官前史

第一章　臣のヲトメ――記紀・万葉の「宮人」たち――

令制前に女性は男性とともに「宮人」（ミヤヒト）と呼ばれ、大王の宮で奉仕していたことを確認した。さらに、『日本書紀』『古事記』の古代歌謡中の「臣のヲトメ」が、たんなる文学的修辞ではなく、口頭でうたわれる歌謡で男女の別の表現が意味をもつときに採用された語であることを指摘した。「宮人」は、「里人」（サトヒト）に対応する人々であり、日常的に王宮に出仕する存在であったこと、記紀、『万葉集』にみえる「臣のヲトコ」「臣のヲトメ」「臣の女」という語が、大王を支える層の男女双方による王権への日常的、直接的な仕奉を反映することを論じた。

第二章　髪長媛伝承の「喚」――地方豪族の「仕奉」と王権――

『日本書紀』で描かれたキサキたち、とりわけ地方豪族の女性たちは、はじめからキサキとして召し出され王宮へ到来したと理解されてきた。しかし、応神十三年九月中条を中心とする髪長媛伝承は、従来の認識と異なる地方豪族女性の到来契機を示唆する。髪長媛の出仕伝承で使用された「喚」（メス）は、男女ともに呼び出しにあたって使用された語であり、それ自体に男女差はなく、「喚」による召し出しが王権に対する従属のきっかけとなり官仕につながるという点も男女ともにみられることを指摘した。さらに、髪長媛伝承の別伝である「一云」からは、地方豪族の出仕要件に男女の別は問われず、交替が可能だったことが導き出された。以上から、地方豪族と王権との直接的人格的結合を女性も官仕という形で担ったことを明らかにした。

第三章　采女論再考

『日本書紀』『古事記』の采女伝承を解釈し直し、「奸」への厳罰を根拠とする大王への性的従属説の是正を試みた。そのうえで、ウネメが、ミヤケと王権を結ぶ存在として制度化され、大宝令に至って地方行政単位である郡と中央をつなぐ存在として兵衛とパラレルな関係に位置づけられたことを指摘した。『日本書紀』から判断されるもともとの職掌は膳部とともに行う食膳奉仕であり、その役割が令制に引き継がれ、膳司・水司配属や、日常業務での男官（内膳司）との共労関係につながっていったことを指摘した。

第二部　律令制下の女官

第一章　後宮職員令の構造と特質

後宮職員令そのものの分析は、これまでの令制研究ではほとんど手つかずだった。律令女官制度の特徴の第一は、女官が官位相当制の対象外だということ、第二は、男性官司には必ず置かれた書記官（サカン）が、後宮十二司の職員構成には含まれなかったことである。後宮職員令全一八条は、①キサキの身位と皇子女の資養、②後宮十二司の職掌・定員・考叙、③皇親・貴族女性の身位と序列、④女性の出仕ルートと資格要件――に大別される。それは、令制前からの男女の仕奉を前提にしたものであり、わが国古代社会の基層に少なからず規定された内容で、唐制の単純な継承・模倣とは考えられないことを明らかにした。

第二章　女史と内記――律令制下の文書行政と内侍司の変容――

律令官僚制は女性排除を原則としたものの、内侍司に「宣伝」の職掌を与えて天皇の意志伝達ルートに位置づけ、その女官による内記監理のしくみを設けた。口頭伝達と文書行政をつなぐカナメに内侍司と内記を置いたのであり、その監理を保証するシステムとして品官制と男女官の位階の整合性・階梯制が整えられたのではないかと推測した。一方、内侍司にも令外の職である女史が置かれ、文書行政に対応していったことによって官司としての位置づけを高めていったことをみた。

第三章　令制女官考課についての一試案――「舎人之最」「諸官之最」をめぐって――

考課後の女性への授位については先学の諸研究があるが、女官の考課そのものは史料的制約があり、ほとんど検討されることはなかった。そこで、『令集解』諸説を手がかりに、大宝令制下で女孺は、大舎人との出身基盤の共通性と職掌規定の不在のため、大舎人を対象とする「舎人之最」を与えられるべきだと考えられていたことを指摘した。一方、十二司職事も大宝令制下では個別の「最」をもたなかったが、「次官以上之最」等を与えられた可能性が想定できることを指摘した。養老令の「諸官之最」新設で、男官の考課に関する矛盾が解消されたが、女官も、十二司職事の考課基準が「次官以上之最」等から「諸官之最」に変更され、考課制度が整理されたという試案を提示した。

第四章　女官の五位昇叙と氏――内階・外階コースの検討を中心に――

『続日本紀』以下の正史では女官への五位直叙が目立つことから、女性ゆえの授位の特殊性が強調されてきたが、その通説を見直した。神亀五年格で五位昇叙にあたっての内階・外階コースが導入され、女官も出身母体である氏のコースにそくして厳格に内階・外階に振り分けられ授位されたことを、『続日本紀』から『三代実録』までの正史で確認した。とくに、采女は、六位以下の時点では内位を昇ってくるが、五位に昇る時点ではいったん外五位をへたことを明らかにした。その理由は、外位に叙されることを規定された郡領の一族という出身時の資格要件にあると考えた。

第一章　第宅とトジ――八世紀における行幸叙位時の「室」――
『続日本紀』などの古代史料で女性が「室」と書かれた場合、これまでは、高位高官の妻の意味だと認識されてきた。本章では、八世紀には女性配偶者としての「室」の用法は未成熟であったことを指摘し、行幸叙位記事で「室」と記載された女性は、家政機関設置資格が想定される高位の女官であり、家政機関を置いた自身の第宅に天皇を迎えたために報賞としての授位に与ったことを論じた。

第二章　女官から「家夫人」へ――『続日本紀』から『日本三代実録』にみる貴族女性の公的地位――
律令制定後の貴族女性の女官からの撤退と公的地位の喪失を、『続日本紀』以下の正史の婚姻記載から跡づけた。婚姻できることは、わが国の古代女官の特質の一つであり、唐との相違点であることを再確認した。そこには、女官の位置づけに関する日唐の差異が横たわっている。

第三章　「キサキの女房」の出現契機――上毛野滋子を素材として――
吉川真司氏が「平安時代における女房の存在形態」であげた女房三分類のうち、キサキの女房が公的地位を獲得する転機にしぼって考察した。キサキの女房の出現は、後宮の確立にともなうキサキの内裏居住と不可分のもので、それ自体歴史の所産であるが、さらに、本来、キサキの私的使用人にすぎない女房が典侍という公的存在に転化する契機を、清和天皇と母后藤原明子の内裏内同居に求めた。

本書を書き終えて、日本古代女官研究が直面する課題を再確認することとなった。それは、律令官僚機構からの「排除」と「包摂」という相矛盾する特質をもつがゆえの女官制度の難解さにどう向きあうのかという点である。繰り返しのべてきたように、律令国家形成にあたり唐に範を求めて官僚機構が構築された結果、女性は「排除」されることになった。ジェンダー視点でみたとき、律令官僚制の基本原則として、まず挙げなければならないのは女性の「排除」である。

ところが、一方では職掌で類似する男性官司と対応する後宮十二司が設置され、天皇の意志伝達ルートのなかに内侍司が位置づけられるなど、女官は律令行政システムのなかで役割を与えられた。現実の行政運営では女性が「包摂」されたのである。

女性を「排除」しながら「包摂」する。あるいは、「包摂」せざるを得ないにもかかわらず、「排除」する――この矛盾は、律令女官制度の理解に困難をもたらしてきた。たとえば、女性は二官八省などの律令官僚制のポストだけではなく、官人機構全体の「整合性」から弾き出された。その最たるものが、官僚ヒエラルキーの基本構造を規定した官位相当制からの除外である。八世紀以降の記録には、無位から一気に五位に叙される直叙がとりわけ女性に多くみられる。それは女性ゆえの特殊性だとみなされて分析の対象外にされる場合が多かった。しかし、それは、官位相当制からの女性「排除」の一つの帰結である。官位相当制から除外された結果、女官は、律令位階制度に対する種々の規制からある意味では距離を保つことが可能となった。官位相当制からの排除が、女性の特殊性を生じさせる要因になったのである。とはいっても、女性が氏を基盤として出仕するという原則から逃れることはできず、考課・考叙などでも法規制と厳しい秩序のなかに置かれたことは本書で指摘したとおりである。ここで検討されなければならないのは、官位相当制から除外したにもかかわらず、なぜ高位を与えられる対象として女官が存在し続けたのかという問題である。また、類似の職掌を課せられた男女官司の併置は、研究者の一部に一方の女性官司を「冗官」とみなす認識をもたらした。しかし、もともと男女共同関与であったものが律令官僚機構構築にあたって分離されたために、男女の労働と官司編成に差が生まれたことが、すでに指摘されている(1)。「冗官」として片付けるのは容易である。求められるのは、「卂官」にみえるもののなかに、律令官僚機構の編成原理を読み解く視点ではないだろうか。

今後に残された課題も山積みである。先行研究の成果によって、令制前の男女共労と律令制下への継承は、おおむね理解されるようになってきたといってよいと思う。では、その共労は、どこまでさかのぼることができるのだろうか。伴造制における女性の関与ともあわせて考察する必要があるだろう。また、律令国家は官位相当制から女性を除外しながら、内長上に准じた考課を適用し、准位制を制定した。准位制は季禄支給とのかかわりで理解されてきたが、その淵源と理念については未解明の部分が多い。さらに、律令女官制度の特徴の一つとして指摘した後宮十二司のみの書記官不在の理由も、唐では後宮二四司すべてに女史が置かれたことから考えれば疑問が残る点であり、今後、明らかにされなければならないだろう。

令制前の官司における女性の存在形態や役割の、どの部分が律令制下の諸組織と女官制度に引き継がれ、どの部分が切り捨てられたのか。律令制下で新設された制度とその理念は何か。矛盾を抱えて出発した律令女官制度であるが、諸課題を解きほぐした先に、律令官司の編成原理の一端がみえてくるのではないだろうか。

筆を置くにあたって、筆者の力量不足により先学の研究を読み誤っていることが多々あるかもしれないことを謝すとともに、大方のご助言とご叱正を賜りたいと思う。

註

（1）　勝浦令子「古代宮廷女性組織と性別分業――宮人・巫女・尼の比較を通して――」（『日本古代の僧尼と社会』吉川弘文館、二〇〇〇年）。

初出一覧

序章　第一節　女性の「排除」と「包摂」――古代の行政システムのなかの女官――（原題「女性の「排除」と「包摂」――古代の権力システムのなかの女官――」総合女性史学会編『女性官僚の歴史』吉川弘文館、二〇一三年の改稿）

第二節　日本古代女官研究の史的位置づけと本書の構成（新稿）

第一部　令制女官前史

第一章　臣のヲトメ――記紀・万葉の「宮人」たち――（新稿）

第二章　髪長媛伝承の「喚」――地方豪族の「仕奉」と王権――（『続日本紀研究』四〇〇、二〇一二年）

第三章　采女論再考（『専修史学』五二、二〇一二年）

第二部　律令制下の女官

第一章　後宮職員令の構造と特質（新稿）

第二章　女史と内記――律令制下の文書行政と内侍司の変容――（『日本歴史』七八二、二〇一三年）

第三章　令制女官考課についての一試案――「舎人之最」「諸官之最」をめぐって――（新稿）

第四章　女官の五位昇叙と氏（「女官の五位昇叙と氏――内階・外階コースの検討を中心に――」〈『専修史学』四九、二〇一〇年〉と「采女の外五位昇叙」〈『古代文化』六二―一、二〇一〇年〉を再編）

第三部　女官の変容

第一章　第宅とトジ――八世紀における行幸叙位時の「室」――（原題「第宅とトジ――日本古代における行幸叙位時の「室」記載によせて――」『比較家族史研究』二三、二〇〇八年）

第二章　女官から「家夫人」へ――『続日本紀』から『日本三代実録』にみる貴族女性の公的地位――（原題「女官から「家夫人」へ――六国史にみる貴族女性の公的地位――」『専修史学』四六、二〇〇九年）

第三章　「キサキの女房」の出現契機――上毛野滋子を素材として――（原題「九世紀日本における女官の変容と「キサキの女房」の出現契機――上毛野滋子を素材として――」『ジェンダー史学』九、二〇一三年）

終章　律令官僚システムの探究のために（新稿）

あとがき

大学を卒業後、二〇年間お世話になった職場を辞し、専修大学大学院文学研究科修士課程に入学したのは、二〇〇五年の春だった。女官をテーマとしたのは、女性が古代国家の意思決定過程から排除されていった経過を明らかにしたいと考えたからである。

本書は、大学院入学後の多くの出会いによって生み出された論文で構成した。

大学院の荒木敏夫教授のゼミでは『日本書紀』を講読しており、その初年の報告で天智紀の「宮人（メシヲミナ）」のリポートを担当した。第一部第二章「髪長媛伝承の「喚」」は、そのさいの報告をもとにした論文である。

修士論文では女官の婚姻状況をまとめた。第三部第二章「女官から「家夫人」へ」は、その一部である。修論審査の副査をして下さった東洋史の飯尾秀幸先生が、口述試験で、中国古代の後宮では考えられないことだとおっしゃったのが印象に残っている。婚姻できることは、わが国の古代女官の特質の一つである。それは、天皇の性愛対象ではなく、行政システムの一翼を担うという女官の本質を導き出すカギでもあった。口述試験では、そのような研究の核心に向かっていくきっかけを与えていただいた。

大学院生時代には歴史学研究会古代史部会、総合女性史研究会（現在は総合女性史学会）、前近代女性史研究会などの学会・研究会に通い、報告の機会も得た。第三部第一章「第宅とトジ」は、二〇〇七年七月に前近代女性史研究会で報告したさい、服藤早苗氏から学術雑誌への投稿をつよく勧められ、『比較家族史研究』に投稿し採用されたものである。学会・研究会での報告も投稿もはじめての経験であり、研究者としての第一歩となった論文である。古代史サマーセミナーにも毎年のように参加した。第二部第四章「女官の五位昇叙と氏」は、二〇〇八年の古代史サマーセミナー（広島県安芸宮島）での研究報告をもとにしている。

二〇一〇年からは、義江明子氏とともに、南カリフォルニア大学のジョーン・R・ピジョー教授が企画した日本令のジェンダー分析と英訳テキスト作りをめざす共同研究「日本令にみるジェンダー」に加わることになった。二〇一三年にはロサンゼルスの南カリフォルニア大学で開かれた前近代日本史研究プロジェクトのワークショップに義江氏と一緒に招かれ報告を行った。序章第二節第一項「古代女官研究の到達点」と第二項「古代女官研究の意義」は、その報告をもとにしたものであり、第二部第一章「後宮職員令の構造と特質」にも共同研究の成果を盛り込んだ。共同研究での三人の緊密な討議がなければ、後宮職員令の本格的な分析はできなかったと感じている。

第一部第一章「臣のヲトメ」は、万葉集研究の代表的な学会である美夫君志会二〇一四年全国大会での研究報告「臣の女」――記紀・万葉の宮人たち――」をもとにしている。美夫君志会の皆さまには、専門を異にするにもかかわらず報告の機会を与えていただき、その後も折に触れ助言を賜っている。ご厚情に感謝したい。

さて、本書は女性史・ジェンダー史視点で古代官人制を分析したものである。私事にもわたるが、その問題意識の由来をのべることをお許し願いたい。

わが父は、女に教育は不要と広言し、借金をしてでも飲酒しギャンブルに熱中したが、娘たちの高校以上の進学費用は出さなかった。どうしても大学に行きたかった私は、奨学金貸与、アルバイト、授業料免除の恩恵を受けて学び社会に出た。働いているときには、霞ヶ関や永田町という日本政治の中枢に出向くことも多かったが、そこでも「女に政治はわからない」という言葉をたびたび耳にしたものである。難病を患い寝たきりになった母が一六年間の闘病生活の末に亡くなり、数年後、高校・大学時代に借りた三つの奨学金を返済し終えたとき、私は四五歳になっていた。人生の折り返し点に立ったときに、子どもの頃からの夢だった歴史の勉強をしようと考えた。それも、歴史の個々のトピックではなく、現在の日本で女性が置かれている状態の制度的・思想的な淵源を知りたいと思い、大学院をめざしたのである。

大学院を探しているなかで荒木敏夫先生の『日本古代の皇太子』を読み、感動して手紙を差し上げた。川崎市生田のキャンパスで面会していただき、すでに退職したことを話すと困った様子だったが、「大学院に来る以上、プロをめざしなさい」といわれたことは、本当に嬉しかった。学位を取得しても大学や研究機関の常勤ポストにつけるというわけではないが、研究で食べていけるようにがんばりなさい、とおっしゃったことを覚えている。

大学院在学中には、大学女性協会から、女性、教育、国際関係分野の研究を行う大学院生のためのホームズ奨学金をいただき、二〇一五年には、初めての単著『古代の女性官僚』（歴史文化ライブラリー）に対して東京女子大学女性学研究所から第三〇回女性史青山なを賞を授けられた。研究成果を社会に還元できたとすれば、とても嬉しい。

学位取得の見通しが立ったころ、川村学園女子大学の梅村恵子氏が非常勤講師の声をかけて下さり、大学で非常勤講師をかけもちする生活が始まった。一人一人のお名前はあげないが、折に触れ励まし、助言ばかりか叱咤も厭わない学界内外の先輩諸兄姉、友人、元職場の同僚たちに感謝していることをお伝えしたい。

本書のもとになったものは、二〇一一年九月に専修大学に提出した学位請求論文「日本古代女官研究」であり、その後の論文を加え、加筆・修正した。博士論文の審査には、荒木敏夫（主査、専修大学教授）、矢野建一（副査、専修大学教授）、義江明子（副査、帝京大学教授）の三人の先生方にあたっていただいた（肩書はいずれも当時）。二〇一二年三月の学位授与後、本書を刊行するまで四年半の歳月を費やした。出版社に原稿を提出してから三週間後に、矢野建一先生が急逝され、本書をご覧いただくことがかなわなかった。自身の怠惰を責めるばかりである。

本書の刊行は、前著『古代の女性官僚』に続き、吉川弘文館編集部の斎藤信子氏のお力で実現した。博士論文の完成を楽しみにして下さり、出版事情の厳しいなかで刊行を後押しして下さったことは感謝にたえない。編集にあたって骨を折って下さった大熊啓太氏にも御礼申し上げたい。また、原稿を書き上げた後もさまざまな悩みを抱え逡巡することの多かった私に、全文を読み背中を押してくれた大学院時代の同期・窪田藍氏の友情に深く感謝している。

私は幸運にめぐまれ、周囲の人びとに助けられて大学に進み、人生の半ばで大学院に学び学位まで得た。しかし、世界に目を転じれば、女性であることを理由に学校に行くことを妨げられ、勉強の機会を奪われている数多の少女たちがいる。この書を、彼女たちに捧げたいと思う。

二〇一六年七月

伊集院葉子

古代の女性官僚 女官の出世・結婚・引退

伊集院葉子著　四六判・二五六頁／一八〇〇円

宮廷の運営など、古代社会の「マツリゴト」に関与できた女性たちは、女官＝女性官僚としていかなる能力を発揮したのか。史料に残る千人の女官データから、出仕を果たすための二つのルート、配属や日常業務、勤務評定と出世、俸給と財産形成、生活と結婚、引退と死に至るライフコースを辿り、日本という国の成り立ちを支えた女性たちの実態を描く。

（歴史文化ライブラリー）　第30回（2015年度）女性史青山なを賞受賞

女性官僚の歴史 古代女官から現代キャリアまで

総合女性史学会編　A5判・二〇〇頁／二七〇〇円

女官・奥女中・キャリアなど、古代から現代まで女性官僚が形を変えつつ活動してきた歴史を明らかにする。政策の立案や決定過程への女性参加率は世界一一〇位という日本の現状に対し、官僚制と女性の歴史的関係から、その淵源に鋭く迫り解決を模索する。女性実務官僚の一貫した歴史という、女性史研究にとって初めての試みをまとめた注目の一書。

著者略歴

一九五九年　岩手県に生まれる

一九八四年　千葉大学教育学部卒業

二〇一二年　専修大学大学院文学研究科歴史学専攻博士後期課程修了、博士（歴史学）

現在、専修大学・川村学園女子大学・早稲田大学等非常勤講師

〔主要著書〕

『歴史のなかの家族と結婚』（共著）森話社、二〇一一年

『女性官僚の歴史』（共著）吉川弘文館、二〇一三年

『古代の女性官僚―女官の出世・結婚・引退―』吉川弘文館、二〇一四年

『歴史をひらく―女性史・ジェンダー史からみる東アジア世界―』（共編著）御茶の水書房、二〇一五年

『ジェンダー分析で学ぶ女性史入門』（共編著）岩波書店、二〇二一年

日本古代女官の研究

二〇一六年（平成二十八）十月十日　第一刷発行
二〇二一年（令和　三　）五月一日　第二刷発行

著　者　伊《い》集《じゅう》院《いん》葉《よう》子《こ》

発行者　吉川道郎

発行所　株式会社　吉川弘文館
郵便番号一一三―〇〇三三
東京都文京区本郷七丁目二番八号
電話〇三―三八一三―九一五一〈代〉
振替口座〇〇一〇〇―五―二四四番
http://www.yoshikawa-k.co.jp/

印刷＝株式会社　理想社
製本＝誠製本株式会社
装幀＝山崎　登

ISBN978-4-642-04631-2

索　引

＊女官，後宮十二司，女孺，采女など頻度が高い語句は除いた．
＊史資料名索引は，六国史，『古事記』，養老令の令文は除外した．

I　事　項

あ　行

か　行

さ　行

た 行

な 行

は 行

ま・や・ら行

II　人　　名

あ　行

か　行

さ　行

た　行

な　行

は　行

ま　行

や　行

ら・わ行

III　史資料名

あ　行

か　行

さ　行

た　行

な・は　行

ま・や　行

ら・わ　行

Ⅳ　研究者名

あ　行

か　行

さ　行

た　行

な　行

は　行

ま　行

や　行

わ　行